성 경 속
여성들이
말 하 다

THE WOMEN OF THE BIBLE SPEAK

미국 팍스뉴스 앵커가 전하는 성경 속 16명의 여성들이 주는 교훈

성 경 속
여성들이
말 하 다

섀넌 브림 지음 · 최효은 옮김
SHANNON BREAM

새롭게 하는 사람들

넬과 마가렛, 저의 사랑하는 할머니들께 이 책을 드립니다.
두 분의 삶은 이 책에 등장하는 여성들만큼이나
저에게 감동을 주었습니다.
제가 삶의 모든 우여곡절 가운데서도
하나님이 함께 하신다는 믿음을 가지게 된 것은
두 분의 깊은 신앙심 때문입니다.

두 분, 정말 사랑합니다.

일러두기

이 책에서는 성경을 인용할 때 '우리말성경'을 기본 역본으로 사용합니다.
이후 '우리말성경' 역본을 사용한 인용에는 역본 명시를 생략하고 다른 역
본을 사용할 때에만 명시하도록 하겠습니다. 또한 본문에서 성경 구절을 인
용할 때에는 성경책 이름의 약어를 괄호 안에 적었습니다.

"능력과 존귀함이 그녀의 옷이며
다가올 날에 대한 두려움도 없다."

잠언 31:25

추천의 글

"셰넌 브림은 하나님의 여성들이 우리에게 무언가를 말할 때 우리가 유심히 듣고 메모하고 배우는 것이 유용하다는 것을 상기시켜 줍니다. 나는 내 삶에서 그것이 사실임을 발견했고, 이 책은 성경에 나오는 여성들의 풍부한 삶의 교훈을 드러내는 가치있는 일깨움이 되었습니다."

맥스 루케이도 목사, "너는 특별하단다", "예수가 선택한 십자가"의 작가

"현대생활의 압박감 속에서 파묻혀 있어서인지 우리는 종종 선대의 사람들에게 배울 시간을 내지 못합니다. 이 책을 통해 셰넌 브림은 독자들이 성경 속의 16명의 여인들과 긴밀히 동행하고, 그 여정을 통해 그들의 도전과 성공에서 배울 수 있도록 우리를 안내합니다. 여성 독자뿐 아니라 남성 독자 모두에게도 추천합니다."

게리 채프먼 박사, "5가지 사랑의 언어"의 저자

"이 책은 정말 창의적이고, 다채롭고, 매혹적이고, 설득력이 있습니다. 여기에 오늘날의 문화적 배경과 관련이 있는 이야기를 가진 16명의 여성들에 대한 성경적 설명이 있습니다. 저자는 이 격동의 시대에 우리 모두에게 필요한 용기와 헌신을 가져올 수 있는 성경 속의 삶으로 초대하여 당신을 깨어나게 하고 격려할 것입니다."

리 스트로벨, "예수는 역사다"의 저자

"성경 속의 여인들은 상당한 공헌을 했으며, 하나님은 그들을 사용하여 모든 사람들의 진로를 바꾸셨습니다. 셰넌은 성경에 나오는 용감하고 고귀하며 때로는 취약하거나 상처받은 여성들을 소개합니다. 이 책은 당신이 어떤 일을 겪고 있든지간에 다른 여성들도 같은 경험을 했으며, 그럼에도 불구하고 그들이 하나님이 인도하시는 길을 지나 정상에 올랐

음을 보여주는 유용한 도구가 될 것입니다."

에인슬리 이어하르트, 뉴욕타임즈 베스트셀러 "내 안의 빛"의 작가

"셰넌 브림은 이 책을 통해 오늘날 우리가 사회에서 직면하고 있는 것과 유사한 문제 — 캔슬 컬처(cancel culture)를 해결하고 있는 성경 속의 실제 여성들의 살아있는 이야기를 전해 줍니다. 역사 속에 이 중요한 인물들에 대해 더 많은 것을 배우기 위해서 이 책을 읽기를 권합니다."

케빈 소보, 프로듀서, 영화 "신은 죽지 않았다"의 배우

"이 책을 통해 셰넌 브림은 충실한 삶을 사는 방법에 대한 귀중한 예들을 제공해 줍니다. 이러한 따뜻하고 매력적인 이야기들을 통해 셰넌은 성경에 나오는 하나님의 이야기에서 여성들이 얼마나 중심적인 역할을 했는지를 보여줍니다. 그녀들은 용기있는 여왕, 강한 어머니들, 또한 현명한 예언자였습니다. 그들은 이스라엘을 구했으며 최초의 그리스도의 전도자가 되었습니다. 이 책에는 우리 모두를 위한 교훈이 담겨 있습니다."

마이클 W. 스미스, 그래미 어워드 수상자, 싱어송라이터

"셰넌 브림의 이 책은 하나님과 보다 더 친밀한 관계를 원하는 모든 여성을 위한 집중 강좌를 담고 있습니다. 그녀들의 모든 이야기와 사례들을 통해 독자들은 주님께서 우리 각자의 삶의 도전 한가운데 새로운 감각의 빛을 비추시는 것과 같은 영감을 받게 될 것입니다."

노나 존스, 노나존스 선교회

서문

"이번에는 다를 거야. 그래야만 해."

나는 혈루병에 걸린 여인이 예수님을 쫓아가면서 어떤 생각을 했을까 궁금해질 때가 있다. 이 여인의 이야기는 세 개의 복음서에서 다뤄지고 있을 만큼 강력한 메시지가 있다. 그러나 우리는 그녀의 이름조차 모른다. 물론 복음서들은 이 안타까운 여인의 이야기를 상당히 자세히 다루고 있기는 하다. 특히 그 여인의 상황이 얼마나 절망적이었는지를 상세하게 설명한다. 혈루증을 앓은 세월이 12년이다. 그 기간 동안 그녀는 아마도 의지할 것이 아무것도 없는 완전히 절망적인 순간을 여러 번 경험했을 것이다.

이 여인이 살던 시절 혈루증을 앓고 있다는 것은 신체적인 고통뿐 아니라 정서적인 고립과 소외를 의미했다. 당시 유대의 관습에 따라 그녀는 성전에 올라가 예배할 수도 없었고, 많은 이들이 그녀를 부정한 여자로 간주했을 것이다. 아마도 그 여인은 가족이든 친구이든 자신이 가장 사랑하는 사람을

성경 속 여성들이 말하다

만질 수조차 없었을 것이다. 장터 같은 사람들이 많이 모이는 곳에 가는 것은 물론 이웃과의 그 어떤 실질적인 교류도 허용되지 않았을 것이다.

　　마가는 혈루증을 앓았던 이 여인에 대해 '여러 의사들에게 치료를 받으며 고생도 많이 하고 재산도 다 잃었지만 병이 낫기는커녕 악화될 뿐이었다'고 말한다(막 5:26) 병이 수년간 지속되고 너무 많은 막다른 골목에 부딪히면서, 아마도 그 여인은 이게 자신의 삶의 이야기의 전부라고 생각했을 것이다. "내 삶은 이렇게 끝나는구나" 희망도 없고 도움도 없는 절망 가운데 수없이 좌절했을 것이다.

　　그러나 마가는 그녀의 이야기가 어떻게 이어져 나가는지도 전해준다. "그러던 중 예수의 소문을 듣고"(막 5:27) 예수님에 관한 이야기, 이 상심한 여인을 일으켜 세우는데 그것이면 충분했다.

　　예수님이 행하신 기적에 관한 소식이 먼 지역에까지 널리 퍼졌고 수많은 사람들이 그를 따랐다. 사방에서 모인 사람들이 서로 어깨를 이기며 그 분의 말씀을 하나도 놓치지 않으려 했다. 예수님의 이야기를 듣자 혈루중을 앓던 여인의 마음 속에 티끌만 하게 남아 있던 희망의 씨앗에 실낱같은 뿌리가 내려진 것이다. 그 뿌리로부터 여린 움이 터지자 여인은 거대한 위험을 감수할 용기를 내게 된다. "여인은 '예수의 옷자락만 만져도 내가 나을 것이다' 라고 생각한 것입니다"라는 대목에서 그 여인의 간절한 마음이 전해진다(마 9:21).

그것이 혈루중을 앓던 여인이 가진 계획의 전부였다. 예수님께로 가능한 가까이 다가가 그의 옷자락을 만지고 기적을 얻는다. 무모할 만큼 대범한 계획이지 않은가! 이미 언급했지만, 그 여인은 아마 집을 나서는 것조차 해서는 안 되는 상황이었다. 예수님을 만지는 일은 물론이고 사람들이 모이는 곳에 간다는 것은 다른 이들과 접촉할 가능성을 높이는 일이기 때문에 당연히 안 되는 일이었다. 하지만 혈루병에 지친 그 여인은 더 이상 다른 선택의 여지가 없다고 생각했을 것이다.

그 여인이 드디어 예수님이 계신 곳에 도달했을 때, 예수님은 자신의 죽어가는 딸을 살려달라고 애원한 회당장의 부탁을 받고 그곳으로 향하던 중이었다. 이런 일이 으레 그러하듯 예수님이 가는 길에는 수많은 구경꾼들이 몰려 들었다. 마가는 이 광경을 이렇게 묘사하였다. "이에 그와 함께 가실새 큰 무리가 따라가며 에워싸 밀더라"(막 5:24, 개역개정). 병색이 짙은 그 여인도 이적과 기적을 행한 바가 너무나도 많은 그 분께 가까이 다가가기 위해 애를 썼다.

누가는 그 치열하고도 놀라운 순간을 담담하게 다음과 같이 전한다. "예수의 뒤로 와서 그의 옷 가에 손을 대니 혈루중이 즉시 그쳤더라"(눅 8:44, 개역개정).

마가는 "이에 그의 혈루 근원이 곧 마르매 병이 나은 줄을 몸에 깨달으니라"(막 5:29, 개역개정)고 중언한다. 그렇게 12년간 계속되어 온 출혈의 병이 나은 것이다! 그런데 이 여인의 이야기는 여기서 끝나지 않는다.

예수님은 무슨 일이 일어났는지를 아셨다. 예수님은 따르던 무리와 제자들을 돌아보시고 자기 옷을 만진 사람이 누구인지를 물으셨다. 예수님의 물음에 대한 베드로의 답을 들으면 어이없어 하는 그의 반응이 섞여 있는 것 같다. "선생님, 많은 사람들이 선생님을 밀어 대고 있습니다"(눅 8:45). 어쨌든 여기서 중요한 점은 혈루증을 앓던 여인이 그저 옷자락을 만진 것만으로도 12년 된 병을 완전히 사라지게 한 그 분은 자신이 누구를 낫게 했는지도 분명 알고 계셨을 것이라는 점이다.

마가복음과 누가복음에서 우리는 그 여인이 두려워 "떨면서" 예수님께 나아와 엎드려 "그 옷자락에 손을 댄 이유와 병이 곧 나은 것"을 모두에게 말하는 장면을 보게 된다. 그 여인은 그곳에 있는 것조차 허용되지 않는 부정한 주제에 규율마저 어긴 사실이 발각되는 것이 두려웠을까? 예수님은 자신의 말 한 마디 한 마디에 촉각을 세우고 있는 그 수많은 사람들 앞에서 여인을 질책하거나 창피를 주지 않으셨다. 오직 예수님만이 그 여인이 그간 얼마나 고통을 받았고 옷자락에 손을 대는 그 작고 단순한 행동에 모든 희망을 건다는 것이 얼마나 대범하고도 겸손한 것인지를 아셨다. 이 여인에 관한 마태, 마가, 누가복음서의 이야기에서 예수님은 그녀를 "딸아" 하고 부르셨고 "네 믿음이 너를 구원하였다"고 말씀하셨다(마 9:18-26, 막 5:21-43, 눅 8:40-48). 십 년 넘게 버림받은 사람처럼 살아온 이에게 그 음성이 어떻게 들렸을지를 생각해 보라. 예수님의 입으로부터 나오는 모든 말씀에 매달리고 있는 수많은 사람들 앞에 그 말씀이 선포되었을 때, 그 여인은 다시 사회로 받아들여지게 되었다.

혈루병을 앓던 여인이 고침을 받은 원천은 당연히 "예수님의 능력"이었다. 그럼에도 예수님은 "그 여인의 믿음"이 치유를 불러일으킨 동력이었다고 말씀하신다. 십 년 넘게 고통과 좌절, 재정적 파산을 겪고 드디어 자유로워졌다. 순식간에 고침을 받은 것이다. 이 땅의 모든 수단이 그저 상실과 절망뿐임을 확인한 막다른 골목에서 예수님께 손을 뻗겠다고 하는 담대한 믿음의 선택을 했기 때문이었다.

우리 대부분에게 2020년 이후의 시간은 정말 고통스러운 경험이었다. 육체적뿐만 아니라 경제적, 정서적, 정신적으로 큰 고통을 겪었다. 사랑하는 이들로부터 격리되어 외로웠고, 교회에서 예배를 드릴 수도 없었고, 이웃과의 교류도 차단되어 공동체와 멀어졌다. 우리 생전에 맞닥뜨리게 되리라 상상하기 어려웠던 일들이었다. 시련이 한두 가지로 끝나지 않고 계속해서 다가왔다. 하지만 그래도 우리에게는 소망이 있고, 우리의 피난처가 있다. 성령의 감동하심과 치유하심이 있다.

성경 전체를 통하여 여성들이 중대한 사건의 중심에 있었던 경우가 적지 않게 나온다. 여성들은 대범하고 담대했다. 삶의 모든 것이 위태로워졌을 때 믿음의 용기를 냈다. 여성들은 진리와 이성의 목소리를 대변했다. 또한 그들은 세상적인 기준으로 볼 때는 이해하기 어려운 하나님의 방향을 쫓는 가운데 인내했고, 또한 창조적이었다.

이 책에서 우리는 그 여성들의 이야기를 들어볼 것이다. 그들의 삶의 의미를 파헤치는 가운데 성경 속 여성들이 우리의 삶 속에도 살아 숨쉬는 것을 바라보게 될 것이다. 여기에 등장하는 여성들의 삶은 그 각각이 모두 강렬한 힘을 가지고 있다. 하지만 여기에서 우리는 그 여성들을 짝지어 살펴볼 것이다. 그들이 받은 소명과 도전의 공통점을 찾아 두 명의 여성을 한 쌍으로 구성하였다. 한 조를 이룬 두 여성들 중에는 서로를 알았던 경우도 있다. 어떤 경우는 공통적인 삶의 목적을 가졌었기 때문에 한 조를 이루었다. 그렇게 공통점을 찾을 수 있는 여성들을 나란히 보여줌으로써 각 여성의 삶을 더 밝게 조명할 수 있을 것이다. 이 책의 여정을 함께 하는 동안 위로와 소망을 발견할 수 있기를 기도한다.

저자 셰넌 브림

CONTENTS

사라와
하갈

언 약 의
여 인 들

Sarah & Hagar

사라와 하갈
언약의 여인들

사라 Sarah

(창세기 11:27〜12:20, 16:1〜6, 17:15〜19,
18:1〜15, 20:1〜18, 21:1〜13, 23:1〜9)

사라의 삶은 모험소설 같다. 우여곡절과 반전이 가득하다. 안락한 삶에 정착하나 했더니 남편이 갑자기 그간 알던 모든 것을 뒤로 하고 고향을 떠나자고 한다. 타지에서 이런저런 사연으로 불어난 대가족을 건사하며 부유한 가계를 꾸리게 되었지만, 그렇다고 사라의 삶이 완벽해진 것은 아니었다. 사라에게는 자식이 없었다. 하나님께서 사라에게 자식을 주시겠다고 구체적인 약속을 하셨을 때에도 사라는 불가능한 일이라고 웃어 넘겼다. 그러니 노년의 나이에 실제로 아들을 낳게 되었을 때 사라는 얼마나 놀랐을까? 하지만 그 일이 있기 전에 자기 방식대로 하나님의 일을 이루려 하다가 본 궤도에서 얼

성경 속 여성들이 말하다

마나 많이 벗어나버렸는지…

　성경을 보면 아브라함은 자신이 사라의 남편임을 두 번이나 부인했다. 힘센 지배자들이 사라의 아름다움을 보고 그녀를 취하고자 했을 때 자신의 신변을 보호하기 위함이었다. 애굽의 바로왕이 사라를 취하고자 했을 때 사라의 나이는 65세였다! 인생의 황혼에 들어서는 나이에 이르기까지 사람들의 이목을 끌 만큼 미모가 사그라들지 않았던 것이다.

　사라에 대해서는 알려진 바가 많지 않지만 우리도 이 정도는 이미 알고 있다. 사라는 빛나는 옷을 입은 천사들이 노년의 사라 부부에게 자식을 가질 거라 했을 때 매우 회의적이었다는 사실이다.

　그렇다면 이런 몇 가지 지엽적인 사실을 넘어 사라는 과연 어떤 여성이었을까? 아브라함과 사라의 이야기를 읽다 보면 아무래도 아브라함에게 초점을 맞추게 된다. 하나님으로부터 부르심을 받은 이가 어쨌든 아브라함이기 때문이다. "네 고향, 네 친척, 네 아버지의 집을 떠나 내가 네게 보여주는 땅으로 가거라"(창 12:1). 하나님께서 아브라함에게 보여주겠다고 하신 언약의 땅이 구속사에서 중대한 역할을 하게 될 것을 처음으로 가르쳐 주신 것이 바로 이 구절이다. 아브라함에게 주신 이 언약과 함께 하나님께서는 사라가 그 언약의 성취에 핵심적인 역할을 할 거라고 반복적으로 말씀하셨다. "사라는 여러 나라의 어머니가 되며 여러 나라의 왕들이 사라에게서 나올 것이다"(창 17:16, 쉬운성경).

　만일 사라가 아브라함이 고향을 떠나자고 했을 때 거부했다면, 성경은 그들의 여정을 기록하지 않았을 것이다. 하지만 사라와 아브라함은 기근을 피하기 위해 우르에서 하란으로, 하란에서 가나안으로, 그리고 다시 가나안에서 애굽으로 이동했다. 사라는 아브라함과 그의 조카 롯의 목자들이 서로 다투어 각기 길을 떠나게 되었을 때 남편의 결정을 지지했고, 롯이 소돔과 고모라가 있는 요단 지역에 정착한 뒤 발생한 가나안 다섯 왕과의 전쟁에서 아브라함이 롯을 구출하기 위해 나섰을 때에도 그를 지지했다. 애굽에 이르렀을 때 사라는 바로의 관심을 사로잡을 만큼 아름다웠고 그로 인해 아브라함은 사라가 자신의 아내라는 사실을 속여야 했다.

도대체 왜 아브라함이 굳이 그런 거짓말을 해야만 했을까 의아하다면, 그가 타지를 떠도는 난민 신세였음을 기억해야 한다. 더욱이 당시는 힘을 가진 지배자들이 단지 원한다는 이유만으로 아름다운 여인을 요구할 수 있었던 시대다. 거기에 저항하는 남편은 목숨을 잃을 수도 있었다. 아브라함은 그 점을 너무나 잘 알고 있었다.

그러나 결과적으로 보면, 사라의 아름다움에 끌렸던 애굽의 바로와 그랄 땅의 아비멜렉은 사라가 아브라함의 아내인 것을 알게 되자 그녀를 아브라함에게로 돌려보냈다. 여호와 하나님께서 친히 개입하셔서 사라를 보호했던 것이다. 바로의 경우 바로와 그 집에 큰 재앙을 내리셨고, 아비멜렉의 경우는 꿈에 나타나 경고하셨다. 아브라함의 두려움 때문에 사라가 위험에 처해졌고, 바로와 아비멜렉은 하나님께 대하여 죄를 지을 뻔했다. 아브라함의 기만은 아무에게도 도움이 되지 않았다. 그저 그의 성품이 어떠했는지 말해 줄 뿐이다. 그는 때때로 겁이 많고 나약한 사람이었다. 돌이켜보면 하나님께서 자신이 택한 백성의 조상으로 아브라함 같은 사람을 부르셨다는 것이 상당히 놀랍다. 하지만 아마도 하나님께서는 아브라함의 어리석음을 통해 자신의 능력을 보여주시려 하셨는지 모른다. 바울 사도가 전한 바와 같이 '내 능력이 약한 데서 온전하여지고'(고후 12:9), '하나님께서는 지혜로운 사람들을 부끄럽게 하시려고 세상의 어리석은 것들을 택하셨고 강한 것들을 부끄럽게 하시려고 세상의 약한 것들을 택하셨다'(고전 1:27)는 것이다.

어쨌든 아브라함의 연약한 성품은 그들의 결혼 생활에 상당한 영향을 주었다. 남편의 결정 때문에 잠재적으로 위험한 상황에 처했던 사라의 기분이 어떠했을지 궁금하다.

사라는 창세기 16장에 이르러서야 드디어 자신의 목소리를 낸다.

> 아브람(이하 '아브라함')의 아내 사래(이하 '사라')는 출산하지 못하였고 그에게 한 여종이 있으니 애굽 사람이요 이름은 하갈이라. 사라가 아브라함에게 이르되 여호와께서 내 출산을 허락하지 아니하셨으니 원하건대 내 여종에게 들어가라 내가 혹 그로 말미암아 자녀를 얻을까 하노라 하매 아브라함이 사라의 말을 들으니라. (창 16:1-2, 개역개정)

마치 사라가 다음과 같이 말하는 것 같다. "그래 한번 생각 좀 해보자고요. 당신이 그간 갈대아에서 가나안까지, 거기서 애굽까지, 또 다시 가나안으로 되돌아오기까지, 우리를 수백 마일 끌고 다녔어요. 그래도 저는 한 마디 하지 않았어요. 당신이 받았다고 믿는 하나님과의 언약에 대해 이야기를 할 때에도 저는 한 마디 하지 않았어요. 또 하나님이 당신과 맺었다는 그 특별한 약속에 대해서도 가타부타 말 한 적이 없어요. 하지만 그간 무슨 일이 있었죠? 아무 일도 일어나지 않았어요. 우리에게 상속자가 생겨야 한다면, 이제는 제가 나서서 뭔가를 좀 해봐야 하겠어요."

우리는 이 구절에서 사라의 목소리를 처음으로 듣는다. 사라에게는 계획이 있었다. 하지만 성경을 읽는 우리들은 그것이 하나님의 계획과는 다르다는 것을 안다. 우리는 하나님께서 이삭이 출생하는 이야기를 정교하게 엮어가고 계신 것을 알고 있다. 하지만 사라는 여전히 회의적이었다. 바로 앞 장에서 하나님은 아브라함에게 "오직 네 몸에서 나온 사람이 네 상속자가 될 것이다"(창 15:4)라고 말씀하셨다. 하나님께서 아브라함에게 셀 수 없이 많은 별이 빛나는 밤하늘을 보여주시며, 그의 자손이 그 밤하늘의 별처럼, 즉, 셀 수 없을 만큼 많아질 거라고 약속하셨다. 아브라함은 그 약속을 믿었다. 하나님께서 '뛰어올라라' 말씀하시자 아브라함은 '얼마나 높이요?'라고 응답한 셈이다. 하지만 그 약속이 과연 이루어질 수 있을까 몹시 불확실해지자 사라는 약속이 성취될 수 있을 거라는 증거를 바라게 된 것이다. 아마도 사라와 아브라함 부부 중에서는 사라가 더 현실적인 사람이었던 것 같다. 믿음이 없었다고 할 수는 없지만 그렇다고 하나님을 온전히 신뢰하지도 않았다. 그래서 사라는 하나님의 약속이 아직 이루어지지 않은 문제에 대해 이른바 '솔루션'을 내놓았던 것이다. 사라는 상속자를 보기 위해 고대 근동지역의 관습을 따랐다. 남편에게 "내 여종에게 들어가라"고 한 것이다. 그렇게 해서 "그로 말미암아 자녀를 얻을까 하노라" 했던 것이다.

하지만 사라의 계획은 성공하지 못했다. 우리가 하나님의 계획을 신뢰하기를 멈추고 우리 방법대로 하기를 고집하면 자주 벌어지는 일이지만, 사라의 계획은 철저히 어그러졌다. 하갈은 사라의 계획대로 임신했지만 둘의 관계는 파탄나 버렸다. 성경을 보면 사라는 아브라함에게 불평을 터뜨렸다. "내가 당하고 있는 이 고통은 모두 당신 책임입니다. 내가 내 종을 당신 품에 두었건만 이제 그녀가 임신했다고 나를 멸시합니다"(창 16:5). 아마 하갈은 자신이 임신한 것을 알고 사라에게 상전 행세를 했던 것 같다. 창세기 16장 4절

성경 속 여성들이 말하다

을 보면 사라의 불임으로 인해 하갈이 사라의 지위를 경시하는 것을 확인할 수 있다.

즉, 지금까지의 이야기를 보면 사라보다 훨씬 나이가 어린 하갈만이 아브라함을 위해 임신한 것이다. 하갈의 입장에서 생각해보면, 이제 자신과 아브라함, 자신과 사라의 관계가 변했다고 여기는 것이 당연해 보이기도 하다. 하갈의 지위는 분명히 달라졌다. 아브라함의 유일한 상속자의 어머니이기 때문에 미래에 대한 보장을 가진 셈이었다.

그렇다면, 이제 자신의 상속자를 임신한 아내의 여종이 아내를 멸시하고 있다는 소식을 들은 아브라함의 반응은 어떠했는가? 사라에게 잠잠하라고 타일렀을까? 분쟁의 양 당사자의 이야기를 모두 들어 보려고 했을까? 그랬다고 할 수 없다. 아브라함은 사라에게 다음과 같이 말했다. "당신의 여종은 당신 손에 달렸으니 당신이 좋을 대로 그녀에게 하시오"(창 16:6).

이것으로 벌써 두 번째다. 아브라함이 자신의 아내 사라의 뜻에 묻어가려고 한 것이 말이다. 우리는 이미 사라의 방법이 잘못되었다는 것을 알고 있다. 아브라함과 사라의 관계가 어떤 양상이었는지 이제 좀더 명확하게 읽힌다. 둘의 관계는 참으로 복잡하다. 사라가 자신의 의견을 여지없이 분출하고 있는 때도 있었고, 늘 짐을 싸 이동해온 둘의 삶의 모습을 상기해보면 사라가 남편이 이끄는 대로 묵묵히 따랐던 때도 있었다. 이번 경우를 보면 아브라함은 자신의 자녀를 임신한 하갈과의 관계를 정리함으로써 사라와의 관계를 회복하려 하고 있다. "당신이 좋을 대로 하시오." 아브라함은 사라에게 이렇게 말했고 사라는 자신이 좋을 대로 했다. 그리고 성경은 사라가 하갈을 "학대했다"(창 16:6)고 전한다. 히브리 원어상 이 단어는 출애굽기에서 애굽 사람들이 히브리 노예들을 어떻게 대했는지를 묘사하며 사용된 단어와 동일하다. 당시 히브리 민족은 억압과 강제노역에 신음했다. 아브라함은 사라에게 하갈에 대한 전권을 넘겨주었다. 그것이 하갈에게 어떤 의미일지를 알면서도 그는 사라가 자기 자녀를 임신한 여종을 학대하는 동안 관망하였던 것이다.

미국 남부 혹은 카리브해 연안 지역에서 노예로 지낸 이들의 역사나 회고록을 보면 특히 임신한 여성들에게 자행된 가슴 아픈 이야기들을 발견할수 있다. 속이 쓰릴 만큼 상세하게 기록되어 있다. 현대의 독자라면 이 지점에서 사라의 행동을 두둔하거나 공감할 수는 없을 것이다. 하지만 성경 속의남성들만큼이나 성경 속 여성들도 복잡한 캐릭터이다. 모두가 전적으로 선하지도 완전히 나쁘지도 않다. 그저 인간일 뿐이다. 온갖 것이 뒤엉켜 있고,그래서 평탄하지 않은 삶을 살아가는 인간 중 하나일 뿐이다. 우리가 이러한성경 속 인물들이 가진 인간성의 전모를 이해하려 할 때 하나님께서 우리 자신에 대해서도 그 무언가를 가르쳐 주실 수 있게 된다.

그후 우리가 다시 사라의 목소리를 듣게 되는 때에도 사라는 여전히 하나님의 계획에 회의적이다. 그 사건은 성경에 등장하는 가장 불가사의한 사건의 하나이다. 하나님께서 마므레 큰 나무들 근처, 아브라함의 장막에 나타나셨고, 거기서 아브라함에게 사라가 곧 아들을 낳을 것이라고 말씀하셨다.이 이야기는 참 기이한 이야기이다. 왜냐하면 이 사건을 기술한 창세기 18장첫 구절을 보면, "여호와께서 … 아브라함에게 나타나셨습니다", 즉, 주어가단수인데 바로 다음 구절을 보면 "세 사람이 맞은편에 서 있었습니다", 즉, 주어가 복수로 변하고 있다(창 18:1-2). 마므레 큰 나무 근처에서 무슨 일이 벌어졌든지 간에 아브라함에게 매우 특별한 방문이 임했던 것은 분명해 보인다.

다만 이때 하나님이 방문하신 것은 아브라함에게만 하실 말씀이 있어서는 아니었다.

그들이 아브라함에게 물었습니다. "네 아내 사라는 어디 있느냐?"

아브라함이 대답했습니다. "지금 장막 안에 있습니다."

그러자 여호와께서(그들 중 하나가) 말씀하셨습니다. "내가 내년 이맘때쯤 반드시 네게 돌아오겠다. 그때 네 아내 사라에게 아들이 있을 것이다"(창 18: 9, 10).

이것은 사라를 위한 명쾌하고 분명한 메시지였다. 종전에 하나님이 아브라함에게 나타나셨을 때는 아브라함에게 "네 몸에서 나온 사람이 네 상속자가 될 것이다"(창 15: 4)고 말씀하셨다. 하지만 이번에는 더 구체적이다. 그 상속자는 아브라함뿐 아니라 사라의 몸에서 난 아들이기도 하다는 것이다. 사라가 이 언약 이야기의 중심에 있는 것이다. 사라도 아브라함과 함께 그 언약의 동일한 수신자이다. 마치 하나님께서 "이번에는 오해하지 말고 똑바로 이해해라!"고 말씀하시는 것 같다.

사라는 하나님의 말씀에 주의를 기울였고 즉각적으로 반응했다. 속으로 웃은 것이다! 웃다니! 성경에 기록된 하나님의 계시에 대한 반응들 가운데 가장 특이한 반응이 아닐 수 없다. 하지만 바로 앞 장에서 아브라함도 하나님의 언약을 믿기 어려워했다는 것을 기억할 필요가 있다.

> 아브라함은 얼굴을 땅에 대고 엎드린 채 웃으며 속으로 말했습니다. "100살이나 먹은 사람이 과연 아들을 낳을까? 사라가 90살인데 아이를 가질 수 있을까? (창 17: 7)

이 즈음 사라는 하나님의 계시나 언약에 대하여 들을 만큼 다 들었다는 생각이었을 것이다. 볼 만큼 다 본 것이다. 충분히 오랫동안 소망을 품어왔고 충분히 오랫동안 노력해왔다. 뭔가 해보겠다고 하다가 자신의 삶이 꼬일 대로 꼬이게 해본 것이다. "이제 그만!" 하고 소리치는 심정이었을 것이다. 그래서 더 큰 계시가 주어졌는데도 웃고 만 것이다. "뭐 다른 얘기 없으십니까?" 하고 생각했을지 모르겠다.

하나님께서도 사라의 반응에 주목하셨다.

"사라가 왜 웃느냐"(창 18: 13)고 여호와께서 아브라함에게 물으셨다. "여호와께 어려워서 못할 일이 있겠느냐"(창 18: 14)고 반문하신다. 하나님께서 아브라함에게 이렇게 물으시는 동안 아브라함은 당황하여 얼굴이 빨개졌을 것이다. 사라 역시 서둘러 상황을 무마하려 했다. 사라는 자신이 속으로 웃었다는 것을 부인한다. 하지만 여호와께서는 "아니다. 네가 웃었다"(창 18: 15)고 대답하신다. 하나님이 나타나셔서 아브라함에게 계시하시는 이 절정의 순간은 세상에서 가장 어색한 저녁 자리로 변했던 것이다.

우리는 성경에서 사라의 목소리를 다시 한번 듣게 된다. 이때는 9개월이 지나 사라가 이삭을 품에 안게 되었을 때이다.

여호와께서 말씀하신 대로 사라를 돌아보셨고 여호와께서 말씀하신 그 대로 사라에게 이뤄 주셔서 사라가 임신했습니다. 그리고 하나님께서 아브라함에게 약속하신 바로 그때 늙은 아브라함과 사라 사이에서 아들 이 태어났습니다. 아브라함은 자기에게 태어난 아들, 곧 사라가 자기에 게 낳아 준 아들을 이삭이라고 이름 지었습니다. 하나님께서 자기에게 명령하신 대로 아브라함은 자기 아들 이삭이 태어난 지 8일 만에 그에게

성경 속 여성들이 말하다

할례를 베풀었습니다. 아들 이삭이 태어났을 때 아브라함의 나이는 100세였습니다. 사라가 말했습니다. "하나님께서 나로 웃게 하시니 이 소식을 듣는 사람이 다 나와 함께 웃을 것이다." 그녀가 말했습니다. "사라가 자식들에게 젖을 먹을 것이라고 누가 아브라함에게 말할 수 있었겠는가? 그러나 내가 늙은 아브라함에게 아들을 낳아 주었도다." (창 21:1-7)

사라의 웃음은 완전히 변화되었다. 처음에는 단지 '이삭'이라는 아들의 이름으로, 그 다음에는 삶의 '기쁨'으로 변화되었다. 사라는 자신이 하나님의 언약을 믿지 못했던 것에 대해서도 웃었을까? 또한 100세가 가까운 늙은 나이에 아들을 출산한 기적을 통해 자신의 믿음이 새로워진 것에 대해서도 웃었을까? 사라는 처음에는 하나님의 언약을 부인하려고 속으로 웃었지만, 이제 늙은 나이에 얻은 아들의 이름, 바로, '이삭'('Isaac' 또는 'Yitzchak', 히브리어로 'Yitzchak'은 '웃음, 웃다'라는 의미이다)을 통해 그 웃음을 기념하고 있다. 이삭의 이름에 새겨 넣은 그 웃음은 더 이상 비웃는 조롱의 웃음, 불신앙의 웃음이 아니다. 지금의 웃음은 기쁨의 웃음이다. 또한 사라는 다른 사람들에게도 자신의 기쁨에 함께 해달라고 초대하고 있다. 이제 사라의 웃음은 모든 이성적 기대와 예측을 뒤엎는 웃음이다. 부활의 웃음, 새로운 삶으로 다시 태어난 소망의 웃음이다. 사라가 아들의 이름을 웃음이라고 지은 것은 이제 그녀가 하나님을 향해 고개를 끄덕이고 있음을 보여준다. 하나님이 옳고 자신이 틀렸었다는 것을 인정할 뿐 아니라 자신 또한 하나님의 언약 안에 포함되어 있음을, 자신도 아브라함과 마찬가지로 동일한 언약의 수신자임을 인정하는 표시인 것이다.

사라의 이야기가 여기에서 끝나는 것이었다면 참 멋있었을 것 같다. 그러나 성경이 사라의 이야기를 마무리하는 지점은 여기가 아니다. 사라의 이야기는 처음부터 끝까지 하갈의 이야기와 엮여져 있다. 사라가 성경에서 처음 그녀의 목소리를 내는 장면은 아브라함에게 하갈과 동침할 것을 제안하는 장면이다. 사라가 성경에서 마지막으로 등장하는 장면은 하갈과 하갈이 낳은 아들 이스마엘을 광야로 쫓아내는 장면이다. 이삭의 출생으로 하나님 안에서 믿음이 훨씬 더 단단해지고 정서적으로도 훨씬 더 안정을 이룬 모습과 너무나 거리가 멀다. 사라는 다시금 하갈에 대해 바짝 경계심을 높이고 있다.

이삭이 세 살이 되었을 때, 즉, 유대민족의 아이들이 젖을 떼는 일반적인 나이가 되었을 때, 창세기 21장은 사라가 자신의 큰 아들이기도 한 이스마엘이 이삭을 향해 '웃고 있음'(laughing)을, 어떤 성경의 번역본에서는 '놀리고 있음'(mocking)을 보게 된다. 성경은 이스마엘과 이삭 사이에 무슨 일이 벌어졌었는지 자세히 말하고 있지 않다. 하지만 사라가 본 이스마엘의 어떤 행동이 그녀로 하여금 하갈을 향한 새로운 채찍을 빼 들게 한 것이다. 사라는 이스마엘이 존재함으로 인해 자신의 아들 이삭이 덜 특별해지고, 덜 기적적으로 여겨진다고 생각했을까? 결국엔 이스마엘도 아브라함의 아들임에도 말이다. 하지만 또 시간이 지나 이스마엘이 사라의 눈에 넣어도 아프지 않을 아들 이삭을 시기하거나 증오가 가득하여 위협을 가하지 않을 거라고 누가 장담할 수 있겠는가? 우리는 성경을 통해 당시 사회의 관행이었던 일부다처제 속에서 가족 간의 시기와 질투, 반목이 얼마나 흔한 일이었는지를 보고 또 본다.

사라가 아브라함에게 말한다. "저 여종과 그 아들을 내쫓아 버리세요. 저 여종의 아들은 결코 제 아들 이삭과 함께 상속을 받을 수 없습니다"(창 21: 10).

사라가 이번에는 아브라함에게 그의 장자와의 관계를 끊으라고 요구한

성경 속 여성들이 말하다

다. 이것은 지나치게 가혹한 요구였을까? 아들을 내쫓으라는 것은 결국 아브라함이 다시는 이스마엘을 보지 못하게 되는 것을 의미할 수도 있다. 사라는 어떻게 그런 요청을 할 수 있었을까?

하지만 우리의 그 어떤 실수나 판단 착오도 하나님의 계획을 어그러뜨릴 수 없고 아무 것도 하나님의 약속이 성취되는데 장애가 될 수 없다. 여호와 하나님은 아브라함에게 다시금 확신을 심어 주셨다. 하나님은 사라가 옳다고 말씀하셨던 것은 아니지만 아브라함에게 이스마엘 또한 여호와의 보호하심 아래 큰 민족을 이룰 것이라고 말씀하셨다. 하나님의 이 언약의 말씀으로 인해 아브라함은 이스마엘이나 하갈에게 아무런 해로운 일이 생기지 않을 것이라는 확신을 얻었는지 모르겠다. 그래서 가족 내 평화를 유지하기 위해 그 둘을 멀리 보내는 것이 최선이라고 여겼던 것 같다. 결국 하갈과 이스마엘은 광야로 쫓겨났고, 그들은 사라나 아브라함도 알 수 없는 운명에 처해진 것이다.

우리는 이 사건 이후로는 성경에서 사라의 목소리를 듣지 못한다. 다른 이들이 사라에 대해 이야기하는 부분이 있기는 해도 말이다. 사라는 로마서 9장 9절에서는 "약속의 어머니"로 불렸고, 히브리서 11장 11절에는 "믿음의 어머니"로서 전한다. 또한 베드로는 사라를 아내들의 모범으로 들었다. "사라가 아브라함을 주라 부르며 그에게 순종한 것과 같습니다. 여러분은 선을 행하고 아무리 무서운 일에도 두려워하지 않는 사라의 딸들이 됐습니다"(벧전 3:6).

성경은 다음 세대에 대한 이야기로 넘어가기에 앞서 사라와 아브라함의 삶에서 또 하나의 위대한 사건을 기록하고 있다. 여호와 하나님께서 아브라함을 시험하기로 마음먹으신 것이다. 하나님은 아브라함에게 이스마엘을 쫓아 보낸 후 이제 하나 남은 유일한 아들이자 언약의 아들인 이삭을 데려다가 제사의 희생 제물로 바치라고 요구하신다. 우리의 사랑하는 자녀들에 대해 동일한 요구를 하신다면 과연 어떻게 반응할 수 있을까 상상하는 것조차 어렵다. 하지만 아브라함이 이미 무엇을 경험하였는지를 기억해보라. 하나님의 한량없는 신실하심. 아브라함은 이미 여호와 하나님께서 스스로 약속하신 언약을 지키시는 것을 보았다. 100세가 된 남자와 90세가 된 그의 아내 사이에서 아들이 태어나게 하신 것이다. 히브리서 11장 19절을 보면 이해하기 어려운 요구를 하시는 하나님 앞에서 아브라함이 어떤 생각을 했을지에 관한 통찰을 보여준다.

> 믿음으로 아브라함은 시험을 받을 때 이삭을 바쳤습니다. 그는 약속들을 받은 사람이면서도 자기 외아들을 기꺼이 바치려 했습니다. 하나님께서 전에 말씀하시기를 "네 자손이라고 불릴 사람은 이삭으로 말미암을 것이다"라고 하셨습니다. 아브라함은 하나님께서 죽은 사람도 살리실 수 있다고 생각했습니다. 그러므로 비유로 말하자면 그는 이삭을 죽은 사람들로부터 돌려받은 것입니다. (히 11:17-19)

아브라함은 이미 하나님의 약속을 받았고 그것들이 실제로 이루어지는 것을 목격하였다. 그렇기 때문에 히브리서는 아브라함이 외아들 이삭을 희생제물로 바치라는 요구 앞에서도 하나님이 그를 다시 살리실 것을 믿었다고 이야기하는 것이다.

아브라함은 자신이 하나님께 어떤 요구를 받았고 무엇을 하려고 하는지 사라에게 말했을까? 그것을 풀리지 않는 거대한 질문이다. 아브라함이 이삭에게 말하지 않은 것은 안다. 이것은 충분히 이해할 수 있는 행동이다. 이삭의 순종이 필요했기 때문만이 아니라 아들에게 겁을 주고 싶지 않았을 것이기 때문이다.

하나님께서 이삭을 희생 제물로 바치라고 명하신 장소를 향해 터벅터벅 나아가는 아브라함의 이야기를 읽는 것은 고통스러운 일이다. 우리는 이미 그 이야기의 결말을 알고 있다. 하지만 그 시간 동안, 그 며칠간의 여정 동안, 아브라함은 앞으로 무슨 일이 벌어질지 알지 못했다. 창세기 22장을 보면 그 여정 가운데 아브라함이 보여준 믿음의 깊이가 드러난다.

> 그가 하인들에게 말했습니다. "너희는 나귀를 데리고 여기 있으라. 나와 아이는 저기 가서 경배한 다음 너희에게 함께 돌아오겠다." (창 22:5)

아브라함은 자신과 아들이 함께 돌아올 것이라고 말하고 있다. 하나님께서 그에게 요구하신 것이 무엇을 의미하는지를 알지만 그가 가진 분명한 믿음을 선포하고 있는 것이다.

이삭은 아브라함을 따라 모리아산을 향해 가며 아마도 의아하고 당황스러웠을 것이다. 어떤 지점에서는 두려움에 떨었을지도 모른다. 특히 아버지가 자신을 베기 위해 칼에 손을 뻗었을 때는 말이다.

> … 그때 여호와의 천사가 하늘에서 아브라함을 불렀습니다. "아브라함아, 아브라함아!" 그가 대답했습니다. "제가 여기 있습니다." 천사가 말했습니다. "그 아이에게 손대지 마라. 그에게 아무것도 하지 마라. 네가 네

아들, 곧 네 외아들까지도 내게 아끼지 않았으니 이제 네가 하나님을 경외하는 것을 내가 알았노라." (창 22:11-12)

그리고 나서, 우리가 잘 알고 있듯 아브라함은 숫양 한 마리가 덤불에 뿔이 걸려 우는 소리를 들었고 그것을 이삭 대신 잡아 제물로 바쳤다. 이 이야기의 클라이맥스는 그 자체로 다른 어떤 이야기와 비교할 수 없는 극적 반전을 보여준다. 하지만 사라는 이 사건의 어떤 순간도 목격하지 못했다. 모든 일이 그녀의 시선 밖에서 이루어졌다. 시선뿐 아니라 아마도 그녀의 인지 밖에서 이루어진 일인지도 모른다.

만일 여호와 하나님께서 동일한 시험을 사라에게 하셨다면 사라는 어떻게 했을까? 우리가 사라에 대해 아는 바에 근거해 본다면, 그녀가 나귀에 안장을 얹고 아들을 희생제물로 바치기 위해 모리아산을 향해 걸어가는 장면을 상상하기는 쉽지 않다. 자신의 몸에 열 달 동안 아이를 품어 본 어머니가 그 같은 요구에 '네'라고 답하는 것을 상상하기는 어렵다. 우리의 믿음이 시험대에 놓일 때 우리는 어떻게 반응하게 될까? 그 시험은 절망과 의심의 기간이 길어지는 것을 통해 올 수도 있고, 사랑하는 이의 죽음을 통해서 올 수도 있다. 혹은 불임이나 경제적 파산의 모양으로 시험을 받게 될 수도 있다. 종종 우리는 가장 소중하다고 여기는 것을 기꺼이 바치라는 요구를 받는 것 같은 상황에 놓인다. 우리가 아브라함이 그랬던 것처럼 믿음으로 나아갈 수 있을까? 아니면 우리 스스로 어떤 탈출구를 만들기 위해 애쓰게 될까? 사라는 아이를 갖게 되기를 간절히 원했고, 인류의 역사를 영원히 바꿔버린 결정을 내렸다. 하지만 그럼에도 하나님은 아브라함과 함께 사라를 택하셔서 그의 언약을 성취하는 수단으로 삼으셨다. 이사야 선지자는 "너희의 조상 아브라함과 너희를 낳은 사라를 바라보라"(사 51: 2)고 말했다. 다시 한번 말하지만, 우리의 연약함과 결함에도 불구하고 우리는 하늘의 아버지에게 그의 고귀한 목적을 함께 엮어가는 파트너로서 쓰임을 받을 수 있다. 사라는 이 아름답고도 복잡한 진리를 알려주는 완벽한 예시이다.

하갈 Hagar

(창세기 16:1~16, 21:8~21)

이 책에서 살펴볼 모든 여성들 가운데 하갈만 유일하게 자유인이 아니다. 성경의 여러 번역본들은 하갈의 지위를 '여종'으로 규정하고 있다. 여종이라고 하면 마치 뭔가 어질러진 곳이 생기면 얼른 나타나 서둘러 치우는 사람처럼 들린다. 창세기 16장의 언어를 주의 깊게 보면 하갈은 사라의 신임을 받는 종이었다. 하지만 창세기 21장에 이르며 하갈에 대한 표현이 하갈이 노예 그 이상도 이하도 아닌 처우를 받고 있는 것으로 변화한다. 하갈은 자신의 자유의지에 따라 가고 싶은 곳으로 가거나 올 수 없는 그저 주인인 사라의 소유물로 여겨진다. 이것이 하갈의 삶을 지배하는 중요한 특징이다. 우리가 하갈 자신이나 그녀의 상황에 관해 아는 다른 모든 것에 색을 입히는 요소가 바로 그녀의 노예됨이다.

성경은 하갈이 이집트(애굽)인이라고 이야기한다. 충분히 개연성이 있는 이야기다. 창세기 12장 10절에 보면 아브라함과 사라가 계속 이동하여 네게브로 나아가다가 그 땅에 흉년이 들어 이집트로 내려가 얼마간 살았다고 전하고 있다. 아마 이 시기에 사라가 이집트에서 하갈을 종으로 얻었을 것이다. 이 때는 아브라함이 이집트의 왕 바로를 속여 사라가 자신의 아내가 아닌 여동생이라고 말하던 때이다. 아브라함과 사라는 이집트에서 머물며 피난하던 이 시기에 아마도 이미 어느 정도의 부와 권력을 축적한 상태였던 것으로 보인다. 왜냐하면 이집트로 피난해 들어가는 사람들 대다수가 가서 이집트의 왕에게 뭐라고 말할지를 굳이 걱정하지는 않았을 것이기 때문이다. 보통 사람들이 왕족과 접촉을 하는 일은 흔한 일이 아니었음에도, 창세기 12장

성경 속 여성들이 말하다

15절을 보면 사라의 아름다운 모습이 이집트 고위층의 주목을 끌었음을 알 수 있다. 당시 상당한 부를 축적한 사람이라면 이집트에서 노예를 획득했을 수 있다. 그리고 나서 다시 가나안 지방으로 되돌아가며 함께 이동했을 것이다. 하갈은 낙타를 돌보거나 요리를 하는 단순한 노역 노예로 채용된 것이 아니라 사라의 개인 시종의 역할을 맡았다.

우리가 하갈의 삶에 대하여 아는 바는 사실 거의 없고 단출하다. 하갈은 사라에 의해 아브라함의 첩으로 들어가게 되었고(하갈의 신분에 비추어 아마도 이 문제에 대한 자기 의견을 피력하지도 못했을 것이다.) 결국 아브라함의 첫째 아들 이스마엘을 임신하게 된다. 그리고는 사라와 경쟁적인 관계에 휘말려 들어가게 된다. 뿐만 아니라 한 번도 아니고 두 번씩이나 내쫓김을 당했다. 처음에는 임신 중에, 그리고 나중에는 (아예 영원히 쫓겨난 것인데) 사라의 아들 이삭이 태어난 후이다. 하갈의 삶에 대한 이러한 간략하고도 무자비한 사실들을 알게 되면 그녀에 대해 동정하지 않을 수 없다.

하지만 하갈의 삶과 그 영향력은 창세기 안에서 그녀에게 벌어진 사건들보다 훨씬 더 크고 깊다. 하갈의 이야기는 계속된다. 바울은 갈라디아서에서 하갈의 삶이 크리스천들에게 얼마나 중요한 교훈이 되는지를 이야기한다.

아브라함에게 두 아들이 있었는데 한 사람은 여종에게서 났고 다른 한 사람은 자유가 있는 본처에게서 났다고 기록돼 있습니다. 여종에게서 난 사람은 육체를 따라 났고 자유가 있는 본처에게서 난 사람은 약속으로 인해 났습니다. 이것은 비유로 말한 것인데 이 여자들은 두 언약을 나타냅니다. 하나는 시내 산에서 비롯된 것으로 종노릇할 아들을 낳은 사람, 곧 하갈입니다.

형제 여러분, 여러분은 이삭을 따르는 약속의 자녀들입니다. 그러므로 형제들이여, 우리는 여종의 자녀가 아니라 자유가 있는 본처의 자녀들입니다. (갈 4: 22-24, 28, 31)

바울은 간단하지만 강력한 등식을 도출하고 있다. 하갈과 하갈의 자녀들은 속박의 상태를 상징한다. 사라와 사라의 자녀들은 자유를 상징한다. 바울에게, 기독교는 자유를 의미한다. 반면 유대교의 율법은 속박을 의미한다고 주장한다. 율법 그 자체는 선한 것이다. 하지만 율법은 죄의 굴레로부터 인류를 자유롭게 할 능력이 없다. 인간을 죄에서 자유하게 하는 것은 사라와 이삭의 계보에서 나신 그리스도의 언약의 능력이다. 여기에서 바울은 이방인으로 크리스천이 된 성도들에게 이야기하고 있다. 그들이 자신들도 유대인의 율법을 따라야 하는지 질문하고 있었기 때문이다. 바울 사도는 앞서 인용한 비유를 통해 그들에게 다음과 같이 말하고 있는 셈이다. "대체 무슨 생각을 하시는 겁니까? 여러분은 이미 구원을 위해 필요한 모든 것을 소유하였습니다. 여러분에게 짐이 될 그 무엇도 더하려고 할 필요가 없습니다!" 바울은 갈라디아 교회에 흘러 들어온 이단적 교리를 꾸짖고 있는 것이다. 그들은 성도들이 그리스도를 믿어야 할 뿐 아니라 오래된 유대 율법과 전통들도 모두 지켜야 한다고 주장하였다. 바울은 이제 막 개종한 새 신자들에게 성경 본문의 문자적 의미를 넘어 더 깊게 묵상해보라고 권하고 있다. 그 안에 담긴 영적 진리를 발견하기 위해서이다. 그렇게 하면 하갈이 무엇을 상징하는지를 명확하게 알 수 있다.

예수님을 깊이 사랑하고 그의 임재를 삶의 모든 영역에서 간구하는 크리스천이라면, 이러한 비유를 통한 이해가 성경 구절들 속에서 그리스도의 모습을 찾아내는 자연스러운 방법일 것이다. 고린도전서를 보면 바울은 히브리 민족이 광야에서 물을 찾지 못했을 때 기적적으로 물을 얻은 신비한 바위에 대해 이야기한다. "그들은 모두 같은 신령한 음식을 먹었고 모두 같은 신령한 물을 마셨습니다. 그들은 자기들과 동행한 신령한 반석에서 나는 것을 마셨는데 그 반석은 그리스도이셨습니다"(고전 10:3-4). 초기 크리스천들에게 그리스도와 그의 진리는 성경 곳곳에 상징적으로 나타났다. 이를테면 갑자기 성경의 어떤 한 구절이 밝게 조명되고 그 의미가 살아나는 것이다. 크리스천들은 세대를 걸쳐 이런 식으로 성경을 읽어 나갔다. 특히 하갈의 이야기가 그렇다. 이후 기독교 문헌들에 보면 하갈은 단지 율법에 대한 속박만을 의미하는 것이 아니라 죄에 빠진 인간의 총체적 난국, 이 세속의 도시에서의 굴레와 속박을 의미하는 것으로 이해되고 있다. 죄와 세속으로부터 구원받지 못한 이들이 '하갈의 자녀들'이다. 그리스도의 몸이신 교회와 천국으로부터 멀어진 이들이다.

그런데 이러한 상징적 이해를 통해서는 하갈이라는 한 인간, 한 여인에 대한 올바른 성찰을 할 수 없다. 하갈은 다른 무엇이기에 앞서 일단 인간이고, 이 땅에서 그녀를 지켜줄 진정한 보호자가 없었던 취약한 지위의 여성이었다. 또한 삶에 지대한 영향을 비치는 일에 대해 아무런 선택권을 행사할 수 없었던 속박 상태의 여인이자 자신의 아들이 살아남아 행복한 삶을 영위하기 바랐던 어머니였다. 우리가 만일 후대인들이 하갈 위에 쌓아 올린 두꺼운 상징들을 걷어낸다면, 그녀가 어떤 사람이었고 오늘날의 우리에게 무슨 이야기를 들려주고 싶은지 발견해낼 수 있게 될 것이다.

우리는 하갈을 두 가지 사건 속에서 만난다. 둘 다 그녀의 여주인 사라와 관련이 있다. 하나님은 아브라함에게 자녀를 약속하였다. 하지만 사라는 그때까지 아브라함에게 자손을 전혀 안겨주지 못했다. 그래서 사라는 하갈을 아브라함의 첩으로 줘야겠다는 자신만의 계획을 품게 된다. 집안에 법적 상속자를 세우겠다는 희망을 가지고서 말이다. 하갈이 임신하자 여주인 사라와의 관계가 변하였다. 우리는 하갈이 자신이 임신한 것을 알게 되자 자기 여주인을 업신여기기 시작했음을 성경을 통해 알고 있다(창 16: 4). 이 구절에 쓰인 히브리어는 영어 표현 'despise' 만큼이나 여러가지 의미를 가질 수 있다. 하지만 어쨌든지 간에 하갈이 사라에 대해 이전만큼 존중했던 것은 아닌 것 같다. 자신은 임신하여 상속자를 생산할 수 있고 자기의 여주인은 여전히 불임 상태였기 때문이다.

하갈의 태도 변화는 이해할 만한 일이긴 하다. 하갈이 노예로 팔려 아브라함과 사라의 집에 들어간 것은 그녀의 의사와는 전혀 무관했을 것이고, 마찬가지로 하갈은 아브라함의 첩이 되는 것에 대해서도 그 어떤 의견을 내지 못했을 것이다. 하갈의 생명과 신체는 하갈 자신의 것이 아니었다. 주인의 아이를 임신하게 된 것이 그녀로서는 처음으로 얻은 일종의 자유로의 기회였을 것이다. 갑자기 하갈은 처분 가능한 소유물이 아니라 무언가 가치를 지니게 된 것이다. 그러나 그 가치는 하갈이 어떤 사람이었느냐 때문에 생긴 것이 아니라, 그녀 뱃속에 있는 아이 때문에 생긴 것이었다. 아마도 이 점이 하갈에게는 달콤하고도 쏩쓸한 삶의 진실이었을 것이다. 마침내 하갈은 가치를 가진 존재가 되었지만, 그 가치는 그녀 자신에서 비롯되었다기보다 그녀의 아이에게 달린 것이었다. 물론 어떤 종류의 가치이든지 간에 가치를 지니는 것이 무가치한 것보다는 낫다. 하갈은 아마도 이제 자신의 삶이 달라질 거라

성경 속 여성들이 말하다

기대했을 것이다. 예를 들어 그 이전에 하갈이 하던 단순 노역 같은 것도 주인의 아이를 가진 이상 더 이상 요구되지 않을 거라 생각했을 수 있다. 그 오랜 세월에도 남편의 아이를 갖지 못하던 사라의 입장에서는 이제 하갈이 무엇을 하든지 간에 그녀에게 화가 날 수 밖에 없는 상황이었다.

성경은 불임을 둘러싼 투기와 경쟁을 계속해서 보여준다. 우리는 곧 이 드라마가 라헬과 레아 사이에서, 그리고 한나에게서 반복되는 것을 보게 될 것이다. 성경 시대의 여성들에게 자손을 생산할 수 있는 능력은 아이에 대한 단순한 사랑을 뛰어넘는 의미를 가진다. 그것은 여성이 세상에서 안정과 지위를 획득할 수 있는 방법 이상을 의미한다. 아이를 낳을 수 있는 것은 그 자체로 신적 축복으로 여겨졌다. 아이를 임신했다는 것은 하나님의 사랑의 표식을 얻은 것으로 믿었고, 따라서 반대로 아이를 낳지 못한다는 것은 하나님이 언짢아 하시는 표식이라고 받아들였다. 하지만 하나님이 하와(이브)를 창조하셨던 순간부터 여자는 가치를 가진 존재였음을 기억할 필요가 있다. 하와도 하나님 자신의 형상으로 창조되었기 때문이다. 하나님 아버지의 눈에 우리 여성들은 어머니로서의 역할이라는 축복과는 별개로 전적으로 소중하고 존중받아 마땅한 존재다. (이 점에 대해서는 라헬과 레아, 한나의 이야기를 전하는 장에서 더 자세히 다루겠다.)

하갈이 사라가 불임의 고통과 수치에 신음하고 있을 때 연민을 가지고 있었을까? 우리는 둘 간의 관계에서 따뜻한 구석을 전혀 발견할 수 없다. 혹은 서로 간에 보살피는 관계였다는 증거도 찾아볼 수 없다. 둘이 가진 관계의 끈이 무엇이었든지 간에 그 끈은 하갈의 임신과 함께 끊어져 버린 것 같다. 사라는 임신한 하갈을 학대했다. 하갈은 이성적으로 수긍이 되는 행동을 한다.

사라로부터 도망친 것이다. 하갈은 자기 자신만 돌보면 되는 홀몸이 아니었고. 뱃속의 아이도 보호해야 했다. 하지만 아브라함은 하갈을 보호할 의지가 없음을 분명히 했다. 하갈이 자신의 아이를 임신했음에도 말이다. 그래서 하갈은 광야로 도망쳤고, 거기서 무언가 해결책을 찾으리라 기대했을지 모른다. 또 다른 삶을 향한 문, 또는 모종의 탈출구를 꿈꾸었을 것이다. 그러나 하갈이 발견한 것은 여호와의 천사였다.

> 여호와의 천사가 광야의 샘 곁, 곧 술 길에 있는 샘에서 그녀(하갈)를 만났습니다. 여호와의 천사가 말했습니다. "사래(사라의 옛 이름)의 종 하갈아, 네가 어디에서 왔고 어디로 가느냐?"
> 그녀가 대답했습니다. "제 주인 사래를 피해 도망치는 중입니다."
> 그러자 여호와의 천사가 하갈에게 말했습니다. "네 여주인에게 돌아가서 그녀의 명령에 복종하여라." (창 16:7-9)

이 본문에서 주목해야 할 첫 번째는 '여호와의 천사'가 나타나 어디로 가느냐고 묻는다면 아마도 하나님이 이미 그 상황을 알고 계신다는 점이다. 하지만 하나님은 언제나 우리가 그분 앞에 정직할 기회를 주신다. 성경에서 하나님이 하신 첫 번째 질문이 무엇이었는지를 기억해보자. 그것은 "아담아, 네가 어디에 있느냐"였다. 그와 매우 유사한 방식으로 여기에서는 천사가 하갈에게 질문한다. 하갈이 정직하게 자신의 상황을 토로할 기회를 주면서 말이다. 하갈은 솔직하게 상황을 이야기했다. 하지만 거기에 대한 하나님의 응답은 쉬운 길이 아니었다. 하나님은 하갈에게 돌아가라고 명하신다. 하갈이 어렵게 얻은 자유를 포기하라고 명하신 것이다. 하갈은 얼마나 '싫어요!'라고

성경 속 여성들이 말하다

외치고 싶었을까? 자신을 학대하는 여주인에게로 다시 돌아간다는 것은 생각만으로도 괴로운 일이었을 것이다. 그리고 우리 중 그 누구도 듣기 원하지 않는 또 다른 명령이 따라온다. "그녀의 명령에 복종하여라." 참으로 불가능하고도 고통스러운 일을 하나님께서 하갈에게 요구하고 계신다.

이 장면은 여호와의 천사가 성경에 등장하는 첫 번째 장면이다. 이 능력의 천사는 왕이나 제사장을 찾아간 것이 아니라 임신한 여종 하갈을 찾아갔다. 광야에 홀로 도망쳐 나와 두려움에 떨고 있는 바로 그녀에게 말이다. 하갈은 이 땅에서 그녀의 보호막이 되주거나 그녀를 격려해줄 이가 전혀 없었다. 하지만 하늘의 하나님은 하갈이 고통 가운데 있는 것을 듣고 계시고 지켜보고 계심을 하갈에게 알려주고자 하셨다.

천사는 하갈에게 "여호와께서 네 고난을 들으셨다"고 전해주었다(창 16:11). 이 말을 아마 하갈에게 여러가지 이유로 매우 놀라운 소식이었을 것이다. 무엇보다 하갈은 아브라함의 고향인 우르 지역 출생도 아니고 아브라함 집안 사람은 더더욱 아니었다. 하갈은 이집트인이었다. 아마도 아브라함 집안이 사용했던 언어를 그다지 잘 하지 못했을 것이고, 그들이 경배하는 낯선 유일신 여호와 하나님을 예배한 일이 없었을 가능성이 높다. 자기에게 예배한 적도 없었을 하갈에게 하나님은 왜 관심을 가지셨을까? 하나님은 하갈이 두려움에 떨며 이전에 알던 모든 것으로부터 고립되었을 때 그녀에게 오셨다. 하나님이 하갈을 보신 것이다.

하갈이 만난 천사는 대체 누구였을까? 여호와의 천사는 하갈에게 사라에게로 돌아가라고 말한 뒤 하나님의 약속을 전달한다. 그때 천사가 하갈에게 메시지를 전한 표현은(최소한 크리스천들에게는) 훨씬 훗날에 나타난 또 다른 천사가 말했던 메시지를 상기시킨다.

> 여호와의 사자가 또 그에게 이르되 네가 임신하였은즉 아들을 낳으리니
> 그 이름을 이스마엘이라 하라. (창 16: 11, 개역개정)

여기서 천사가 돌아가고 나서 하갈이 뭐라고 말했는지 주목할 필요가
있다. 하갈에 대해 다시한번 말하자면 그녀는 여호와 하나님이 직접 보여주
신 환상을 경험하였다. 심지어 하갈은 하나님께 이름도 지어드렸다. 성경에
서 하나님의 이름을 지어드린 첫 번째 인물이 바로 하갈이었던 것이다.

> 하갈은 자기에게 말씀하시는 여호와의 이름을 '주는 나를 보시는 하나
> 님'이라 불렀습니다. "내가 어떻게 여기서 나를 보시는 하나님을 뵐 수 있
> 었단 말인가!"라고 말했기 때문입니다. (창 16: 13, 우리말성경)

하갈은 자신에게 나타나신 이를 '엘 로이'(El Ro-i)라고 불렀다. 히브리어
로 이 말은 문자 그대로 '보고 계신 하나님'을 의미한다. 여호와 하나님이 하
갈의 고난을 보셨고, 하갈은 하나님은 만났다. 하나님은 하갈이 당하는 모
든 고난을 보셨고 그녀의 고통을 아셨다. 이것이 노예로 살고 있는 한 여성에
게 어떤 의미였을지를 생각해 볼 필요가 있다. 그간 살아오면서 얼마나 많은
사람들의 시선이 그녀를 바로 앞에서 보고도 마치 아무도 서 있지 않은 것처
럼 비켜갔을까? 아브라함의 장막에 방문한 사람들이나 이집트의 노예 시장
에 있던 상인들, 그들에게 하갈은 한낱 가구나 다름없는 존재였을 것이다. 잠
깐 흘깃 보고는 이내 시선을 돌려 버리는 사물. 하갈은 아마 못 본채 여겨지는

것에 익숙해져 있었을 것이다. 하지만 우리의 하나님은 그런 분이 아니셨다. 여호와 하나님은 하갈을 똑바로 보셨다. 그것은 하갈이 태어나서 처음으로 누군가에게 제대로 보여진 것이다.

이런 특별한 경험 때문에 하갈은 사라에게로 돌아갈 용기를 낼 수 있었는지 모른다. 여러분이 하나님의 시선을 간구하고 하나님께서 눈을 들어 당신을 똑바로 지켜보고 계신 것을 경험하게 된다면, 아무리 불가능하게 여겨졌던 일이더라도 해볼 만하다고 여기게 될 것이다. 이 장면을 전하는 창세기 16장의 바로 앞 장에서, 하나님은 아브라함에게 나타나셨고 그와 언약을 맺으셨다. 여호와가 '환상 가운데' 아브라함에게 오셨고, 아브라함은 '여호와의 음성'을 듣게 되었다 (창 15:1). 하나님과 아브라함 간의 약속은 이렇게 체결되었다. 하지만 하갈의 경우 하나님이 나타나셔서 하갈에 대한 사랑과 위로를 전해주셨다. 여호와 하나님은 하갈이 (진정으로 어떤 상태에 있는지 아시고) 가장 원하고 가장 필요했던 것을 주셨던 것이다.

하갈이 두 번째 고난을 겪을 때에도 자신과 함께 하셨던 하나님을 기억하고 있었다. 그 말씀의 힘이 하갈의 상황이 더 악화되었음에도 적지 않은 위로가 되었을 것이다. 사라가 마침내 자신의 아이를 얻게 되었고 그 아이, 즉 이삭이 세 살이 되었을 때 하갈은 아예 쫓겨나게 되었다. 이 부분에 사용된 성경의 언어를 보면, 당시 하갈의 정체성이나 유산, 심지어 희망까지도 박탈당하는 어떤 의도적인 조치가 있었음을 짐작할 수 있다. 하갈이 아브라함에게 태어난 첫째 아들의 어머니라는 사실이 전혀 도움이 되지 않았다. 이번에도 아이의 아버지인 아브라함은 그녀를 보호하는데 아무런 역할을 하지 못한다. 하나님께서 아브라함에게 하갈과 이스마엘이 괜찮을 것이라는 확신을 주셨지만, 성경은 아브라함이 그 확신을 하갈에게도 전해주었는지를 이야기하고 있지 않다. 결국 하갈은 최소한의 식량만 가지고 형벌이나 다름없는 광야로 쫓겨났다. 하갈과 이스마엘, 두 사람의 목숨을 부지하기에도 부족한 정도였다. 하갈에게는 더 이상 선택의 여지가 없었다.

> 가죽 부대의 물이 다 떨어지자 하갈은 아이를 덤불 아래 두고 화살이 날아갈 거리만큼 떨어진 곳에 가서 마주 보고 주저앉았습니다. 그녀는 "이 아이가 죽는 것을 차마 지켜볼 수가 없구나"라고 말하며 아이를 마주 보고 앉아 큰 소리로 울었습니다. (창 21: 15-16)

이 장면은 성경에 나오는 가장 가슴 아픈 대목 중 하나일 것이다. 하갈은 자신의 아들이 죽어가는 것을 보는 일이 그녀가 감당할 수 없는 가장 큰 슬픔일 거라는 것을 알고 있었다. 하갈은 절망했다. 모두가 그녀를 버렸고, 그녀는 아들을 안전하게 보호할 수 없었다. 세상은 더 이상 이 노예 여인과 그 아들을 쓸모없다고 보고 있는 것이다.

다행스럽게도 우리 중 많은 이들은 우리 자녀들의 생명과 안전을 매일매일 두려워해야 하는 세상에서 살고 있지는 않다. 우리는 우리 자신이 그들을 안전하게 보호하고 있다고 자부할지 모른다. 중산층의 삶이 우리의 아이들을 안전하게 지키고 있다고 말이다. 충분한 여력이 있다면 우리는 아이들을 좋은 학교에 등록시킬 수도 있고, 아프면 좋은 의사에게 데려가고, 아이들의 활동을 잘 돌보려 할 것이다. 하지만 안타깝게도 이러한 삶을 자신의 아이들에게 제공해줄 수 없는 어머니의 아픔을 우리는 너무 자주 잊어버리게 된다. 이 땅에서 경제적으로나 사회적으로 지위가 낮은 사람들은 이러한 기본적인 안정망도 때때로 갖지 못한다. 자신의 아이의 성장이 차별과 증오의 벽에 막힌 어머니들에게 이러한 것들을 보장하기란 거의 불가능해 보인다. 그런데 사실 하갈이 경험하고 있는 이 끔찍하고 상상하기 어려운 재난은 우리 모두가 현재의 삶에서 한 걸음만 벗어나면 경험할 수 있는 삶의 실재이기도 하다.

그러나 하나님은 하갈의 삶을 끝까지 주관하고 책임지셨다.

> 하나님께서 그 아이가 우는 소리를 들으셨습니다. 하나님의 천사가 하늘에서 하갈을 불러 말했습니다. "하갈아, 네가 무슨 일이 있느냐? 하나님께서 저기 있는 아이의 소리를 들으셨으니 두려워하지 마라. 이제 일어나 가서 저 아이를 일으켜 그 손을 잡아라. 내가 그로 큰 나라를 이루게 하겠다." (창 21: 17-18)

하나님은 절망 가운데 있는 하갈에게 다가가셨다. 천사를 보내 그녀를 위로하고 평안케 하는 말을 전해주신 것이다. 하갈에게 나타난 천사는 성경에서 천사들이 나타나 늘 반복해서 전하는 바로 그 이야기를 그녀에게도 선포했다. "두려워하지 마라!" 이 위로의 말이 성경에서 처음으로 천사에 의해 등장한 것이 바로 이 때이다. 동일한 말이 사가랴에게, 마리아에게, 여호수아에게, 그리고 예수님의 무덤 앞에서 울고 있던 여인들에게도 선포되었다. 또한 이 말은 여호와 하나님 자신이 아브라함에게 선포하신 말씀이기도 하다. "아브라함아, 두려워하지 마라. 나는 네 방패니 네가 받게 될 상이 아주 큰 것이다"(창 15: 1). 하갈도 하나님께서 아브라함을 안심시킨 이 위로의 말씀을 동일하게 들었다. 하나님은 우리의 고통을 참으로 바라보시고, 세상 기준의 부유한 족장이나 슬픔에 빠진 노예를 구분하지 않으시기 때문이다. '나를 보시는 하나님'(The God who sees me)은 세상의 눈으로 우리를 보는 것이 아니라 하늘의 눈으로 우리를 보신다.

하갈과 사라의 관계가 달랐더라면, 그들의 이야기는 어떻게 변화될 수 있었을까? 서로 함께 할 수 있는 해법을 찾았었더라면, 서로를 용서하고 서로의 슬픔을 이해할 수 있었다면, 상황은 어떻게 달라졌을까? 어떤 일은 동일하게 벌어졌을까? 하갈이 여주인에게 연민과 너그러움을 가지고 다가가기 위해서는 무엇이 필요했을까? 아무리 사라가 하갈에게 아무런 친절을 베풀지 않았더라도 말이다. 우리에게 관대하지 않은 사람에게 친절을 베푼다는 것은 어려운 일이며, 심지어 오랫동안 우리를 올바르게 처우하지 않은 이에게 친절을 베푼다는 것은 얼마나 더 어려울까? 우리를 억압하던 사람이라면 어렵기만 한 게 아니라 불가능해 보이는 일일 것이다.

하지만 만일 하갈이 그러한 사랑의 손길을 펼칠 방법을 찾아냈다면, 어쩌면 사라는 하갈을 내쫓지 않았을 수도 있다. 반대로, 만일 사라가 하갈의 멸시를 관용으로 묵인하고 하갈이 얼마나 속으로 불안정했을지를 이해할 수 있었다면, 어쩌면 사라는 하갈과 자신의 처지에서 어떤 공통점을 찾아낼 수도 있었을 것이다. 하나님은 두 여인을 모두 소중하게 여기셨다. 둘 모두를 아끼고 둘의 처지를 이해하셨다. 그들이 여호와 하나님께서 서로에게 주신 언약을 이해하고 각자의 언약을 묵상하였다면, 둘의 이야기를 어떻게 전개되었을까? 하갈과 사라가 그러한 관계를 맺었다면, 그 둘은 이스마엘과 이삭이 함께 성장할 수 있는 세계를 만들 수 있었을 것이다. 유대 민족의 조상과 아랍 민족의 조상이 함께 손을 붙잡고 성장할 수 있는 세계는 어떤 모습이었을까? 그러한 세계에서 그 둘은 서로 떨어지는 것을 참지 못하는 사랑하는 형

성경 속 여성들이 말하다

제들이었을지도 모른다. 그랬다면 오늘날 사람들의 마음만이 아니라 세계의 지도도 달라졌을 것이다. 우리가 만일 상대에 대해 진심으로 공감하고 이해할 수 있는 방법을 찾아낸다면 우리의 마음이 써 내려갈 미래의 지도는 어떻게 달라질 수 있을까?

사라와 하갈의 이야기 생각해보기

1. 하나님은 아브라함에게 여섯 번 나타나셨습니다. 그 여섯 번의 사건을 읽어 보고 각각의 나타나심 가운데 하나님이 아브라함에게 무엇을 요구하셨는지를 확인해보십시오.

>창세기 12: 1-3 (하란을 떠나라고 지시하심)
>
>창세기 15: 1-21 (첫 번째 언약)
>
>창세기 17: 1-22 (언약의 갱신)
>
>창세기 18: 1 (마므레 큰 나무들 곁에서 나타나심)
>
>창세기 18: 20 (아브라함이 소돔을 위해 간구함)
>
>창세기 22: 1-18 (모리아 산)

2. 하나님이 아브라함에게 나타나신 각각의 사건이 사라와는 어떤 관계가 있습니까? 어떤 사건들에 사라가 관련되나요? 어떤 사건들은 사라와 관련이 없나요? 어떤 사건은 사라에게도 적용이 되고, 어떤 것은 그렇지 않나요? 우리는 성경의 본문을 읽을 때, 읽고 있는 부분만이 아닌 그 이상을 바라보려 노력할 필요가 있습니다. 성경의 장과 절은 중세 이후에서야 나뉘어졌습니다. 즉, 성경 본문의 어떤 부분들의 경우 쓰여진 지 천 년

이상이 지나 장절 구분을 가지게 된 것입니다. 즉, 고대의 독자들에게는 어떤 단락 이전에 무엇이 오고 그 다음에는 무엇이 오는지에 대한 실질적인 구분이 없었습니다. 이 같은 점을 고려한다면, 위의 여섯 사건들 속에서 사라를 보는 것이 어떻게 달라지나요? 예를 들어, 창세기 15장 1절에서 21절 사이에 기술된 언약을 살펴보십시오. 만일 우리가 고대의 독자들이 읽었던 것처럼 읽는다면, 이 부분은 사라가 아브라함에게 자신의 여종 하갈과 그녀를 통해 아브라함의 상속자를 얻을 계획을 논의하는 부분과 바로 이어지게 됩니다. 이렇게 본다면 15장의 언약과 사라는 어떤 관계에 놓이게 되나요? 또한 그렇게 읽을 때 우리는 아브라함과 사라의 관계에 대해 무엇을 알 수 있나요? 또한 이것이 사라와 하나님의 관계에 대해서는 무엇을 이야기해주나요?

3. 성경은 사라가 죽어서 아브라함이 구입한 땅에 묻혔다고 이야기합니다. 그 땅은 아브라함이 가나안 지방에서 얻은 첫 번째 소유였습니다. 그 땅을 구입함으로써 아브라함은 유목민에서 지주로, 그리고 가나안 지역사회의 이해당사자로 변하게 됩니다. 사라가 죽은 직후 아브라함이 처음으로 취한 행동이 무엇이었나요? 창세기 24장 1절에서 8절을 읽어보십시오. 거기에서 성경은 아브라함에게 사라가 어떤 중요성을 가진 사람이었다고 이야기해주나요? 또한 사라에게 이삭이 가지는 중요성은 무엇이었다고 이야기하나요?

4. 하갈은 아브라함과 사라에게서 두 번 떠났습니다. 첫 번째는 하갈이 도망친 것이었는데, 여호와 하나님께서 다시 돌려보내셨습니다(창 16: 6—14). 두 번째는 아브라함과 사라가 하갈을 내쫓은 것입니다(창 21: 14—21). 두 사건의 차이는 무엇인가요? 이 두 사건들 사이에 하갈에게 어떤 변화가 있었나요?

라헬과
레아

"

경 쟁 하 는
자 매 들

Rachel & Leah

라헬과 레아
경쟁하는 자매들

라헬 Rachel

(창세기 29:1~30:24, 31:31~35, 35:16~20)

　　야곱과 라헬의 이야기는 사랑과 기만, 질투로 점철된 흥미진진한 이야
기이다. 오늘날의 여느 리얼리티 쇼와 견주어도 뒤지지 않을 반전과 막장이
뒤엉켜 있다. 여기에서 우리는 성경에서는 처음으로 현대의 우리들에게 매
우 익숙한 형태의 낭만적 집착을 보게 된다. '첫 눈에 반한 사랑'이라고 하는
동화 같은 콘셉트도 개입되어 있다. 아담과 하와, 아브라함과 사라, 이삭과
리브가와 같은, 우리가 이 이야기 전에 성경에서 보아온 남편과 아내들은 일
종의 외적 개입에 의해 맺어진 부부였다. 이들은 아마도 결혼생활을 하며 부
부 간의 사랑을 이루어 갔을 것이다. 구약성경 초기의 부부들이 오늘날 커플

들이 성사되는 방식으로 맺어졌던 것이 아닌 것은 분명하다. 당시 고대 근동 지역에서는 가족의 기능이 오늘날과는 사뭇 달랐다. 결혼도 본질적으로 교환에 가까웠다. 부부가 되는 두 사람을 통해 집안 간에 동맹을 맺거나 재산을 공유했다. 하지만 야곱과 라헬의 이야기는 다르다.

라헬의 이야기는 그녀의 남편인 야곱의 이야기와 분리할 수 없다. 라헬은 야곱의 삶의 목표이자 종착지였다. 우리가 성경에서 야곱을 처음 만났을 때, 그는 쌍둥이 형 에서와 경쟁을 벌이고 있었다. 야곱은 어머니 리브가가 아끼는 아들인 반면, 에서는 아버지의 총애를 받았다. 야곱은 팥죽 한 그릇으로 형을 속여 장자권을 빼앗았다. 그리고 임종을 앞둔 아버지를 속여 장자가 받을 축복을 형에게서 가로챘다. 에서는 동생의 속임수와 기만을 참을 만큼 참았다.

에서는 아버지 이삭이 세상을 떠나면 그 즉시 야곱을 죽이려고 마음먹었다. 이를 알게 된 어머니 리브가는 야곱을 불러 자신의 친정 오빠 라반의 집으로 도망가라고 말한다. 라반의 집은 야곱이 살던 곳에서 먼 곳이었다. 그리고 라반의 집으로 가던 도중 야곱은 그 유명한 환상을 보게 된다. 사닥다리 하나가 땅에 서 있는데 그 꼭대기가 하늘까지 닿아 있고, 하나님의 천사들이 그 위를 오르락내리락 하고 있는 환상이었다(창 28:12).

그리고 여호와께서 그 위에 서서 말씀하셨습니다. "나는 여호와, 곧 네 조상 아브라함의 하나님, 이삭의 하나님이다. 네가 누운 땅을 내가 너와 네 자손들에게 주겠다. 네 자손이 땅의 티끌과 같이 돼서 동서남북으로 퍼지게 될 것이다. 너와 네 자손을 통해 이 땅의 모든 족속들이 복을 받게 될 것이다. 내가 너와 함께 있을 것이며 네가 어디로 가든지 너를 지켜 주

겠다. 그리고 너를 이 땅으로 다시 데리고 오겠다. 내가 네게 약속한 것을
다 이룰 때까지 너를 떠나지 않겠다. (창 28:13-15)

야곱은 사기에 있어서 전문가였다. 원하는 것이 있으면 누구든지 자기
뜻대로 하기 위해 속일 수 있는 사람이었다. 그런 그가 갑자기 그 자신을 훨씬
더 뛰어넘는 거대한 삶의 비전을 환상을 통해 만나게 된 것이다. 또한 그는 여
호와 하나님으로부터 직접 축복과 언약을 받았다. 그것이 야곱의 삶을 바꾸
어 놓았다. 아브라함의 하나님, 이삭의 하나님이 야곱에게로 다가오신 것이
다. 앞서 사건들을 두고 보건대 이 당시까지 야곱은 아마도 하나님에 대해 그
다지 관심이 크지 않았을 것이다.

벧엘에서 이 환상을 본 직후 야곱은 라헬을 만나게 된다. 창세기를 기록
한 모세는 의도적으로 두 사람의 만남을 이 환상 바로 다음에 위치시켰다. 야
곱은 하나님의 임재를 경험하고 세계를 새로운 눈으로 보게 되었을까? 야곱
이 우물가에서 라헬을 처음 봤을 때 야곱은 참으로 감정에 북받친 것 같다. 아
마도 그는 죽음의 위협으로부터 도망하면서 만날 수 있는 그 어떤 사람보다
도 라헬이 자신을 더 안전한 삶으로 한 걸음 다가갈 수 있게 해주리라고 느꼈
던 것 같다.

야곱이 자기 어머니의 오빠 라반의 딸 라헬을 보고 또 자기 어머니의 오
빠 라반의 양들을 보자마자 우물로 나아가서 우물 입구에서 돌을 치우
고 자기 어머니 오빠 라반의 양들에게 물을 먹였습니다. 야곱은 라헬에
게 입을 맞추고 소리 높여 울었습니다. 야곱은 자기가 라헬의 아버지의
친척이며 자신은 리브가의 아들임을 밝혔습니다. 그러자 라헬이 달려가

아버지에게 이 사실을 알렸습니다. (창 29:10-12)

야곱이 라반을 위해 한 달 동안 머물며 일을 한 후에, 라반은 야곱에게 어떤 보수를 원하는지를 물었고, 라헬에 홀딱 빠진 야곱은 그가 가장 원하는 단 한 가지를 요구한다.

야곱은 라헬을 사랑했습니다. 야곱이 말했습니다. "작은딸 라헬을 주시면 제가 외삼촌을 위해 7년을 일하겠습니다." 라반이 말했습니다. "내가 그 아이를 다른 사람에게 주는 것보다 네게 주는 게 낫겠다. 여기서 나와 함께 지내도록 하자." 야곱은 라헬을 위해 7년을 일했습니다. 그렇지만 야곱이 그녀를 사랑했으므로 그 7년은 단지 며칠처럼 느껴졌습니다. (창 29:18-20)

미래의 장인과 이런 거래를 한다는 것을 상상할 수 있는가? 그것도 7년이나! 그런데도 야곱은 라헬에 대한 사랑 때문에 그 오랜 기간을 마치 며칠처럼 여겼다고 성경이 전한다.

하지만 여기서 우리는 궁극의 사기꾼이 자신의 형을 속였던 것과 꼭 같은 방식으로 자기도 사기를 당하는 장면을 보게 된다. 그는 삼촌 라반에게 뒤통수를 맞는다. 성경이 곧 이야기해주지만, 이 동화 같은 러브스토리에 라헬과 야곱만 나오는 것은 아니다. 라헬에게는 언니, 레아가 있었다. 성경을 레아를 다음과 같이 묘사한다.

레아는 시력이 약했고 라헬은 외모가 아름답고 얼굴이 예뻤습니다. (창 29:17)

라헬은 아마 세상적 기준으로 볼 때 좋은 것을 다 가졌던 것 같다. 하지만 라반은 자신의 첫째 딸이 먼저 결혼하기를 원했다. 그래서 그는 마치 결혼식장에 들어선 야곱에 덫을 놓듯 사기를 친다. 피로연의 밤이 지난 후, 라반은 라헬을 레아로 바꿔치기 한다. 야곱은 신부가 바뀌었음에도 다음 날 아침까지 알아차리지 못했다.

> 그런데 야곱이 아침이 돼 보니 잠자리를 함께 한 사람은 레아였습니다.
> 야곱이 라반에게 말했습니다. "외삼촌께서 어떻게 제게 이러실 수 있습니까? 제가 라헬 때문에 일해 드린 것 아닙니까? 왜 저를 속이셨습니까?"
> (창 29:25)

야곱은 분노했다. 하지만 그렇다고 라헬에 대한 그의 사랑이 식은 것은 아니었다. 야곱이 라헬을 비난하는 기색은 전혀 기록되어 있지 않다. 라헬에 대한 사랑이 레아에 대한 사랑보다 컸다고 성경은 전한다(창 29:30). 또한 야곱은 지치지 않고 라반과 또 다른 거래를 체결한다.

> "이 아이를 위해 1주일을 채워라. 그 후에 우리가 작은딸도 주겠다. 대신 7년을 더 일하여라." (창 29:27)

그리고 야곱은 라반이 말한 그대로 라헬을 위해 7년을 더 일한다. 야곱은 밧단아람의 들판에서 아버지의 양을 치고 있던 라헬에 첫 눈에 반했고, 바로 자신이 첫 눈에 반한 그 여성을 얻는 대가로 총 14년의 노역을 해야 했던 것이다.

이러한 야곱을 보는 라헬의 기분은 어땠을까? 또 자기 대신 언니 레아가 야곱과 결혼하게 되었을 때는? 그럼에도 자신을 향한 야곱의 사랑이 식지 않는 것을 보며 라헬은 무슨 생각을 했을까? 조카를 속인 아버지 라반의 계획을 신뢰할 수 있었을까? 그래서 자신과 깊이 사랑에 빠진 잘생긴 청년에게 결국은 시집갈 수 있으리라고 생각했을까? 자기의 언니가 야곱과 첫날밤을 치르러 가는 것을 보는 것은 어땠을까? 아름다운 동화가 될 뻔한 자신의 허니문이 악몽이 되는 것을 봐야 했을 것이다. 사실 가장 뼈아픈 일은 언니가 자신을 배신했다는 점일 것이다. 자신의 것이 되었어야 했던 첫날밤을 빼앗긴 후 레아와의 관계에는 어떤 일이 벌어졌을까? 우리는 야곱이 밧단아람 지역에 나타나기 전까지 둘의 관계가 어떠했는지에 대해서는 아는 바가 없다. 하지만 아마도 그 시점 이후에 두 사람의 관계는 꾸준히 하향곡선을 그렸을 것이다.

라헬의 좌절감은 자신은 아이를 낳지 못하고 있는데 레아는 계속해서 야곱에게 아이를 낳아주는 동안 점점 더 깊어졌을 것이다. 하지만 레아의 심정도 생각해볼 필요가 있겠다. 레아는 자신과 자기의 가족 안에 이런 일이 벌어지고 있는 동안 어떤 기분이었을까? 하나님은 레아를 긍휼히 여기셨다.

> 여호와께서는 레아가 사랑받지 못하는 것을 보시고 그녀의 태를 열어 주셨습니다. 그러나 라헬은 아이를 갖지 못했습니다. (창 29:31)

레아가 겪은 일은 이게 다가 아니다.

라헬은 자기가 야곱에게 아이를 낳아 주지 못하자 자기 언니를 질투했습니다. 그녀가 야곱에게 말했습니다. "저도 자식을 낳게 해주세요. 그렇지 않으면 죽어 버릴 거에요." 야곱은 화가 나서 그녀에게 말했습니다. "내가 하나님을 대신하겠소? 하나님께서 당신의 태를 닫으셔서 아기를 갖지 못하게 하시는데 어쩌란 말이오?" (창 30:1-2)

성경은 드라마 같은 야곱과 라헬의 러브 스토리만 우리에게 전해주는 것이 아니라 결혼으로 인한 갈등은 어느 시대에서나 벌어짐을 상기시켜 준다. 라헬은 아이가 없는 상황에 대해 남편에 불만을 터뜨리는 것이 합당하다고 생각해서 그렇게 했다. 하지만 남편은 아내에게 그녀의 운명을 손에 쥐고 있는 분은 여호와 하나님이심을 일깨워준다. 라헬은 아마 아이를 낳지 못하고 있다는 이유로 속이 타들어 가고 있었을 것이다. 우리가 앞서 사라의 이야기에서 본 것처럼 고대 세계에서 출산 가능성은 단지 아이를 가질 수 있다는 것 이상을 의미했다. 여성이 생명을 잉태하고 열 달 동안 품을 수 있다는 것은 하나님께 은혜를 입고 있다는 표식이었다. 라헬은 자신이 임신하지 못하고 아이를 낳지 못하고 있음이 저주처럼 느껴졌을 것이다. 사랑하는 남자와 결혼하기까지 라헬이 겪은 숱한 마음 고생에 대한 보상이 불임이란 말인가? 라헬은 야곱과 결혼해서 둘의 아이를 낳아 기르기 위해 7년이란 오랜 세월을 인내했다. 하나님은 라헬에 상을 주셔야 했다! 하지만 그녀에게 돌아간 보상은 더 큰 아픔이었을 뿐이다.

심리 상담가들은 깊은 슬픔에 빠진 사람들이 겪는 여러 심리적 단계 중 하나가 '협상하기(bargaining)'라고 한다. 하나님께 이렇게 토로하는 것이다. "그래요, 지금의 이 고통이 사라지고 제가 원하는 것을 얻으려면 제가 어떻게 해야 하나요?" 이런 관점에서 본다면 라헬의 삶은 거대한 슬픔의 터널을 통과하고 있는 셈이었다. 라헬은 툭하면 협상하려 했다. 자신의 상황을 '바로잡을' 방법이 무엇인지 항상 곤두서 있었다. 그런 면에서 라헬은 그녀가 결혼한 남자와 참으로 닮아 있었다.

라헬이 자신의 문제를 '해결하기' 위해 시도한 첫 번째 방법은 앞서 사라가 이미 우리에게 보여준 전략과 동일한 것이었다. 사라가 하나님의 약속이 과연 이루어질 수 있을까 의심하게 되었을 때 그 문제를 자신의 방법대로 해결해보려 시도했다. 라헬도 사라가 아브라함에게 제안한 것과 동일한 거래를 시도한다. 자신의 시종을 통해 아이를 얻어 보고자 한 것이다. 라헬은 야곱에게 자기를 대신해 동침하라고 시종 빌하를 내어 준다. 빌하가 낳게 되는 아이들을 자신의 자녀로 키우려는 생각이었다. 이 계획은 효과가 있는 듯했다.

> 라헬이 말했습니다. "하나님께서 나를 변호하시고 내 목소리를 들으셔서 내게 아들을 주셨구나" 하고 그 이름을 단이라고 지었습니다. 라헬의 종 빌하가 다시 임신해 야곱에게 아들을 낳아 주었습니다. 라헬이 말했습니다. "내가 언니와 큰 싸움을 싸워서 이겼다." 하고 그의 이름을 납달리라고 지었습니다. (창 31:6-8)

라헬이 빌하가 낳은 아기들에게 지어준 이름은 그 아이들이 자라서 어떤 인물이 될 것인가 보다 라헬이 어떤 사람인가를 더 이야기해준다. 라헬은 레아가 야곱에게 계속해서 여러 아들을 낳아 주는 것을 보고 있어야 했다. 라헬은 이제 자신과 언니의 상황을 극단의 자매간 투쟁 상황으로 인식하였던 것이다. 결혼 전에 두 자매가 어떤 사랑과 동정심 혹은 친밀감을 가지고 있었든지 간에 그것이 사라진지 오래고, 이제 두 사람에게는 투쟁적 경쟁만 남은 것이다. 여기에서 라헬이 레아와 벌인 분투는 이후 창세기 32장에서 야곱이 보여준 천사와의 씨름과 병렬을 이룬다. 라헬은 여호와 하나님이 자신의 태를 닫으셨음을 알았다. 라헬은 이중의 전쟁을 벌이고 있는 거나 다름없었다. 여호와 하나님과도 다투고 있었고 사람, 특히 자신의 언니와도 투쟁하고 있었다.

라헬은 이야기는 인간의 연약함을 드러낸다. 라헬의 삶에서 벌어진 일은 우리의 삶에서도 얼마든지 벌어질 수 있는 일이다. 우리는 모두 슬픔과 상실, 우리가 통제할 수 있는 범주를 완전히 벗어난 상황을 경험한다. 그런 일을 당하면 우리는 어떻게 반응하는가? 너무나도 자주 우리의 반응은 비난할 누군가를 찾는 것이다. 그 누군가가 자기 자신일 수도 있다. '내가 그렇게 행동하지 않았었다면, 내가 그렇게 말하지 않았더라면, 그런 실수를 하지 않았더라면, 이런 일은 벌어지지 않았을 거야.' 타인을 비난하는 경우도 많다. 에덴 동산에서 아담이 비난을 화살을 "하나님께서 함께하라고 제게 주신 그 여자가"(창 3:12)라며 비난의 화살을 하와에게 돌린 때부터 라헬에 이르기까지 창세기는 비난의 화살을 쏘아대는 사람들의 이야기로 가득 차 있다.

우리가 다른 누군가를 비난하는 것은 그렇게 하면 우리를 사태의 책임으로부터 자유롭게 하기 때문만은 아니다. 우리의 고통에 어떤 외적 이유, 무언가 그렇게 고통스러운 목적이 있다고 생각하는 것이 조금이나마 위안이 되기 때문이기도 하다. 라헬은 먼저 야곱을 비난했고, 레아를 비난했고, 하나님까지 비난했다. 하지만 인간의 머리로는 우리가 깜깜한 절망의 골짜기를 지나고 있을 때 그 고통의 이유를 속 시원하게 혹은 조금이라도 사리에 닿게 해명할 수가 없다. 거의 불가능하다. 예수님의 제자들도 아무 잘못을 한 적 없는 이들에게 재난이 닥치는 냉혹한 현실 앞에 어리둥절했다. "랍비여, 이 사람이 눈먼 사람으로 태어난 것이 누구의 죄입니까? 이 사람의 죄 때문입니까, 부모의 죄 때문입니까?"(요 9:2). 예수님은 다음과 같이 대답하셨다.

> "이 사람의 죄도, 그 부모의 죄도 아니다. 다만 하나님께서 하시는 일들
> 을 그에게서 드러내시려는 것이다."(요 9:3)

우리 삶의 비극들이 항상 하나님께서 심판하신 결과인 것은 아니다. 하지만 그것들은 언제나 하나님께서 영광을 드러내실 기회가 된다.

아마도 라헬은 그리 멀리 내다볼 수 없었을 것이다. 그저 여호와 하나님께 벌을 받고 있다는 기분만 느끼고 있었을지 모른다. 불임이라고 하는 자신의 형벌은 여호와께서 자기의 언니 레아를 더 예뻐한 것과 연관되어 있다고 여겼을 것이다. 그래서 라헬은 그 고통을 전쟁으로 인식했고 거기서 승리를 쟁취하고자 했을 것이다. 그녀의 남편인 야곱도 형 에서보다 유리한 고지를 점하기 위해 꽤나 음흉한 행동을 하지 않았던가? 라헬은 언니와의 경쟁에 모든 에너지를 집중하게 되었고, 그 경쟁에서 이기기 위해서라면 뭐든 할 준비가 되어 있었다.

성경에서 다음으로 살펴볼 '라헬 대 레아 대결'에서는 자귀나무('우리말성경'의 번역어, 개역개정에는 '합환채'로 번역됨—역주)가 개입되는 희한한 에피소드가 나온다. 수세기 동안 많은 사람들이 자귀나무 뿌리가 불임을 치료하고 임신을 도우며 사랑을 북돋운다고 믿었다. 그래서 레아의 첫째 아들 르우벤이 들판

에서 자귀나무를 찾아냈을 때 라헬은 그것을 손을 넣으려 안달복달했다. 그래서 자존심을 삼키고 언니에게 황당한 제안을 한다.

> 라헬이 레아에게 말했습니다. "언니 아들이 갖다 준 자귀나무를 조금 나눠 줘요." 레아가 라헬에게 말했습니다. "네가 내 남편을 빼앗아 간 것도 모자라서 이젠 내 아들이 가져온 자귀나무까지 빼앗아 가려고 하니?" 라헬이 레아에게 대답했습니다. "언니의 아들이 가져온 자기나무를 제게 주면 그 대가로 오늘 밤에는 남편이 언니와 잠자리를 같이하게 될 거에요."(창 30:14-15)

이 부분을 읽다 보면 다음과 같은 생각을 하지 않을 수가 없다. '야곱은 여기에 대해 아무런 발언권이 없었을까?' 두 자매의 성격이 충돌하고 야곱의 사랑을 쟁취하고 그의 아이를 낳기 위한 투쟁이 격화되는 동안, 야곱은 전쟁 중인 두 여인 사이에서 이리저리 끌려 다니는 낡은 인형 같다. 라헬은 자귀나무 뿌리를 얻을 수만 있다면 남편을 잠시 떠나보내는 시간을 감내할 용의가 있었다. 라헬은 이미 야곱의 사랑을 얻고 있었다. 하지만 그녀는 야곱에게 아이를 낳아 줌으로써 언니와의 전쟁에서 더 높은 고지를 얻으려 혈안이 되어 있었던 것이다. 야곱은 아내를 보며 예전에 자신이 에서를 이기려 앞뒤 구분 없이 내달리던 때를 기억했을까? 아내에게 이렇게 소리치고 싶지 않았을까? '그만! 이 전쟁이 어떻게 끝날지 나는 안다고!'

그때 하나님은 라헬을 기억하셨습니다. 하나님께서 라헬의 기도를 들으시고 그녀의 태를 열어 주셨습니다. 라헬이 임신해 아들을 낳고 말했습

성경 속 여성들이 말하다

니다. "하나님께서 내 수치를 거둬 가셨다." 그녀는 "여호와께서 내게 아들을 하나 더 주시기를 바랍니다."라고 말하면서 그의 이름을 요셉이라고 지었습니다. (창 30:22-24)

결국 성경은 하나님께서 라헬의 기도를 들으셨다고 전해준다. 라헬의 계획이나 계략이 아니라 하나님께 올려 드린 간절한 기도가 그녀의 태를 열어준 것이다. 우리는 하늘의 아버지와 거래할 수 없다. 하지만 그 분은 우리의 기도를 들으시고 우리 가슴 가장 깊은 곳에 있는 간절한 바람을 알고 계신다. 가장 깊은 고통의 밤을 지새우고 있을 때 우리의 하늘 아버지 앞에 우리의 모든 상처와 두려움을 내려놓으면 그로부터 커다란 위로를 얻게 될 때가 많다. 하나님 아버지는 우리 삶의 온갖 풍파와 고난을 알고 계신다. 그러나 하나님께 그 고통을 토로하면 그 자체로 엄청난 자유함을 얻게 된다. 우리의 짐을 내려놓고 하늘 아버지가 주시는 확신을 얻는 것이다. 그렇게 함으로써 우리는 힘을 얻고, 우리를 지키는 든든한 방패, 안전한 피난처를 얻게 된다.

이 진리는 시편에 잘 표현되어 있다. 크리스챤이라고 해서 고난과 고통으로부터 면역되어 있는 것이 아니다. 성도들도 생사를 넘나드는 삶의 어려움에 좌절하고 근심한다. 죄와 상실이 가져다주는 깊은 슬픔에 신음하고 나자빠질 때가 있다. 시편은, 하나님께서 바라시는 것은 회칠하고 덧칠한 우리의 가식적인 자아가 아니라 우리의 실제 자아라고 가르쳐준다. 우리는 때론 복수를 하고 싶어하고 증오심을 품기도 한다. 잔혹한 고통 가운데 비명을 지르고 하나님께 분노를 토해내기도 한다. 하나님께서는 그런 모습조차도 숨기지 않기를 원하신다. 기도의 자리는 완전히 정직해야 하는 자리이다. 우리가 그 처절한 자리에 이르기까지 우리의 영적 생활은 그 어떤 영속적인 성장도 이뤄내지 못하게 된다. 거기서 우리는 하나님의 응답을 듣게 된다. 때로 하나님의 응답은 우리가 생각하던 모습과는 다르지만 훨씬 더 나은 길을 가리킬 때가 있다. 하지만 때로는 우리의 기대를 철저히 외면하는 것처럼 보일 때도 있다. 라헬이 하나님께 들은 응답은 아들이었다. 그 아들은 후일 자신의 모든 형제와 가족 전체의 생명을 구하게 된다.

　　라헬과 레아의 이야기는 둘 간의 불화로 끝나지 않는다. 우리는 성경에서 더 이상 두 자매 간의 투쟁에 관한 에피소드를 듣지 않는다. 우리가 그들을 다시 마주하게 되었을 때, 두 사람은 연합해 있었다. 당시 야곱은 집안에서 떠도는 자기에게 불리한 이야기를 듣게 되었고, 이제 라반의 지경에서 떠날 때가 되었음을 직감하게 된다. 또한 야곱은 라반이 자기를 조용히 내보내지 않을 것도 알고 있었다. 장인을 위해 일하는 동안 야곱이 그렇게 막대한 부자가 되었는데, 이제 그를 순순히 보내줄 리 없었다.

　　그래서 야곱은 라반을 찾아간다. 수년 간 장인을 위해 일했으니 이제 가족을 데리고 떠날 수 있게 해달라고 한 것이다. 라반은 야곱에게 더 머물러 있어 달라고 요청하고 또 하나의 거래를 제안한다. 야곱이 자기의 것으로 가지고 떠날 수 있는 가축이 어떤 종류의 것인지를 정확히 구분해주었다. 하지만 그 거래는 라반의 기대를 배신한다.

　　여호와께서 야곱에게 말씀하셨습니다. "네 조상의 땅 네 친족들에게 돌아가거라. 내가 너와 함께 하겠다." (창 31:3)

　　야곱은 라헬과 레아에게 라반이 자신을 보는 시선이 더 이상 곱지 않음을 눈치챘노라고 말한다. 그리고는 두 아내에게 여호와께서 자신을 어떻게 인도하셔서 지금의 막대한 부를 축적하게 하셨고 전적으로 하나님의 손이 함께 하셔서 이와 같이 자신이 번창하였음을 구체적으로 이야기해준다. 또한 야곱은 레아와 라헬에게 에서의 살해 위협으로부터 도망쳐 벧엘에 이르렀을 때 하나님에 대한 어떤 경험을 하게 되었는지도 들려준다. 이렇게 그는 왜 라반을 뒤로 하고 두 아내의 고향 땅을 떠나려고 하는지 설명하며 준비작업을 한다.

만약 우리가 주의를 기울이지 않는다면 성경에서 아주 놀라운 부분을 놓치고 지나가게 될 수 있다. 구약성경 그 어디에서도, 야곱이 두 아내에게 이야기했던 것처럼 남성이 그토록 길고 상세하게 여성에게 무언가를 이야기하는 부분이 없다. 더욱이 두 명의 여인에게 한꺼번에 그렇게 이야기하는 경우는 아예 없다. 하지만 야곱은 자신이 왜 그런 결정을 내리게 되었는지를 라헬과 레아에게 이해시키고자 했다. 그러자 처음이자 마지막으로, 두 자매는 마치 한 사람처럼 이야기한다. 야곱에게 라헬과 레아는 다음과 같이 말한다. "이제 우리가 우리 아버지의 집에서 받을 몫이나 유업이 더 있겠습니까?"(창 31:14). 두 자매는 마침내 연합한 것이다. 외부의 위협 앞에서 내부의 결속이 단단해지는 것처럼 말이다. 야곱은 궁금했을지도 모르겠다. 자신을 둘러싼 상황이 악화되었을 때 라헬과 레아가 라반의 딸일지 자신의 아내들일지 말이다. 야곱이 가진 의구심은 두 아내의 자신에 대한 전적인 신임과 그들 아버지에 대한 거부 의사에 의해 해소되었다.

더 이상 야곱은 젊은 시절의 사기꾼 모드로 돌아가지 않았다. 아내들을 배신하고 갑자기 사라지거나 하는 등의 계략을 세워서 말이다. 이때 야곱이 한 행동은 치밀하고 용의주도하게 시도된 계획이라고는 할 수 없었다.

야곱은 자기가 도망간다는 낌새를 알아차리지 못하게 아람 사람 라반을 속이고 있었습니다. 이렇게 해서 야곱은 모든 재산을 갖고 그에게 속한 모든 사람들을 거느리고 도망쳤습니다. 그는 강을 건너 길르앗 산지로 향했습니다. (창 31:20-21)

야곱과 그의 가족이 허둥지둥 떠난 것을 알게 되자, 라반은 7일을 추적하여 야곱과 그와 함께 한 두 딸을 찾아낸다. 라반과 야곱 사이에는 당연히 긴장이 흘렀다. 라반은 왜 자기에게 두 딸과 손주들에게 작별의 키스를 할 기회도 주지 않았느냐고 화를 낸다. 하지만 라반은 이미 여호와 하나님이 꿈속에 나타나 하신 말씀을 들었고 자신이 야곱을 해칠 수 없음을 알고 있었다. 그래서 라반과 야곱은 서로 평화를 유지하기로 약속을 맺는다.

다음 날 아침 일찍 라반이 일어나 자시 손자들과 딸들에게 입 맞추고 그들을 위해 복을 빌었습니다. 라반이 길을 떠나 자기 집으로 돌아갔습니다. (창 31:55)

다음으로 우리가 라헬을 보게 되는 장면에서 라헬은 스스로에 대해 기뻐해야 마땅했다. 다시 한번 그녀는 아들을 낳게 된 것이다. 하지만 이 이야기는 해피엔딩으로 끝나지 않는다. 라헬이 살았던 시절 많은 여성들이 그랬던 것처럼 라헬은 난산 중에 죽음을 맞이하게 된다. 라헬은 죽어가며 아들의 이름을 '베노니'(Ben-Oni)라고 짓는다. '내 슬픔의 아들'(son of my misfortune)이라는 뜻이다. 하지만 야곱은 라헬의 유지를 번복한다. 라헬을 존중하지 않아서가 아니라 사랑하는 아내를 기리기 위해서였다. 야곱은 막내 아들의 이름을

성경 속 여성들이 말하다

'베냐민'(Benjamin)으로 다시 지어주었다. '내 축복의 아들'(son of my good fortune) 또는 '내 오른손의 아들'(son of my right hand). 라헬은 오랫동안 그의 오른손이었기 때문이다. 야곱이 라헬의 무덤가에 세운 기둥은 그가 환상을 본 장소인 벧엘에 세운 기둥을 연상시킨다. 벧엘, 그 장소에서 하나님은 그와 언약을 맺으셨다.

> "내 자손이 땅의 티끌과 같이 돼서 동서남북으로 퍼지게 될 것이다. 너와
> 네 자손을 통해 이 땅의 모든 족속들이 복을 받게 될 것이다. (창 28:14)

라헬은 여호와 하나님께서 야곱에게 하신 신적 약속을 성취하기 위한 핵심 역할자였다. 아이를 갖는 것이 라헬의 가슴에 새겨진 깊은 소망이었다. 또한 라헬은 야곱이 언제나 가장 사랑하는 사람이었다. 라헬이 낳은 두 아들, 요셉과 베냐민은 살아남아 놀라운 삶의 여정을 계속한다. 라헬이 가졌던 가장 간절한 소망을 성취하면서 말이다.

레아 Leah

(창세기 29:15~30:21, 31:4~21)

라헬이 야곱에게 첫 눈에 반한 사랑이라면, 레아는 정반대였다. 레아는 여동생 라헬과 비교하면 외모가 아름답거나 매력적이지는 않았다. 레아가 언니이기는 하지만 레아에 관한 이야기는 시작부터 라헬 주변을 맴도는 방식으로 펼쳐진다. 무대의 중앙을 차지하고 있는 사람은 라헬이다. 야곱이 우물가에서 만난 사람이 라헬이고, 야곱의 마음을 사로잡은 것도 라헬이다. 라헬은 남자들이 첫눈에 반해 사랑에 빠질만한 여자였고, 레아는 그런 류가 아니었다. 최소한 야곱에게는 분명히 그랬다.

> 라반에게는 두 딸이 있었습니다. 큰딸의 이름은 레아였고 작은딸의 이름은 라헬이었습니다. 레아는 시력이 약했고 라헬은 외모가 아름답고 얼굴이 예뻤습니다. (창 29:16-17)

수세기에 걸쳐 유대교나 기독교 학자들 모두 레아에 대한 이 묘사가 무슨 의미인지 혼란스러워했다. 사람을 설명하면서 '약한 시력'(weak eyes)을 가졌다는 말이 무슨 의미일까? 레아가 근시였다는 말일까? 그럴 수도 있다. 레아는 눈이 잘 안보여서 자주 찡그렸을 수도 있다. 정말로 레아가 시력이 나빴다면 그녀는 움직임이 느리거나 어색했을 수 있다. 당차고 반짝반짝 빛나는 라헬과 비교한다면 말이다. 어떤 학자들은 이 부분을 레아의 눈이 라헬 보다 작아보였다는 의미로 해석한다. 어떤 경우이든 레아는 여동생이 그려지는 방식과 상이하게 묘사되고 있는 것이 사실이다. 히브리어 성경에서 라헬을

성경 속 여성들이 말하다

표현하는 단어는 'yifat mareh'로, '보기에 아름답다'는 뜻이다.

고대 근동 지역의 결혼관습이 어떠했는지를 살펴보면, 이 두 가족 집단, 즉, 리브가의 가족과 라반의 가족이 결혼을 위해 서로 의중을 살폈을 수 있다. 야곱은 가나안 여자에게 결혼할 수 없었기 때문에 신부를 찾아 리브가의 친정집이 있는 메소포타미아로 길을 떠나는 것은 합당한 결정이었다. 그래서 야곱이 형을 피해 목숨을 구해야 했을 때, 리브가는 그를 라반에게로 보냈던 것이다. 리브가에게는 아들이 둘이 있었다. 라반에게는 딸이 둘이었다. 이 두 집안이 두 쌍의 사촌들을 서로 맺어주려 했을 가능성이 적지 않다. 그랬기 때문에 리브가는 에서가 맞이한 가나안 헷 족속 아내들을 싫어했을 수 있다. 또한 그래서 리브가는 야곱이 만약 그들과 같은 헷 사람의 딸들 가운데 아내를 맞이하면 무슨 낙으로 살겠느냐고 하소연했던 것이다(창 27: 46).

한편 레아는 끊임없이 동생 라헬과 비교되는 삶에 낙심하고 있지 않았을지 궁금하다. 레아는 아름다운 여동생과 반대로 자신의 삶은 이류의 삶이라고 자포자기하고 있지 않았을까? 라헬의 결혼을 두고 라반이 이중 거래를 자행한 것을 고려한다면, 레아의 자포자기 상태는 충분히 개연성이 있어 보인다. 라반은 왜 그런 식으로 야곱을 속였던 것일까? 레아를 신부로 맞이하겠다는 남자가 없었던 것일까? 왜 라반은 야곱에게 사전에 그 지방의 결혼관습을 설명하지 않았을까? 라헬과 결혼할 상상에 부풀어 있기 전에 야곱에게 그 이야기를 해줘야 하지 않았을까? 라반은 첫째 딸에게 더 이상 청혼자가 나서지 않을 거라 생각하고는 야곱이 온 김에 레아도 신랑을 맞이할 수 있도록 수를 쓴 것이다. 사실상 자신의 재산을 보전하기 위해 야곱의 존재를 돈으로 환산했다고 할 수 있다.

레아는 이 모든 상황에 대해 어떤 기분이었을까? 우리는 레아가 첫째 아들을 출산할 때까지 그녀의 목소리를 듣지 못한다. 하지만 첫째 출산 직후 레아의 일성에서 그때까지 레아의 삶이 어떠했는지 짐작해볼 수 있다.

> 여호와께서 레아가 사랑받지 못하는 것을 보시고 그녀의 태를 열어 주셨습니다. 그러나 라헬은 아이를 갖지 못했습니다. 레아가 임신해 아들을 낳고 "여호와께서 내 비참함을 보셨구나. 이제 내 남편이 나를 사랑할 것이다" 하면서 그 이름을 르우벤이라고 지었습니다. (창 29:31-32)

레아는 분명 그 모든 상황들이 수치스러웠을 것이다. 동생이 언제나 자신보다 사랑받는 상황이 속상하고, 자기가 남편을 맞이할 수 있는 유일한 방법이 사기와 술수뿐이라는 사실이 굴욕적이었을 것이다. 수치스럽지만 자기 자신도 그 기만적 술수에 적극적으로 참여할 수밖에 없다는 것이 더더욱 비참했을 것이다. 자신을 전혀 원하지도 않는 남자를 속여 그와 결혼을 해야 하다니! 레아의 삶은 쉽지 않았을 것이다. 하지만 첫 출산 후 레아가 무슨 말을 했는지에 주목할 필요가 있다. 여호와께서 자기의 비참함을 보셨다고 말했다. 레아의 말은 하갈의 고백을 상기시킨다. 하갈 역시 거절당한 경험이 있다. 둘 다 여호와 하나님께 울부짖었고 그 분은 그들을 보셨다. 이전에 그 어떤 사람도 그들을 그런 시선으로 본 적이 없었을 것이다. 하갈은 노예였기 때문에 사실상 재산의 일부로 다뤄지는 존재였고, 레아는 사랑받지 못했기 때문에 투명인간이나 다름없는 삶을 살았다. 최소한 라헬보다는 덜 사랑받았다. 하지만 하나님은 레아의 고통과 비참함을 알고 계셨다.

여기서 잠깐 라반과 그의 가족이 가졌던 종교적 정체성에 대해 생각해 볼 필요가 있다. 우리는 아브라함과 이삭은 살아 계신 유일한 하나님 여호와를 경배했다는 것을 알고 있다. 하나님께서는 아브라함과 이삭에게 직접 나타나 자신이 누구인지를 드러내셨다. 야곱도 당연히 할아버지와 아버지가 경배한 하나님을 믿도록 교육받았을 것이고, 그 자신도 환상 가운데 하나님을 보았다. 벧엘 들판에서 돌 베개를 베고 잠들었을 때 봤던 사닥다리 환상 말이다. 하지만 아브라함의 직계 가족이라는 이 작은 집단을 제외하고 누가 또 여호와 하나님을 믿었는지 성경에서는 아무런 언급이 없다. 사실 우리는 라반의 집에 우상 '드라빔'이 있었던 것을 안다. 창세기 31장에 보면 라헬이 라반의 드라빔을 훔친 사건이 나온다. 라헬과 레아가 자라면서 아브라함의 하나님을 섬기도록 교육받지 않았을 가능성이 높은 것이다. 성경에서 그 당시까지는 아브라함의 아들과 손자라는 가족집단 외에는 여호와 하나님이 충분히 알려져 있지 않았다.

하지만 그 범위가 레아를 포함시킬 만큼 확장된 것이다. 레아는 아마도 남편을 통해 여호와 하나님을 받아들인 것 같다. 그리고 그 하나님과 참된 인격적 관계를 맺게 된 것이다. 하나님과의 관계에 생명력이 있으려면 대화가 필요하다. 레아가 하나님 앞에 자신의 슬픔을 쏟아내는 것을 상상할 수 있다. 여동생이 매번 저 멀리 앞서 나가 달리기의 결승선을 멋지게 통과한다면, 자신은 후보선수 마냥 꼴등으로 겨우겨우 경주를 마치는, 아무리 노력해도 남편의 사랑을 얻을 수 없는 절망감을 하나님께 토로했을 것이다. 레아는 그 외롭고 긴 기도의 밤을 지새며 하나님에 대해 무엇을 깨닫게 되었을까?

일단 레아의 기도는 르우벤의 출산이라는 응답을 받았다. 레아는 사랑받지 못하는 아내였고, 삶이라는 경쟁에서 늘 꼴지 같은 2등이었다. 동생에 대한 영원한 차선책이었는데, 그런 레아가 야곱의 첫째 아들, 즉 후계자를 생산한 것이다. 르우벤의 첫 번째 철자인 'Re'는 '보다'를 의미하고, 그 전체는 '하나님께서 나를 위해 하신 일을 보라'(Look what God has done for me)라는 뜻이다. 또한 레아 자신이 말한 것처럼 '하나님께서 자기를 보셨다'는 의미가 되기도 한다. 르우벤이라는 이름은 레아를 높이는 이름이 아니라 하나님께 대한 레아의 감사를 표시하고 있다. 솔직히 첫째를 출산하는 지점에 이르기까지 레아의 삶은 외로웠을 것이다. 결혼 후에도, 그 전에도, 레아는 외로웠을 것이다. 하지만 마침내 남편의 하나님에게서 레아는 무언가 다른 만남을 가졌을 것이다. 레아의 아름답지 못한 외모만이 아니라 그녀의 삶의 실제를 보는 신을 만난 것이다.

레아는 계속해서 둘째 아들을 출산한다.

> 그녀가 다시 임신해 아들을 낳고 "여호와께서 내가 사랑받지 못하는 것
> 을 들으시고 이 아이를 내게 주셨구나" 하면서 그 이름을 시므온이라고
> 지었습니다. (창 29:33)

시므온(Simeon)이라는 이름은 히브리어로 'Shimon'이다. 히브리어에서는 어근에 해당하는, 이름의 앞부분은 '듣는다'라는 의미를 가진다. 레아가 알고 신뢰하게 된 하나님은 그녀를 보기만 하신 것이 아니라 그녀의 신음을 들으시기도 한 것이다. 레아는 하나님께 완전히 알려진 바 된 사람인 것이다. 사랑받지 못하는 레아를 향한 하나님의 축복이 계속해서 넘치도록 쏟아부어지고 있는 것이다. 레아는 계속해서 두 명의 아들을 더 출산한다.

그녀가 다시 임신해 아들을 낳고 "내가 내 남편의 아들을 셋이나 낳았으니 이제 드디어 그가 내게 애착을 갖겠지" 하면서 그의 이름을 레위라고 지었습니다. 그녀가 다시 임신해 아들을 낳고 "이번에야말로 내가 여호와를 찬양할 것이다" 하면서 그 이름을 유다라고 지었습니다. 그러고 나서 레아의 출산이 멈추었습니다. (창 29:34-35)

레위 라는 이름은 '붙은'(attached), '연합된'(joined)이라는 의미를 가진다. 이는 레아의 소원인 셈이다. 참으로 가슴 아픈 소원이 아닐 수 없다. 야곱이 라헬을 사랑하는 것 같이 자신을 사랑해주기를 바라고 있는 것이다. 레아는 레위를 낳은 이후에도 또 아들을 낳았다. 하지만 그것이 야곱의 사랑이 라헬을 넘어 레아에게로 향했는가 하는 점에 있어서는 미지수이다. 그럼에도 레아는 하나님을 찬양할 이유를 찾아냈다.

레아는 넷째 아들을 낳고 그에게 놀라운 이름을 지어주었다. 'Yahuda' 또는 'Judah'라는 이름으로 "아브라함의 하나님을 찬양하라"(Praise to Yah)라는 의미이다. 여기에서 'Yah'는 '아브라함의 하나님'를 의미하는 고대의 이름이다. 하나님의 사랑과 은혜를 선포하기에는 조금 덜 적절한 이름이기는 하다. 하지만 레아는 야곱이 자신에게 알려 준 하나님의 이름을 넷째 아들의 이름에 넣었고 그에게 감사를 표현했다. 아들들의 이름을 짓는 데 있어서 처음으로 남편의 괄시와 같은 자신의 외적 환경을 언급하지 않은 것이다. 르우벤의 이름의 경우 "분명 내 남편이 이제 나를 사랑하게 되리라"라는 의미였고, 시므온의 경우는 "여호와께서 내가 사랑 받지 못함을 들으셨다"는 의미였다. 레위의 경우는 "마침내 나의 남편이 나와 연합하리라"라는 뜻을 담았다. 하지만 넷째 아들의 이름에서, 레아는 겸손한 감사 그 자체로 "이제 내가 나의 하나님을 찬양하리로다"라고 선포하였다.

레아는 여전히 심각하게 도전적인 환경 속에 있었음에도 그런 믿음의 선택을 한 것이다. 남편 야곱은 여전히 레아보다 라헬을 사랑했고, 라헬은 아들을 잘 낳는 레아를 점점 더 미워하고 그녀에 대한 분노를 키워갔다. 참으로 역기능적 가족이 아닐 수 없다. 하지만 이제 레아는 하나님께서 허락하지 않으신 일에 초점을 맞추는 것이 아니라, 하나님께서 주신 축복에 초점을 맞추는 법을 깨달은 것이다. 레아는 여전히 야곱의 사랑을 원했다. 셋째 아들 '레위' 이름에서 노골적으로 드러내고 있듯이 말이다. 하지만 이제 레아는 그 열망이 자신을 무너뜨리게 내버려두지 않는다. 여호와 하나님이 자신의 실존의 중심이자 기초가 된 것이다. 하나님께서는 레아에게 이어 건강한 여섯 아들이라는 축복을 주셨다. 고대 세계에서 특별히 놀랍고도 풍성한 은혜가 아닐 수 없다. 여기 레아의 이야기에서 우리는 성경에서 계속해서 반복해 등장하는 주제를 보게 된다. 세계의 가치 기준을 뒤엎는 하나님의 사랑 이야기, 사랑받지 못했던 레아가 하나님의 사랑의 대상이 된 것이다. 남편의 거절이 풍성한 은혜의 기회가 되었다.

느리지만, 레아의 여정을 통해, 우리는 레아가 차츰 더 강건해지고 자신을 긍정하는 방향으로 변화하고 있음을 보게 된다. 레아 이야기의 도입 구절에 보면, 레아는 자신에 대해 별로 할 이야기가 없어 보인다. 레아에 대한 첫번째 언어는 자신의 수치에 대한 것이었다. 레아는 조용하고 나서지 않는 사람이었다. 스스로를 위해 일어설 배짱을 가진 유형이 아니었다. 하지만 아들들을 출산하고, 레아는 달라졌다. 레아가 점진적으로 변화하는 것을 우리는 볼 수 있다.

성경 속 여성들이 말하다

라헬은 자신의 몸종 빌하를 통해 아이를 얻고자 계획했는데, 레아는 그 계획도 철저히 모방했다. 레아는 실용적인 사람이었다. 뭐가 쓸 만한 아이디어인지 보면 알아차렸다. 레아 역시 라헬과 마찬가지로 자매와의 경쟁의 일환으로 그런 시도를 한 것이다. 라헬이 빌하를 통해 성공적으로 두 명의 아들을 얻게 되자 레아는 야곱에게 자신의 몸종 실바를 들인다. (빌하나 실바의 관점에서 그들의 이야기를 듣지 못한 것이 아쉽다. 그들의 이야기도 상상해보길 바란다.) 레아가 실바를 통해 얻은 아들들에게 지어준 이름도 그녀의 영적 상태를 잘 드러내 준다. 라헬은 빌하의 아들들에게 승리와 판결 등을 의미하는 이름을 지어주었다. 그 아이들의 출생이 언니 레아와의 전쟁에서 크게 이기는 한 수가 되고 있음을 드러내는 것이다. 하지만 레아는 실바가 낳은 아들들에게 '갓'(Gad)과 '아셀'(Asher)이라는 이름을 붙여주었다. '갓'은 '행운'(good fortune)을 의미하고 '아셀'은 '행복'(blessing)을 의미한다.

여기서 잠시 성경에서 주로 아이들의 이름을 누가 지어줬었는지를 생각해볼 필요가 있다. 창세기 이야기의 거의 모든 경우, 아이의 이름을 지어준 사람은 여성들이었다. 그리고 여성들은 자신의 영적 상태를 반영하여 아이들의 이름을 지었다. 예를 들어 라헬은 막내 아들의 이름을 '고통의 아들', '슬픔의 아들'이라고 했다. 사라는 이삭의 이름으로 자신의 웃음을 기억하고 기념하였다. 임신과 출산은 극히 영적인 활동이었다. 그 여성의 사회적 지위를 드러내는 표식일 뿐 아니라 하나님의 관계가 어떠한지를 드러내 주었다. 아이들의 이름은 어머니의 선언문과도 같은 것이었다. 그 이름들을 통해 여성들은 하나님의 백성들이 창조되는 계보의 이야기를 조금씩 들려준 셈이다. 레아가 아들들에게 지어준 이름은 자신의 현재 상태를 드러낼 뿐 아니라 아들들의 미래에 대한 소망도 반영하고 있었다.

레아와 라헬 자매가 르우벤이 갖다 준 자귀나무를 두고 협상하는 사건에 이르게 되면, 우리는 레아가 자신을 위해 일어서는 모습을 확인할 수 있다. 이 부분에 대해 앞서 조금 언급하기는 했지만 여기서 그 맥락을 좀더 확장해서 살펴보고자 한다.

> 밀을 추수할 때 르우벤이 들에 나갔다가 자귀나무를 발견했습니다. 자기 어머니 레아에게 갖다 주자 라헬이 레아에게 말했습니다. "언니 아들이 갖다 준 자귀나무를 조금 나눠 줘요." 레아가 라헬에게 말했습니다. "네가 내 남편을 빼앗아 간 것도 모자라서 이젠 내 아들이 가져온 자귀나무까지 빼앗아 가려고 하니?" 라헬이 레아에게 대답했습니다. "언니의 아들이 가져온 자귀나무를 제게 주면 그 대가로 오늘 밤에는 남편이 언니와 잠자리를 같이 하게 될 거예요." (창 30:14-15)

만일 레아도 라헬처럼 남편의 사랑을 독차지하기 위한 자매와의 경쟁을 의식하고 있었을까 궁금하다면, 우리는 여기서 그 해답을 찾을 수 있다. 레아도 분명 그 경쟁을 의식하고 있었다. 라헬의 슬픔이 불임이었다면, 레아의 슬픔은 거절감과 무시였고 그 슬픔도 라헬의 것과 마찬가지로 가슴 저미는 아픔이었다. 레아는 남편이 자신을 사랑해주기를 원했다. 인용된 구절 중 '남편을 빼앗아 간 것'이라고 한 표현을 통해 레아가 그간의 상황을 어떻게 인식하고 어떤 심정이었는지를 알 수 있다. 레아가 야곱을 온전히 자신의 남편으로 맞이할 수 있었던 기간은 일주일이 전부였다. 이미 이 기간에도 야곱은 라반에게 라헬을 위해 앞으로 7년을 더 일하겠다고 약속한 상태였고, 그 기간이 끝나자마자 야곱은 동생 라헬과 결혼해버렸다 (창 29:27-28). 레아의 마음 한 구

성경 속 여성들이 말하다

석 어딘가에 만일 아름다운 라헬이 아니었다면 야곱이 자신을 언젠가는 완전하게 사랑해줄 거라는 마음이 있었을까? 아니면, 남편과 여동생이 서로 툭 터놓고 자신보다 라헬을 사랑하고 있음을 이야기한 적이 있을까 상상하며 괴로워 했을까? 레아가 만일 그런 생각을 가지고 있었다면 참으로 마음 아픈 상황이 아닐 수 없다. 하지만 아마도 그렇지 않았을까? 평생 거절감에 시달리고 사랑받지 못한 밤을 수없이 지새운 여성은 자신의 경쟁자와 자기를 사랑해야 마땅한 남편이 밤이면 자기 몰래 사랑을 속삭이는 것을 상상하지 않을 수 없었을 것이다. 자신이 남편에게 만족스럽지 못하다는 생각은 레아를 언제나 괴롭혔을 것이다. 레아나 라헬이나 각자의 비통함과 분노를 서로에게 쏟아 내었다.

부끄럼 잘 타고 나서지 않던 레아의 모습은 자귀나무 사건에 이르면 더 이상 찾아보기 어려워진다. 레아는 다섯 아들의 어머니였고, 그 가족집단 안에서 권위를 부정당할 수 없는 집안의 안주인이었다. 레아는 라헬에 반격할 기회를 놓치지 않았다. 야곱에 명령할 때에도 주춤거리지 않았다. 거기에 야곱은 아무런 반문 없이 응했던 것으로 보인다. 또한 우리는 아들 르우벤이 자기가 찾아낸 귀한 자귀나무 뿌리를 주저 없이 어머니에게 바치는 것을 본다. 느리지만 분명하게 레아의 그림이 부상하는 것을 볼 수 있다. 사랑받는 어머니이자 자신의 권리를 주장하고 그 가치에 가격을 매기는 데 주저하지 않는 여성, 비록 남편은 자기를 최우선으로 두지 않아도 하나님의 시선 속에서는 자신이 귀하고 가치 있음을 아는 여성, 레아가 일어서고 있는 것이다.

물론 분명 레아는 삶의 어떤 지점에서, 만일 동생 라헬이 다른 누군가와 결혼하여 멀리 가버렸다면 자신의 삶이 얼마나 행복하고 평안했을까 하는 상상을 해보았을 것이다. 때가 되면 야곱도 첫눈에 반했던 라헬을 잊고 자신을 사랑하게 되는 달콤한 상상을 했을 것이다. 그런 상상 속에서라면 레아의 결혼생활은 안락하고 조화로웠을 것이다. 자기가 아들을 낳을 때마다 여동생이 분노할 일을 더하게 되는 격인 실제 현실과는 너무 동떨어진 것이었다. 레아는 어쩌면 결코 끝나지 않을 것처럼 보이는 동생과의 경쟁에서 벗어나고 싶었을 것이다. 하지만 만일 그런 관계가 아니었다면, 레아는 결코 이 이야기가 마무리되는 즈음에 보이는 그 조용하고도 담대한 하나님의 사람이 되어 있지 않았을 것이다.

우리는 종종 '이 짜증나는 사람이 없으면 내 삶이 얼마나 편안할까?' 상상한다. '그 아무개가 나를 그만 괴롭히면 나의 삶이 얼마나 평화롭고 성공적일까' 상상하기도 한다. 하지만 삶을 어렵게 만드는 '라헬'들은 있기 마련이다. 그리고 그 라헬들 때문에 우리는 하나님과의 관계가 깊어지기도 한다. 우리 삶의 라헬들과의 싸움을 우리의 모든 상황을 이해하시는 하나님과의 진솔하고 깊은 관계로 바꾸어 놓을 수 있을까? 우리가 레아만큼 성숙해질 수 있을까? 우리가 사랑받지 못하거나 투명인간처럼 여겨지는 어려운 삶의 상황 속에서도 하나님을 찬양할 수 있을까?

레아는 남편에게는 사랑받지 못했을지는 몰라도 하나님께 복을 받은 것은 분명하다. 그의 셋째 아들 레위를 통해 모세가 나왔고, 아론이 나왔고, 미리암이 나왔다. 이스라엘의 모든 제사장들이 레아를 통해 나온 것이다. 넷째 아들 유다(Judah)는 위대한 지파의 조상이 되었다. 유다의 이름은 이스라엘의 남 왕국 전체, 즉, 유대(Judea)를 가리키는 이름이 되었을 뿐 아니라 약속의 백성들, 즉, 유대민족(the Jews)을 가리키는 이름이 되었다. 유다는 또한 다윗 왕의 조상이기도 하다. 레아는 이스라엘의 왕족 전체의 어머니이다. 수천 년 동안 왕과 왕자들이 그에게서 나왔다. 또한 예수님의 계보가 다윗 왕의 계보이고, 다윗 왕은 레아의 아들 유다의 자손인 것을 고려하면, 레아는 또한 그리스도의 계보에 속한 여성이라고도 할 수 있다. 예수님은 유다의 사자(Lion of Judah, 창 49:8-12)이자 이스라엘의 참된 왕이셨다.

우리는 레아의 삶을 통해 아름다운 구원의 이야기를 읽는다. 이스라엘 민족의 가장 위대한 구성원이자 우리 모두의 구원자이신 예수 그리스도가 '덜 사랑받은' 아내의 자손인 것이다. 레아는 거절당한다는 것이 무언인지 알았다. 거절당하는 슬픔은 예수님 또한 아셨던 슬픔이다. 예수님은 비방과 조롱의 대상이 되셨다. 예수님은 제자들이게 "인자는 먼저 많은 고난을 당하고 이 세대에게 버림을 받아야 한다"고 경고하셨다(눅 17:25). 하나님 자신이 거절의 비통함을 품으셨던 것이다. 예수 그리스도가 레아의 자손으로 이 땅에 오셨다는 것은 우리에게 아름다운 진리를 알게 한다. 하나님은 아름답고 인기 많은 이들의 자리에만 계시는 것이 아니라 상처받고 거절당하는 이들의 삶에도 함께 하신다. 우리가 삶의 가장 어두운 골짜기를 지나고 가장 엉망인 상황 속에 있을 때에도 함께 하신다. 거기서 우리는 하나님의 임재를 깊이 경험한다. 우리의 비참함을 보시고 가장 귀한 축복을 가져다주시는 하나님의 은혜를 경험한다. 여호와 하나님께서 그의 딸 레아에게 하신 것처럼 말이다.

라헬과 레아의 이야기 생각해보기

1. 라헬과 레아의 이야기는 야곱이 레아가 아닌 라헬을 선택했다는 사실에 의해 쓰였다고 해도 과언이 아닙니다. 야곱 때문에 라헬과 레아의 관계에 어떤 변화가 일어났나요?

2. 선택, 결정이라는 주제는, 야곱과 라헬, 레아, 이 세 사람의 이야기를 관통하는 핵심 주제입니다. 야곱은 어떤 방식으로 선택을 하나요? 창세기 27장 19절과 그 이하의 이야기를 보면 야곱이 아버지 이삭을 속이는 선택을 합니다. 28장 18절을 보면 야곱이 라헬을 선택합니다. 31장 1절에서 13절을 보면 야곱은 라반을 떠나기로 선택합니다. 야곱이 한 선택들을 이을 수 있는 공통점이 있나요? 야곱의 마지막 선택에는 라헬과 레아가 모두 함께 했습니다. 그 선택은, 야곱이 혼자서 내린 앞의 두 번의 선택과 어떻게 다른가요?

3. 라헬은 어떤 방식으로 선택을 내렸나요? 창세기 30장 1절에서 8절을 보십시오. 여기에서 라헬은 어떤 선택을 하나요? 무엇이 라헬의 선택을 이끈 동력이었나요? 레아도 선택을 합니다. 이어서 30장 9절에서 21절까지를 읽어 보십시오.

4. 창세기 31장 14절에서 16절까지를 보면 라헬과 레아, 두 자매가 함께 선택을 합니다. 왜 두 자매는 아버지를 넘어 남편을 선택하는 결정을 내리게 되었나요? 그들의 선택 이면에는 어떤 동기가 작용하고 있었을까요? 라반이 어떻게 했길래 두 자매가 그런 결정을 하게 된 것일까요?
   세 사람의 이야기를 보면, 우리는 우리가 자유의지에 따라 자유롭게 선택하고 결정하는 것 같지만, 실은 다른 무언가에 대해 단순히 반응하고 있는 것은 아닌지 생각해보게

성경 속 여성들이 말하다

됩니다. 여러분 자신의 삶 속에서 내린 결정, 선택들 가운데 후에 생각해보니, 그다지 '자유롭지 못한' 선택이었다고 깨닫게 된 경우가 있었나요?

5. 왜 이 세 사람의 이야기 속에서 여호와 하나님은 잘 안 보일까요? 야곱의 할아버지인 아브라함과 그의 아버지 이삭의 이야기 속에서 하나님은 무대 중앙을 차지하고 계십니다. 왜 야곱의 이야기에서는 하나님이 뒤로 물러나 계신 것처럼 보일까요? 거기에는 어떤 일이 벌어지고 있었기 때문일까요?

창세기 34장에서 야곱과 에서가 재회하는 부분을 읽어 보십시오. 10절에 보면 야곱이 에서에게 "저를 반갑게 맞아 주시는 형님을 보니 마치 하나님의 얼굴을 보는 것 같습니다"라고 고백합니다. 이 구절을 통해 야곱과 라헬, 레아의 이야기 속의 인간관계가 어떠했을 거라고 짐작할 수 있습니까?

다말과
룻

"

아 웃 사 이 더

Tamar & Ruth

다말과 룻
아웃사이더

다말 Tamar
(창세기 38:1∼30)

      성경에서 감동과 영감을 주는 여성들의 삶을 살펴본다고 할 때, 다말의 삶을 먼저 떠올리는 경우는 드물 것이다. 다말의 이야기는 남사스럽고 당혹스럽다. 다말이 내린 결정은, 아무리 설교와 스토리텔링에 재능 있는 전도사님이라 하더라도 주일학교 성경공부 시간에 다룰 수는 없는 이야기이다. 그래서 다말의 이야기는 각주처럼 다뤄지기 일쑤이다. 다말의 이야기에 잠시 시선이 머물렀다 하더라도, 이해하기 좀더 쉽고 더 공감할 수 있는 다른 인물을 찾아 서둘러 지나가 버리는 것이다.

      하지만 다말의 이야기를 축약해서 건너뛰는 것은 안타까운 일이 아닐

성경 속 여성들이 말하다

수 없다. 다말은 우리가 귀 기울여야 하는 놀라운 이야기를 들려줄 수 있는 특별한 여성이다. 다말은 아웃사이더였다. 다말이 살던 시대 이후 이스라엘이라는 민족을 이루는 아브라함의 자손들로 구성된 가족의 일원이 아니었던 것이다. 그럼에도 다말은 다윗 왕과 예수님의 계보의 일부가 되었다. 또한 다말은 엉망인 우리의 삶 속에서 일하시는 하나님의 위대한 구원의 능력과 대범한 선택을 보여주는 예시이기도 하다.

다말의 이야기는 창세기의 이야기들 속에서 일종의 간주처럼 끼어 있다. 그런데 그 위치가 참 절묘하다. 다말이 등장하는 이야기의 앞 장은 요셉 이야기의 도입 부분이다. 그 장에서 요셉은 요셉을 질투한 형제들에 의해 노예로 팔려가게 된다. 성경은 요셉이 팔려간 것은 유다의 아이디어였다고 이야기한다. 창세기 37장 11절에서 요셉이 팔려간 이유는 형들이 그를 많이 질투했기 때문이다. 요셉이 팔려간 것은 그나마 다행이었다! (그는 죽는 대신 팔려간 것이다!) 요셉이나 요셉의 형들은 모두 야곱의 아들이었다. 하지만 요셉은 야곱이 진정으로 사랑한 아내, 라헬의 첫째 아들이었다. 창세기 37장 3절은 말을 돌려서 하지 않는다. 야곱이 늘그막에 요셉을 얻었기 때문에 다른 아들들보다 요셉을 더 사랑했다고 직설적으로 말해준다. 그래서 유다는 요셉을 아예 멀리 치워버릴 방법을 찾고 있었다는 말인가? 아니면 그는 요셉의 불행한 운명을 바꿔주려 했다는 말인가? 그것도 아니면 둘 다였다는 말인가? 요셉의 형들은 본래 요셉을 죽이려고 했었다. 그러나 맏형인 르우벤이 동생들에게 형제를 죽이지는 말자고 설득하였다. 그러자 요셉의 형제들은 유다의 제안에 따라 길르앗에서 오고 있던 이스마엘 상인들에게 요셉을 팔아버린다. 유다는 피에 목마른 형제들로부터 요셉을 구할 생각이었던 것일까? 아니면 그저 악행의 주동자였던 것일 뿐인가?

요셉이 노예로 팔리고 나서 유다는 형제들을 떠나 가나안 사람들이 사는 동네로 갔다. 유다는 가나안 사람의 딸과 결혼했고 그녀에게서 세 명의 아들을 얻었다. 유다는 거기서 아버지의 가족을 떠나 새로운 삶을 시작한 것이다. 유다의 아들들이 자랐고 마침내 맏아들 에르가 결혼할 나이가 되어 그에게 아내를 얻어 주었다. 하지만 에르는 괜찮은 사람이 아니었던 것 같다. 성경은 에르가 여호와께서 보시기에 악하여 여호와께서 그를 죽이셨다고 전한다(창 38:7).

바로 여기서 다말이 이야기에 등장한다. 다말은 에르의 아내였다. 아마도 십대의 나이로 에르와 결혼했을 것이다. 다말의 상황을 상상해보자. 나이 어린 소녀로서 자신의 의사와는 상관없이 외국인 집안에 시집을 가게 된 것이다. 낯선 문화의 집안에서 여호와께서 죽이기로 결정하실 만큼 여호와 보시기에 악한 남편과 살게 되었다.

그리고 에르가 죽자, 당시의 관습에 따라 다말은 에르의 동생에게 시집을 가게 된다. 이것이 레비레이트 혼(leviratic marriage), 즉 형사취수혼(兄死娶嫂婚)이다. 라틴어에서 'levir'라는 단어는 '남편의 동생'을 뜻한다. 이 관습은 고대 근동지역 셈족들 사이에 널리 행해졌다. 그리고 후에 토라(Torah)의 유대 율법 중의 하나로 정착되었다. 이 관습에 깔린 아이디어는 단순하다. 남자가 결혼하여 아들을 남기지 못하고 죽으면, 그의 남동생이 미망인이 된 형수와 결혼하여 그녀가 아들을 가질 수 있도록 하는 의무를 부담해야 한다. 그리고 그렇게 태어난 아들들은 죽은 형의 상속자들로 간주되었다. 이 관습은 후계자 없이 죽은 남자도 대를 이을 수 있도록 하고, 그렇게 하여 떠난 후에도 그가 공동체의 일원으로 남을 수 있게 하기 위한 것이었다. 유다도 최소한 처음에

성경 속 여성들이 말하다

는 이 관습을 잘 따랐다. 즉, 다말을 둘째 아들 오난에게 시집보내서 관습상의 의무를 다한 것이다. 하지만 아무래도 오난은 이런 관습을 부정하는 사람이었던 것으로 보인다. 형사취수혼은 이기심을 버려야 하는 측면이 있다. 형사취수혼에서의 남자는 형의 미망인과 생산하는 첫째 아들이 자신의 아들이 아니라 죽은 형의 후계자임을 받아들일 마음이 있어야 했기 때문이다. 오난은 그럴 의사가 전혀 없었던 것 같다. 그는 겉으로는 그 결혼에 응했지만, 은밀하게는 그 결혼이 성립되는 것을 막았다. 이른바 고대의 피임을 실행한 것이다. 그렇게 해서는 다말이 결코 아들을 임신할 수 없었다. 오난은 현재 아버지 유다에게 남은 맏아들이었기 때문에 죽은 형 에르를 위해 후계자를 생산했을 때 야기될 경제적 손실을 계산했을 수 있다. 형의 후계자가 태어나면 자신에게 돌아올 유산의 몫이 줄어들게 되기 때문이다. 여호와 하나님은 육체적으로나 경제적으로 이기적이기 짝이 없는 오난의 행태를 보셨고, 그도 죽이셨다.

그런데 오히려 유다는, 다말에게 그때까지도 아들이 없는 것은, 자신의 아들들이 행한 악행과 이기심의 결과가 아니라 다말 자신이 불임이기 때문이라고 결론을 내린 것으로 보인다. 문제는 바로 '그녀'라고 본 것이다. 그래서 유다는 다말을 친정 아버지의 집으로 돌려 보냈다. 막내 아들 셀라가 아직 결혼할 나이에 이르지 않았다는 핑계를 댔다. 하지만 실제로는 더 이상 자신의 다른 아들을 다말의 형사취수혼 상대로든 무엇으로든 줄 생각이 없었기 때문이다. 창세기 38장 11절에 보면 유다가 당시 무슨 생각을 하고 있었는지를 분명히 보여준다. 유다는 '셀라도 형들처럼 죽게 될지 모르겠다'고 생각한 것이다. 다말은 유다의 말에 순종하는 것 말고는 달리 무슨 선택을 할 수 있었겠는가? 또 유다가 언젠가는 그의 말을 지킬 것을 믿을 수밖에 없었을 것이다.

성경은 다말이 친정 아버지의 집으로 돌아가 살았다고 이야기한다. 하지만 자신에게 일어난 그 모든 일어난 일들에 대해 그녀가 어떻게 생각했는지에 대해서는 아무런 언급이 없다. 우리는 다말이 에르를 사랑했었는지, 오난에 대해서는 어떤 감정이었는지 알지 못한다. 다말은 그들을 사랑한 적이 없을지도 모른다. 결혼에 관해 그녀의 의사가 고려된 적은 없었다. 당시 결혼은 남자들끼리 합의하는 것이었다. 일종의 비즈니스 거래와도 같은 것이었다. 그런 면에서 다말은 파산한 경우라고 할 수 있다. 두 번이나 미망인이 되었다. 셋째 아들 셀라가 아직 결혼할 때가 되지 않았으니 친정에 가라고 명한 시아버지가, 나중에 셀라가 결혼할 때가 되면 부를지 어떻게 할지를 기다려 봐야 하는 상황에 이르렀다.

다말의 불행은 아마 동네사람이 다 아는 뉴스가 되었을 것이다. 사실에 루머가 더해지고 사람들이 모인 장막 속에서는 어쩜 그렇게 불운한 여자가 다 있느냐며 낮게 비웃는 소리가 새어 나왔을 것이다. 조롱의 대상이 된 다말은 낙인이 찍힌 것처럼 느껴졌을 것이다. 아무도 가까이 가기를 원치 않는 치명적인 전염병에 걸린 사람처럼 여겨진 것이다.

어쩌면 다말 자신도 속으로 이렇게 말하고 있었을지 모른다. '맞아, 사람들이 나에 대해 하는 말이 틀린 게 없어. 나는 정말 아무짝에도 쓸모가 없어. 시아버지의 생각도 옳은 거 같아. 남편이나 도련님이 죽은 것도 다 내 잘못인 거 같다.' 욥처럼 다말도 거름더미 같은 진창에 주저 앉아 삶이 어떻게 이토록 망가져 버릴 수 있는지 울부짖었는지도 모르겠다. 남편도 없고, 미래도 없고, 어떤 유형이든 정상적인 삶을 기대할 수 있는 아무런 소망이 없다. 친정집으로 쫓겨나 얹혀 사는 신세가 되었고, 죽을 때까지 그렇게 살아야 하는지도 모른다. 하지만 다말은 그렇게 주저앉아 있지 않았다. 다말은 이 상황에서 뭔가 잘못 행동을 한 사람이 있다면 그것은 유다라는 점을 잊지 않고 있었다. 그래서 한 가지 계획을 세웠다.

바로 이 지점에서 주일학교 성경공부에서 다루기 힘든 이야기로 벗어난다. 다말은 시아버지 유다가 셋째 아들 셀라와 자신을 결합시킬 의사가 없음을 깨닫고는, 시아버지를 속여 자기와 결합하게 만든다. 다말은 과부임을 드러내는 옷을 벗고 베일로 얼굴을 가려 변장하고는 유다가 지나갈 것으로 알고 있던 장소로 가서 앉아 있었다.

다말의 얼굴은 베일로 가려져 있었기 때문에 유다는 시아버지이면서도 며느리를 알아보지 못했다. 당시 홀아비가 되어 있었던 유다는 길가에 앉아 있는 다말을 창녀로 착각하고 "내가 너와 잠자리를 해야겠다"고 말한다. 다말은 동의했다. 하지만 흥정에서는 세게 나갔다. 유다가 대가로 염소 새끼 한 마리를 보내주겠다고 하자 다말은 실제로 그 대가를 지불할 때까지 담보로 유다의 도장과 도장끈, 그리고 지팡이를 남겨두고 가라고 요구한다. 도장이나 도장끈 등은 당시 남성들의 일종의 보석류에 해당하는 것인데, 이러한 세부사항을 통해 유다가 얼마나 부유했는지를 알 수 있다. 그가 가진 힘이 어떠했는지를 엿볼 수 있게 하는 이 장면은 다말의 비천한 상황과 선명한 대조를 이룬다. 하지만 여기에서 더 중요한 점은 도장이나 도장끈, 지팡이 등은 당시 일종의 신분증 같은 역할을 했다는 것이다. 즉, 오늘날로 말하면 유전자검사증이나 다름없는 물품을 다말이 얻게 되었다는 것이다.

둘은 잠자리를 했고, 다말은 시아버지의 도장(반지) 등 귀중품을 가지고 유다가 자기를 알아보기 전에 자리를 떴다. 유다는 후에 자기가 잠자리를 한 여자를 찾으려고 시도했다. 친구를 보내 대가를 지불하고, 담보물을 찾아오려 한 것이다. 하지만 그 길가의 여자는 사라지고 없었다. 유다의 친구는 그 여자에 대해 수소문하기도 했다. "여기 길가 에나임에 있던 그 창녀가 어디 있습니까?"(창 38:21). 하지만 아무도 그런 여자에 대해 들어본 적도 없었다. 유다는 이 사안을 추궁할 경우 자기가 도리어 '웃음거리'(창 38:23)가 될 것을 걱정하였다.

석 달이 지나고, 다말의 임신 사실은 더 이상 숨길 수 없게 되었다. 유다는 격분했다. 창세기 38장 24절은 그의 반응을 다음과 같이 기록하고 있다. "그녀를 끌어다가 불태워 버려라!" 유다는 다말을 친정집으로 돌려보내는 것으로써 사실상 다말과 관계를 끊은 것이나 다름없었다. 다시는 다말에 대해 들을 필요가 없다면 유다로서는 더 다행스러운 것이었다. 하지만 그의 안도는 다말의 임신이 공개적으로 밝혀지기 전까지였다. 유다는 다말을 친정에 돌려보내고 그녀에 대해 무관심했다. 그런데 갑자기 다말의 행실과 그로 인해 자신이 어떻게 보일지로 인해 격노한 것이다. 유다는 어쨌든 당시에도 다말의 시아버지였고, 책임이 있는 위치였다. 사람들은 아마도 수근거렸을 것이다. '저 여자, 유다의 아들들과 결혼했던 여자 아니야? 유다도 참 복도 없지!' 장막 속의 수근거림에 다시 불이 지펴졌을 것이다. 유다는 사람들 사이에서 수치를 당했다고 생각했고, 그래서 다말에게 그 대가를 지불하게 만들고 싶어했다. 그것이 곧 다말의 죽음을 의미하는데도 말이다. 더욱이 다말이 가져온 수치는 몇 달 전 자신이 저지른 수치로 인한 것인데도 말이다.

다말은 유다가 결코 모른 채 할 수 없는 메시지를 보냈다. 그가 담보물로 줬던 도장 반지와 끈, 지팡이를 보낸 것이다.

그녀가 끌려 나오면서 시아버지에게 전갈을 보냈습니다. "저는 이것들의 임자 때문에 임신한 것입니다." 그녀가 다시 말했습니다. "이 도장과 도장 끈과 지팡이가 누구 것인지 살펴보십시오." (창 38:25)

당시 이러한 물품들을 가지고 있다는 것은 사실상 친부 확인 검사증을 휘두르는 것과 다름없었다. 그 남자가 한 행동을 거울을 들어 보이듯 보여주는 것이다. 유다는 그 물건들이 자신의 것임을 부인할 수 없었다. 그는 또다시 분노를 터뜨렸을까? 다말을 불태워죽이겠다는 결심을 더 확고히 했을까? 아무도 그의 잘못이나 위선을 알아내지 못하도록 말이다.

유다는 그렇게 행동하지 않았다. 대신 머리를 숙이고 다말의 책망에 담긴 공의를 인정했다. 그는 자신의 잘못을 받아들였다. 놀라운 일이다.

"그녀가 나보다 옳다. 이는 내가 내 아들 셀라를 그녀에게 주지 않아서 그렇게 된 것이다." (창 38:26)

이 부분의 히브리어 성경을 다음과 같이 번역하는 경우도 있다. "그녀가 의로웠다. 나는 의롭지 못했다." 유다는 이 엉망이 된 상황의 근원에는 다말이 셀라에게 결혼하는 것을 허락하지 않으려 했던 자신의 잘못된 결정이 있다는 점을 인정했다. 물론, 다말은 부도덕하게 행동했다. 하지만 만일 유다가 처음부터 다말에게 옳게 행동했다면 어땠을까? 유다는 마침내 다말이 아니라 자신이 문제의 뿌리였음을 인정한 것이다.

이것은 놀라운 일이다. 또한 이 장면은 어느 하나님의 사람이 죄를 범하여 그 죄에 책임을 요구받았던 또 다른 장면을 연상시킨다. 사무엘하 12장에서 선지자 나단은 다윗 왕에게 나타나 우리아를 죽이고 그의 아내 밧세바와 동침한 죄를 묻는다. 유다처럼, 자신의 죄를 발각 당한 다윗도 분노를 터뜨리지 않았다. 다윗도 자신을 책망하는 말을 듣고 마음 깊이 뉘우친 후 선지자의 발 아래 엎드려 회개했다. 그런데 유다의 회개가 더 놀라운 점이 있다. 유다를 책망한 이는 국가적 권위를 가지고 존경받는 선지자가 아니라, 한 여인이었기 때문이다. 여자의 책망 앞에 회개한 것이다! 더욱이 혼외정사로 임신한 여인이었다! 유다는 다말의 고발을 무시하고 뱃속의 아이와 함께 그녀를 불사라버릴 수도 있었다. 하지만 유다는 책망을 들었고, 머리를 숙여 수긍했고, 그녀가 옳고 자신은 틀렸음을 인정했다.

다말은 자기가 속한 공동체 안에서 아무런 힘도, 지위도 없는 여자였다. 그녀를 돌봐 줄 남자 보호자도 없었다. 그런데도 유다를 향한 강력한 책망의 메시지를 전했고, 그 메시지는 수용되었다. 다말은 당시 어떤 기분이었을까? 석 달 전 그 운명적인 조우가 있은 후 처음으로 유다에게로 끌려 가면서, 간직하고 있던 유다의 담보물을 전하면서, 다말은 어떤 기분이었을까? 유다는 정말로 그녀에게 머리를 숙였을까? 자신의 아이를 잉태하고 있는 여자에게 말이다. 다말은 혐의를 벗어버린 기분이었을까?

다말이 유다의 앞에 도착하기까지 기다렸다가 유다의 눈앞에서 담보물을 내밀었다면 어땠을까? 차라리 그 편이 다말에게 더 쉽고 유리했지도 모른다. 유다 앞에서 공개적으로 진실을 폭로하는 것이다. 사실 유다는 그래도 싸지 않을까? 오래된 막장 드라마 같은 전개로 유다에게 수치를 주는 것이다. 만일 그랬다면 그것은 다말에게 승리의 순간이 되었을 것이다. 지난 수년 동안 다말에게 쌓아 올려진 온갖 조롱과 경멸을 이제 유다에게 되갚아주는 것이다. 더 없이 완벽한 막장 드라마의 결말이 아닐 수 없다. 하지만 다말은 다른 길을 선택했다. 다말은 유다에게 은밀하게 메시지를 보냈다. 자기를 처형하고자 하는 남자를 공개적으로 망신주지 않기로 선택한 것이다. 대신 다말은 유다 스스로 과거의 행적을 연결하여 깨닫도록 기회를 주었고, 그의 결정을 기다렸다. 다말과 유다의 사건이 전개되는 일련의 과정을 보면, 정의를 추구하는 것이 곧 누군가에게 수치를 주는 것은 아님을 알 수 있다. 무엇이 권리인지를 합당하게 주장하면서도 그 과정에서 타인을 무너뜨리지 않을 수 있는 것이다.

다말의 삶이 가지는 의미는 이 진실의 순간에 마무리되는 것이 아니다. 다말은 베레스와 세라, 쌍둥이 아들을 출산한다. 이 두 유다의 아들들은 구속사에서 중요한 역할을 수행한다. 마태복음 1장에서 우리는 예수님의 계보를 읽게 된다. "아브라함은 이삭을 낳고 이삭은 야곱을 낳고 야곱은 유다와 그 형제들을 낳고 유다는 다말에게서 베레스와 세라를 낳고 베레스는 헤스론을 낳고 헤스론은 람을 낳고"(마 1:2-3). 람은 다윗 왕의 7대손 할아버지였다(다윗-이새-오벳-보아스-살몬-나손-아미나답-람). 즉, 다말의 아들, 아웃사이더의 아들, 가나안 여인의 아들이 이스라엘 왕국의 왕가 계보의 일원이 된 것이다. 다말의 이름은 우리가 다음에 살펴볼 이야기에서 보게 되지만, 특별한 축복을 의미하는 이름이 된다(룻 4:12). 하지만 이 계보는 단지 다윗 왕의 계보가 아니라 다윗의 계보로 오신 하나님의 아들, 예수님의 계보이기도 하다. 다말은 그 계보의 일원이 되었고, 마태 사도가 작성한 계보에 이름을 올린 세 명의 여성 중하나가 되었다. 다말도 메시아가 이 땅에 오시는 역사에 참여한 것이다. 유대인도 아니고, 혼외정사로 임신하여 불에 타 죽을 뻔한 가나안 출신의 아웃사이더가 그리스도의 할머니 중 한 분이 된 것이다.

다말의 이야기는 창세기 내러티브 속에서 특별한 의미를 가진다. 다말 사건이 요셉 이야기가 전개되던 중간에 일어난 일이라는 것을 기억하는가? 창세기 내러티브는 순차적으로 흘러가던 전개를 갑자기 멈추고, 이 무작위 적으로 삽입된 것 같은 유다와 다말의 이야기를 전해준다. 요셉의 이야기는 베레스와 세라의 출생에 관한 언급 직후에 재개되고, 이후로는 중단 없이 창세기의 마지막까지 이어진다. 사회의 통념을 깨는 유다와 다말의 이야기가 요셉의 이야기 속에 구겨져 들어가 있는 것 같은 배열이 처음에는 다소 당황스럽다. 이 추접스럽기까지 한 이야기가 대체 왜 창세기 내러티브 속에 들어간 것일까?

유다가 우리에게 실마리를 준다.

요셉이 피에 목마른 형제들에 의해 광야의 빈 구덩이에 던져졌을 때, 그를 팔아버리자는 아이디어를 낸 것은 유다였다. 유다가 '녀석을 없애 버리자'고 한 것이다. 하지만 요셉 이야기의 결론 부분에 가면, 쇠약해진 요셉의 아버지 야곱이 그의 사랑하는 아들 베냐민을 이집트로 보내야 하는 상황에 직면하게 되었을 때 나서서 설득한 이도 바로 유다였다.

> 유다가 아버지 이스라엘에게 말했습니다. "이 아이를 우리와 함께 보내십시오. 그러면 우리가 당장 가겠습니다. 그래야 우리도, 아버지도, 우리 자식들도 죽지 않고 살 것입니다. 제가 베냐민을 책임지겠습니다. 제게 책임을 물으십시오. 만약 제가 그를 아버지께 데려와 아버지 앞에 세우지 못한다면 제가 평생토록 아버지 앞에서 그 죄를 다 받겠습니다." (창 38:26)

야곱의 아들들이 이집트에 도착했을 때 상상할 수도 없었던 최악의 일이 벌어졌다. 변덕스러운 지배자가 (사실은, 그들의 형제 요셉이 이집트의 총리가 된 모습이었는데) 잘못도 없는 불쌍한 막내 동생 베냐민을 두고 떠나라고 요구한 것이다. 유다는 자신의 목숨을 내놓는다. 창세기 44장 33절을 보면 그가 간청하는 장면을 볼 수 있다. "제발 이 아이 대신 이 종이 내 주의 종으로 여기 남게 하시고 이 아이는 자기 형들과 함께 고향으로 돌아가게 해주십시오." 동생의 목숨 대신 자기의 목숨을 내놓고 있는 것이다. 요셉의 모든 형제들 가운데 가장 많이 변하고 성장한 사람이 바로 유다였다. 왜 그랬을까? 이야기 초반 분노와 질투심에 사로잡힌 젊은 청년이었던 그가 이야기 종반 부분에 가서는 성숙하고 이타적인 사람이 되어 있었다. 이것을 어떻게 설명할 수 있을까? 다말 앞에서 자신을 낮출 수 있었던 것과 관련이 있을까? 다말의 행동은 유다로 하여금 자신의 잘못을 직면하게 했다. 아마도 그때 유다는 태어나서 처음으로 사람들 앞에서 '내가 잘못했습니다'라고 말하는 법을 배웠을지 모른다. 다말이 그에게 옳은 길을 택할 수 있는 법을 보여주었고, 그것이 아무도 용기를 내지 못하고 있을 때 옳은 일을 하기 위해 유다가 일어설 수 있게 한 것이 아닐까?

고대 유대민족의 전통에 따르면, 누군가를 공개적으로 수치스럽게 하는 것은 살인을 저지른 것과 다르지 않다고 한다. 이유가 무엇이었든지 간에 그 사람의 명성을 영원히 살해한 것이나 다름없기 때문이다. 말을 하는 데 있어 신중할 필요가 있음을 상기시키는 교훈이기도 하다. 하지만 만일 다말의 입장이었다면, 우리 중 누가 유다에게 조금이라도 복수하고 망신을 주고 싶은 유혹을 떨쳐버릴 수 있었을까?

다말의 이야기는 최악의 방식으로 짜여진 인간의 계획조차도 하나님께서 구속하실 수 있음을 보여주는 아름다운 예화이다. 다말은 버림받았다고 생각했을 것이다. 굉장히 다양한 동기를 가지고 그 계획에 임했는지 모른다. 정의를 되찾고 싶었을 것이다. 절망적이기도 했을 것이고, 자기 안에 잉태된 새 생명을 보호하고 싶기도 했을 것이다. 그런데 다말은 과거에 하나님이 잘 못된 행실을 다루시는 것을 본 적이 있었던가? 있었다. 그녀의 남편이 둘씩이나 죽는 것을 보았다. 과부가 된 며느리가 임신하기 위해 시아버지를 유혹하는 계획은 아무리 생각해도 용서받을 수 없는 계획처럼 보인다. 하지만 하나님은 우리의 엉망진창이 된 삶 속에서 무언가 선한 것을 만들어 내는데 아주 도가 튼 장인이시다. 다말의 이야기는 예수 그리스도의 계보 속에 짜여 들어가 있다. 우리가 얼마나 부정하든지 간에 상관없이, 하나님은 우리 각자의 삶 속에서 선한 것을 만들어 내신다. 우리를 치유하실 뿐 아니라 우리의 깨어짐을 사용하여 기적과도 같은 결말을 이끌어 내신다.

성경 속 여성들이 말하다

룻의 이야기는 많은 사람들에게 낯설지 않다. 무엇보다도 룻은 일종의 수퍼스타이다. 성경에서 자신의 이름을 딴 책을 가진 여성이라니! 더욱이 룻은 이방인 여성으로서 유일하게 성경 속에 자신의 이름을 '룻기'로 남기고 있다.

룻은 이야기의 맨처음부터 아웃사이더였다. 다말과 마찬가지로 룻도 아브라함의 자손이 아니다. 룻은 모압 여인이다. 모압은 유다 지방을 넘어 사해의 동쪽 지역을 말한다. 룻은 말론이라는 이름의 젊은 유대인과 결혼했다. 말론의 가족은 유다 지방의 심각한 기근을 피해 좀더 나은 삶을 살아 보고자 모압 지방으로 이주하였다. 하지만 그 가족에게는 비극이 계속되었다. 룻의 시아버지인 엘리멜렉은 가족이 함께 모압 지역에 도착한지 얼마 지나지 않아 돌아가셨다. 그리고 또 얼마 후 룻의 남편과 남편의 동생 기룐도 죽었다. 동서인 오르바, 시어머니 나오미와 함께 룻도 비통에 젖은 과부 트리오에 합류하게 되었다. 세 여인은 남편을 잃은 슬픔으로 결속되었다. 그들의 삶의 전망은 암담했다.

유다 지역의 기근이 끝났다는 소식을 듣고, 나오미는 그 상황이었다면 우리도 했을 법한 결정을 내린다. 고향 땅으로 돌아가기로 결심한 것이다. 두 며느리도 나오미와 함께 여정을 시작했다. 그 세 여인은 의지할 사람이 서로밖에 없었다. 하지만 나오미는 그렇게 생각하지 않았다. 나오미는 두 젊은 며느리들에게 그들의 고향으로 돌아가 새롭게 출발하라고 간청한다. 며느리들은 너무 젊지 않은가! 룻과 오르바는 다시 결혼할 수 있고, 그러면 새로 가정을 꾸리고 자녀도 낳아 기를 수 있었다. 오르바는 나오미의 말에 수긍했다. 하지만 룻은 그렇지 않았다. 이 눈부시게 아름다운 이야기에서 룻이 들려주는 일성은 참으로 가슴 저미는 사랑과 충성의 선언문과도 같다. 룻의 고백은 오늘날까지도 궁극의 헌신을 결단하는 표현으로 사용되고 있다.

> "자꾸 저한테 어머니를 떠나거라 어머니에게서 돌아서라고 하지 마십시오. 어머니가 가시는 곳이면 저도 갈 것이고 어머니가 머무는 곳이면 저도 머물 것입니다. 어머니의 민족이 제 민족이며 어머니의 하나님이 제 하나님이십니다. 어머니가 죽는 곳에서 저도 죽을 것이고 저도 거기에서 묻힐 것입니다. 죽음 외에 그 어떤 것도 어머니와 저를 갈라놓을 수 없습니다." (룻 1:16-17전단)

가슴 저미는 이 고백의 말을 아마도 들어본 적 있을 것이다. 하지만 이 말이 정작 룻에게는 어떤 의미였을지를 한번 생각해볼 필요가 있다. 룻은 이 고백을 통해 이전의 자신의 삶과 철저히 결별하고 있는 것이다. 대신에 전혀 새로운 나라, 새로운 고향, 새로운 사람들, 심지어 새로운 종교적 신념까지 맹세하고 있는 것이다. 참으로 놀라운 고백이 아닐 수 없다.

그래서 결국 룻과 나오미는 나오미의 고향인 유다 지방 베들레헴을 향해 '함께' 여정을 계속하게 된다. 관찰력이 있는 독자라면 이 부분에서 자리를 고쳐 앉고 주목할 것이다. 바로 이 부분이 성경에서 '베들레헴'이 처음으로 언급되었기 때문이다. 고대의 유대인들이 이 이야기를 읽고 있었다면, 이 도시의 의미는 너무나도 분명하다. 베들레헴은 위대한 왕, 다윗의 출생지이기 때문이다. 하지만 이 이야기를 읽는 크리스천들에게 이 도시는 세속의 왕의 출생지 이상의 의미를 지닌다. 베들레헴은 영원한 왕, 예수 그리스도의 출생지이다. 고대 크리스천 작가들은 이 도시의 히브리어 의미를 '떡집'(빵집, House of Bread)으로, 예수 그리스도와 관련해서는 '하늘로부터 온 참된 떡'(true bread from heaven)으로 이해했다. 베들레헴은 모든 구속의 역사가 시작된 곳이다. 따라서 크리스천으로서 룻의 이야기를 읽는다면 이 대목을 주목하지 않을 수 없다. 베들레헴이 우리 크리스천들에게 의미하는 바가 이제 막 시작되려는 참이다. 슬픔에 젖은 이주 여성이 시어머니를 좇아 들어선 이 낯선 도시에서 놀라운 일이 곧 시작된다.

혈연관계가 결여되어 있음에도 불구하고 새로운 가족을 이루어 가겠다는 결심은 놀라운 일이며, 이 주제는 룻의 이야기 속에서 계속해서 반복 등장한다. 성경 내러티브의 상당 부분은 생물학적 가족과 자기 핏줄의 아이를 갖는 일의 중요성에 초점이 맞춰져 있다. 사라와 라헬의 삶을 몰아간 원동력이 바로 자기 배로 낳은 아이이고, 곧 이 책의 다음 부분에서 보겠지만 한나와 그 외 수많은 성경 속 인물들이 하나님 앞에 머리를 땅에 대고 기도하며 간청한 주제가 바로 자기 핏줄의 아이들이다. 구약성경 전체를 통해 아이들은 가장 위대한 축복으로 간주되었다. 그러나 룻기를 통해 우리 입장에서는 기회가 아무리 멀게만 느껴져도 하나님께서는 전혀 기대하지 못했던 것들을 엮어 선한 것을 만들어 가시는 것을 보게 된다. 룻과 나오미는 가족이 되었다. 이 기적 욕망을 버린 룻의 선택에 의해 만들어진 가족이었다. 그리고 이야기의 끝 부분에 이르면 그들의 사랑은 더 큰 가족을 구성하는 방향으로 확장되고, 룻은 결국 "일곱 아들보다 나은 며느리"로 칭찬받게 된다. 그럼 룻의 이야기를 한 단계 한 단계 살펴보겠다.

룻과 나오미가 베들레헴에 도착했을 때, 그들은 지치고 빈털터리인 상태였다. 룻은 당시 유대 지역의 가난한 이들이 하던 일에 나서게 된다. 추수하는 사람들이 추수하며 밭에 떨어뜨린 보리 이삭을 주으러 간 것이다. 당시 추수하는 밭 둘레에는 낟알이 몇 개라도 달린 이삭이 떨어지기를 고대하며 기다리는 가난한 이들이 가득 했다. 레위기 19장 9절에서 10절을 보면, 가난한 사람들을 돕기 위해 밭의 경계 끝까지 추수해 버리지는 말라고 하신 하나님의 명령을 볼 수 있다. 얼마 간의 시간이 지나 그 지역 사람들은 룻을 보는 데 익숙해졌을지 모른다. 도시에 사는 우리들이 도시 빈민을 보는 것을 당연하게 여기듯 말이다. 우리는 지저분하고 누추한 걸인들이 구걸하기 위해 다가오는 것을 별 의식 없이 바라본다. 만일 우리가 얼른 다른 곳으로 시선을 돌리기 전에 그들의 처지에 대해 일말의 관심을 갖는다 하더라도, 그저 그들의 어떤 나쁜 선택이 지금의 상태를 만들었을까 궁금해하는 정도일 것이다.

보아스는 부유한 지주의 한 사람이었고, 나오미의 가까운 친척이었다. 하지만 그는 자기 밭에서 이삭을 줍는 가난한 사람들에 대해서도 관심을 가졌다. 보아스는 이삭 줍는 사람들 중에 새로운 얼굴을 발견했고 그녀가 누구인지를 물었다. 그 새로운 얼굴이 나오미와 함께 베들레헴에 들어온 충성스러운 젊은 며느리 룻인 것을 알게 되자, 보아스는 룻에게 다른 밭에 가지 말고 자신의 여종들과 함께 안전하게 자신의 밭에서 이삭을 주우라고 말한다. 또 목이 마르면 추수꾼들이 마시는 물을 함께 마시라고 허락한다. 보아스의 이 같은 포용은 여러가지 면에서 당시의 문화를 거스른다. 일단 보아스는 이방인, 그것도 이방 여자에게 특별 대우를 약속한 것이다. 룻은 보아스의 관대함에 놀라 왜 자신에게 그러한 너그러운 은혜를 베푸는지 이유를 묻는다. 보아스의 대답은 간명했다. 자신이 룻에게 친절한 것은 시어머니에 대한 룻의 겸손한 친절을 들었기 때문이다. 룻기 2장에서, 우리는 누군가의 친절이 간절

성경 속 여성들이 말하다

한 이에게 또 다른 위로와 축복의 말이 건네지는 멋진 장면을 보게 된다. 보아스는 룻에게 다음과 같이 말했다.

> "남편이 죽은 후 당신이 시어머니에게 한 일에 대해 모두 들었소. 당신의 부모와 고향을 떠나 알지도 못하는 민족과 함께 살려고 온 것 말이오. 여호와께서 당신의 행실에 대해 갚아 주실 것이오. 당신이 이스라엘의 하나님 여호와의 날개 아래로 보호받으러 왔으니 그분께서 당신에게 넉넉히 갚아 주실 것이오." (룻 2:11-12)

성경은 하나님께서 하나님을 위해 모든 것을 버리고 떠난 이들에게 은혜를 베푸시는 것을 종종 보게 된다. 여호와 하나님께서 아브라함에게 가장 먼저 주신 명령이 무엇이었는가? "네 고향, 네 친척, 네 아버지의 집을 떠나 내가 네게 보여주는 땅으로 가거라"(창 12:1). 이것은 마치 하나님께서 우리를 통한 하나님의 목적을 이루시기 위해 우리를 우리의 안전 지대로부터 몰아내시는 것 같다. 그러면 우리는 하나님을 향한 급진적인 의존 상태에 돌입할 수밖에 없게 된다. 그리고 거기에서 진정한 영적 성장을 이뤄간다.

나오미도 보아스가 룻에게 특별한 친절을 베푼 것을 알게 되었다. 그러자 나오미는 계획을 하나 구상하게 되는데, 바로 룻을 보아스에게 시집보내는 것이다. 더욱이 보아스는 나오미의 남편 엘리멜렉의 친척이었다. 그것은 곧 보아스가 자신의 며느리 룻의 친척이기도 하다는 의미이다. 그러한 위치에서 보아스는 룻에 대하여 기업 무를 자가 될 수 있었다. 기업 무를 자는 과부가 된 친척 여인과 결혼하여 가족 내에서의 그녀의 지위를 회복시켜 주는 사람을 말한다. 룻과 같은 가난한 이주 여성이 부유한 보아스와 결혼하게 된다면, 그것은 그야말로 삶을 바꿔 놓는 역전의 드라마나 다름없는 상황이었다.

나오미의 계획은 훌륭해 보인다. 하지만 모든 것이 보아스의 의사와 동의에 달린 일이었다. 보아스는 여러가지 이유로 거절할 수 있었다. 일단, 앞서 다말의 이야기에서 봤지만 유산 상속의 측면에서 자신의 아이로는 여겨지지 않고 그 과부의 아이로만 여겨질 아이를 낳아 주기 위해 그 여자와 결혼하는 것은 이기심을 극복해야 하는 어려운 결정이었다. 대부분의 남자들은 '자신만'의 아내와 '자신만'의 자녀를 원한다. 자기 소유를 물려주고 자기 이름을 이어갈 자손을 원하는 것이다. 이런 이유를 차치하고라도 왜 보아스가 자기 나라에서 이방인으로 간주되는 여인과 결혼하고 싶겠는가? 룻은 보아스의 부를 더 키워줄 능력 있는 집안 연줄이 있는 것도 아니었다. 룻과의 결혼이 보아스에게 유익이 될 이유가 전혀 없었다. 보아스는 룻을 거절할 타당한 이유가 너무나 많았다.

나오미가 짠 계획의 다음 단계를 보면, 보아스가 만일 룻과의 결혼을 피하고 싶다면 얼마든지 그렇게 할 수 있는 출구를 제공한다. 룻은 겸손한 여인으로서 보아스가 공개적으로 당혹스러운 상황에 처하지 않도록 신중하게 처신했다. 추수가 끝난 축제스러운 분위기 속에서 보아스는 타작 마당에 그의 종들과 함께 잠이 들었다. 아마도 추수를 축하하는 파티가 끝난 후였을 것이다. 룻기 3장 7절을 보면, 보아스가 다 먹고 마신 뒤에 기분이 좋아져서 곡식 더미 아래쪽으로 가서 누웠다고 말한다. 보아스는 곡식 단 근처에 가서 팔다리를 쭉 펴고 누워 휴식을 위해 눈을 감았을 것이다. 기분 좋은 수확의 날을 감사하고 만족하면서 말이다. 그런데 나오미의 계획에 따라 룻이 보아스가

자고 있던 곳을 파고 들었다. 살금살금 다가가 보아스의 발치 이불을 들추고 거기 누운 것이다. 그리고 기다렸다. 룻은 밤새 기다렸다. 룻은 긴장했을까? 보아스가 깨어 자신이 거기 있는 것을 찾아낼 낌새를 초조하게 기다리고 있었을까? 아니면 평안히 기다렸을까? 그녀가 기다리고 있는 사람은 이미 자신에게 놀라운 친절을 베푼 사람이었기 때문에 안심하고 있었을까?

보아스는 잠에서 깨어 룻이 자기의 발치에 있는 것을 보고 어떻게 행동했을까? 그는 밝은 대낮, 다른 사람들이 모두 볼 수 있는 때에는 룻에게 친절했다. 밤에 그는 달라졌을까? 룻이 혼자 있는 것을 보고는 즉흥적인 결정을 해도 괜찮다고 여겼을까? 룻은 낯선 사람이었다. 이주민이고, 유대인들이 경멸하는 이방인이었고, 아웃사이더였다. 나오미는 룻을 가족으로 받아들였다. 하지만 그렇다고 그 결정이 룻을 자신의 혈족으로 만드는 것은 아니었다. 보아스는 룻에 대해 아무런 실제적인 의무가 없었다. 그렇다면 실제로 보아스가 룻이 거기 있는 것을 발견하고 한 말은 무엇인가?

"내 딸이며, 여호와께서 당신에게 복 주시기를 빌겠소. 당신이 빈부를 막론하고 젊은 사람을 따라가지 않았으니 당신의 아름다운 마음씨는 지금까지 보여준 것보다 더 크오. 그러니 내 딸이여, 이제 두려워하지 마시오. 당신이 요구하는 대로 내가 다 들어주리다. 당신이 정숙한 여인이라는 것은 우리 성 사람들이 다 알고 있소." (룻 3:10-11)

희박한 가능성에도 불구하고, 룻은 비로소 안정과 행복을 찾게 된다. 보아스는 룻의 천성적인 정숙함에 화답했다. 보아스는 분명 룻에게 반했던 것 같다. 보아스는 룻과 결혼했다. 하지만 그러한 행복한 결말은 그 전에 흥미로운 반전이 있었기 때문에 가능했다. '선택'이라는 주제에 있어 우리에게 계속해서 반복해서 보여지는 사건이 있고 난 후에야, 둘은 결혼할 수 있었다. 나오미에게는 (이름이 기록되지 않은) 또 다른 남자 친척이 있었고, 그가 나오미의 소유와 며느리에 대해 거부하거나 받아들일 우선적 권리가 있었다. 나오미의 소유와 며느리를 받아들이느냐 마느냐는 그의 평생에 영향을 미칠 선택이었다. 보아스는 그 남자 친척에게 나오미가 죽은 엘리멜렉이 소유하던 땅을 팔려고 한다는 사실을 알렸다. 남자는 땅에는 관심이 있었다. 하지만 보아스가 그 땅을 사는 것은 곧 결혼을 통해 룻을 받아들이는 것을 의미한다는 것도 밝히자, 그 남자 친척은 제안을 거절한다. 룻기 4장 6절에서 그는 "그렇다면 나는 사 줄 수 없겠군. 내 유산에 손실이 갈까봐 말이야"라고 말한다.

그 남자가 결국 어떻게 되었는지 아무도 모른다. 우리는 그의 이름조차 모른다. 왜냐하면 그는 구속의 역사 속에서 알려지지 않은 채 영원히 비껴가 버렸기 때문이다. 그는 룻과 결혼하기를 거절했다. 다윗 왕의 조상이자 예수 그리스도 그 분의 조상인 룻을 비껴간 것이다! 그는 다른 길을 선택했다. 하지만 보아스는 룻을 선택했다.

용기 있고 기념할 만한 선택의 순간이 이 이야기의 곳곳에 등장한다. 나오미의 남편 엘리멜렉은 자신의 고향을 떠나 이방 땅 모압에서 스스로의 새 삶을 개척하러 떠났다. 나오미는 그가 죽은 후 고향으로 돌아오는 선택을 한다. 룻은 가장 대담한 선택을 보여주었다. 자신의 고향과 가족을 버리고 나오미를 따라 낯선 땅으로 들어온 것이다. 보아스는 룻을 거절할 수 있었다. 바로 그 익명의 친척처럼 말이다. 하지만 그는 룻을 거절하지 않았다. 보아스는 룻과 결혼했고, 함께 새로운 가족을 이루었다. 나오미, 룻, 보아스는 선택에 따라 가족을 세웠다. 우리 구세주를 이 땅에 오게 한 계보에 접붙여진 가족을 이룬 것이다.

초기 크리스천들은 룻의 이야기를 읽을 때 그 속에서 자신들의 모습을 바라보지 않을 수 없었을 것이다. 그들에게 룻의 이야기는 해피 엔딩으로 마무리된 젊은 여성에 대한 유쾌한 이야기 그 이상이었다. 이스라엘 민족에게 편입해 들어온 룻의 이야기는 곧 하나님의 가족에 입양된 자신들의 이야기이기도 했다. 초기 크리스천들은 룻의 이야기 속에서 이방인들의 교회에 관한 바울 사도의 외침을 들었을 것이다. "돌 올리브 나무인 그대가 그들 가운데 접붙임을 받아 참 올리브 나무 뿌리의 자양분을 함께 나눠 받는 사람이 됐으니"(롬 11:17).

룻은 자신의 민족과 그들의 신을 떠나기로 선택했다. 이방 교회 교인들이 자신들의 옛 신을 떠나기로 결단한 것처럼 말이다. 룻처럼, 그들도 '빵집'(House of Bread), 베들레헴에 들어왔다. 떨어진 이삭을 찾을 수 있으려나 허기진 채로 말이다. 또한 룻처럼, 초기 크리스천들도 상상을 뛰어 넘는 풍성한 약속의 수혜자들이 되었다. 룻은 (아브라함처럼) 믿음의 길을 걷기로 선택한 이들에게 예비된 풍성한 부요를 가리키는 강력한 상징이 되었다. 자신의 안전지대를 떠나 낯설고 영적으로 도전이 되는 믿음의 걸음을 뗀 사람들에게 주시는 축복의 상징이 된 것이다.

크리스천 저자들은 또한 보아스가 룻을 대하는 방식에서 예수님의 모습이 비춰져 있음을 발견하기도 했다. 룻은 베들레헴에 도착했을 때만해도 비천한 자들 가운데서도 가장 비천하게 여겨졌다. 하지만 보아스는 룻을 전혀 그런 식으로 대하지 않았다. 그는 룻을 복된 여인이라 불렀고 두려워하지 말라고 말해줬다. 또한 룻이 그의 발치에 납작 엎드려 있을 때 마치 탕자(Prodigal

Son)를 일으켜 세운 아버지처럼 그녀를 일으켜 세웠다. 보아스는 룻이 전혀 기대하지 않은 축복을 가져다줬고 그녀에게 은혜를 베풀었다. 크리스천들은 보아스의 이야기 속에서 이방인 교회를 향한 그리스도의 사랑의 음성을 듣지 않을 수 없었을 것이다. 룻의 이야기는 그 속에서 자신들의 모습을 발견한 이방인 성도들에게 강렬한 은혜의 찬양이 되었다.

고대 독자들에게 삶이란 현재 우리가 가진 것처럼 다양한 선택의 기회가 주어진 것이 아니었다. 룻의 이야기가 가진 또 다른 힘은 그러한 선택을 한 당사자가 여인이었다는 점이다. 오늘날에는 누구에게나 주어지는 선택의 기회조차 룻이 살던 시대에는 훨씬 제한적이었다. 특히 여성의 선택권이란 실질적으로 존재하지 않는 것이나 다름없었다. 오늘날 전세계 많은 지역에서 여성들도 자신의 삶을 통해 무엇을 하고 싶은지를 선택할 자유가 있다. 무엇을 공부할지, 어디에서 학교를 다닐지, 누구와 결혼할지 등을 선택할 수 있는 권한을 당연하게 여긴다. 이러한 선택권은 오늘날의 문화에서는 기본적인 자유권에 해당한다. 하지만 룻 시대의 여성들에게는 그러한 자유가 당연하지도, 주어지지도 않았다. 최소한 룻에게는 없던 자유였다. 그래서 룻이 그렇게 극적인 선택을 했다는 것, 즉, 남성의 보호가 전혀 없이 고향 땅을 떠나 나오미를 따라 낯선 유다 지역으로 갔다는 것은 초기 독자들에게 거의 믿기지 않는 결단이었을 것이다. 그렇게 하기로 한 룻의 선택은 그녀가 한 결단의 강도를 보여주고 있고, 동시에 삶 속에서 선택이 얼마나 중요한지를 보여준다.

그렇다면, 룻은 왜 그런 선택을 했을까? 이것이 바로 이 이야기의 중심에서 제기되는 질문이다. 성경은 우리에게 명쾌한 답을 주지 않는다. 어떤 주석

가들은 룻이 종교적 결단을 한 것으로 해석하기도 한다. 몇 해 동안 말론의 아내로서 말론의 가족들과 지내며 이스라엘의 하나님만이 유일하게 참된 신이라는 사실에 설득되었고, 그래서 룻도 그 하나님을 따르기로 결단한 것이다. 또 어떤 이들은 룻의 선택은 윤리적이고 도덕적인 것이었다고 이해하기도 한다. 만일 룻이 베들레헴으로 돌아가는 나오미와 함께 하지 않았다면, 연로한 여인인 나오미가 홀로 여행해야 했을 것이다. 룻의 친절한 행동 때문에 나오미는 목숨을 건질 수 있었을 것이다. 보아스도 룻의 행동을 그런 관점에서 봤던 것이 분명하다.

하지만 어쩌면 우리가 룻의 동기를 명확하게 알지 못하다는 점에 더 교훈이 있는 것은 아닐까? 얼마나 자주 우리가 우리 내면의 동기에 대해 걱정하고 전전긍긍하는지를 생각해볼 필요가 있다. 우리 자신의 동기이든 다른 누군가의 동기이든 말이다. '그 친구가 그렇게 말한 진짜 이유가 무엇일까? 그가 어떤 의도로 그렇게 행동했을까?' 사무엘상 16장 7절은 다음과 같이 말한다.

"내가 보는 것은 사람이 보는 것과 다르다. 사람은 겉모습을 보지만 여호와는 마음의 중심을 보신다."

오직 하나님만이 룻을 움직인 동기가 무엇인지를 다 아신다. 하지만 하나님의 완전한 은혜와 자비로, 룻의 이야기는 구원과 소망, 그리고 예수 그리스도의 계보로 이어진다.

보아스가 룻과 결혼했을 때, 베들레헴의 장로들은 둘을 다음과 같이 축복한다.

여호와께서 당신 집에 들어올 그 여자를 이스라엘의 집을 세운 라헬과 레아처럼 되게 하시기를 바랍니다. 또 당신이 에브랏에서 잘되고 베들레헴에서 이름을 떨치기 바랍니다. 여호와께서 그 젊은 여자와 당신에게 주실 그 씨를 통해 당신 집안이 다말이 유다에게서 낳은 베레스의 집안처럼 되기를 바랍니다. (룻 4:11-12)

참으로 놀라운 선언이 아닐 수 없다. 여기 룻의 이야기의 끝에서, 성경은 정확히 다말의 이야기로 우리의 시선을 다시 향하게 한다. 둘이 서로 깊은 관련이 있다는 것을 상기시키고 있는 것이다.

물론 다말은 보아스 자신의 6대 할머니였고, (유다를 통해) 보아스 집안 전체의 할머니이기도 했다. 베들레헴의 장로들은 보아스의 가족이 베레스의 가족이 누렸던 풍성함과 안정을 나누기를 바라고 있는 것이다. 바로 이 대목에서 우리는 뭔가 더 있지 않을까 생각해보지 않을 수 없다. 다말과 유다의 이야기 역시 선택에 관한 이야기이다. 다말은 유다에게 기회를 주었고, 유다는 옳은 결정을 했다. 보아스 또한 룻에게서 기회를 얻었고, 그 또한 그녀의 인도를 따랐다.

다말과 룻의 대담한 걸음은 그들 주변에 일종의 연쇄 반응을 일으켰다. 궁극적으로 역사를 이룬 선택을 촉발한 것이다. 나오미의 그 이름도 알려지지 않은 한 친척은 성경이 요구하는 의무를 포기했다. 기회가 그를 부를 때 일어서지 않은 것이다. 어쩌면 그는 준비가 되지 않았거나 혹은 그저 하나님의 크신 계획의 일부가 아니었을지도 모른다. 하지만 우리는 하나님께서 우리 각자의 삶 속에서 기대치 못한 순간에 우리를 부르실 때 귀를 기울여야 하고 기꺼이 응답해야 하는 것이다. 다말과 룻은 둘 다 아웃사이더였다. 하지만 이스라엘 민족으로 '접붙임' 되었다. 그들은 언약의 공동체 밖에 서 있었다. 하지만 그들의 선택과 행동으로 약속의 역사를 보전했다. 마태복음의 저자는 다말과 룻 모두를 그리스도의 계보에서 언급하였다. 거기에서 알 수 있듯 이 두 여인은 그리스도를 이 땅에 오시게 한 계보에서 핵심적인 역할을 했다. 하나님은 그들이 아웃사이더였음에도 '불구하고' 그들을 통해 기적을 행하신 것이 아니라, 바로 그 점 때문에 그들을 통해 기적의 역사를 이루셨다.

예수님께서는 공생애 기간 동안 그 당시의 안락과 선민의식에 젖은 바리새인들에게 다음과 같이 말씀하셨다. "하나님께서는 이 돌들로도 아브라함의 자손을 일으키실 수 있다"(마 3:9). 하나님의 가족은 혈연에 의해서가 아니라 선택에 의해서 세워지는 것이다. 아무 자격 없는 우리를 입양하기로 한 하나님의 선택, 그리고 하나님을 택한 우리의 결단이 구원의 역사를 써간다.

마지막으로 다말과 룻이 예수님의 계보에 포함되어 있다는 것은 세상의 관점에서는 무가치한 존재로 여겨졌던 여성들의 가치와 그들의 역할을 일깨워준다. 룻은 보아스에게 아들을 낳아주었고, 베들레헴의 여인들은 나오미와 함께 기뻐했다.

> 여자들이 나오미에게 말했습니다. "여호와께 찬양을 드립니다. 여호와께서 오늘 당신에게 대가 끊어지지 않도록 자손을 주셨습니다 그가 이스라엘 가운데 이름을 떨치기를 바랍니다. 그가 당신 인생을 회복시키셨으니 노년에 당신을 보살펴 줄 것입니다. 당신을 사랑하는 며느리이자 일곱 아들보다 나은 그 며느리가 그를 낳았으니 말입니다."(룻 4:14-15)

고대의 독자들에게 이 축복은 얼마나 놀라운 선언이었을까? 많은 아들들보다 나은 여자라니! 같은 핏줄을 나눈 것도 아닌데 일곱 아들보다 나은 여자라고? 하지만 초기 크리스천 독자들은 이 여인들의 축복 속에서 마침내 평안과 행복, 사랑을 찾은 나오미의 기쁨만을 읽은 것이 아니라, 멀리 희미하게나마 그리스도의 나라를 바라볼 수 있었을 것이다. 여기서 움트고 있는 그리스도의 왕국은 나중 된 자가 처음 되고 처음 된 자가 나중 되는 나라이다. 멸시받고 거절당하던 이들이 존귀한 큰 잔치에 초대를 받고, 동에서부터 서까지 열방에서 온 많은 성도들이 아브라함과 이삭, 야곱, 그리고 룻과 다말과 한자리에 앉을 것이다. 거기가 바로 우리가 영원토록 살 하늘나라이다.

다말과 룻의 이야기 생각해보기

1. 다말과 룻의 이야기는 모두 유대인과 유대인이 아닌 이방인 간의 결혼 이야기라 할 수 있습니다. 성경이 전해주는 이스라엘의 역사와 관련하여, 왜 이스라엘 민족 밖에서의 결혼은 나쁜 것으로 인식되었습니까?

2. 민수기 25장에 나오는 아론의 손자 비느하스의 이야기를 읽어 보십시오. 비느하스가 거기서 무슨 일을 했나요? 시편 106편 28장에서 31절에 기록된 비느하스의 한 일을 읽어 보십시오. 비느하스는 왜 성경에서 그토록 칭송되고 있습니까? 그는 어떤 위협으로부터 이스라엘을 보호한 것인가요? 그 위협이 다말과 룻의 경우에서는 어떻게 반전되었습니까?

3. 야곱의 아들들 중에서 우리가 구체적인 사실을 알고 있는 경우는 요셉과 유다입니다.

요셉의 이야기에서나 유다의 이야기에서나 부도덕한 성 관계를 시도하는 여성이 등장합니다. 요셉의 경우 보디발의 아내가 그랬고(창 29: 1—23), 유다의 경우는 다말이 그랬습니다(창 38:1—30). 두 여성 모두 타당성이 의심스러운 행동을 시도했지만, 둘 간의 차이는 무엇입니까? 성경은 둘을 어떻게 다르게 묘사하고 있습니까? 그 여인들은 요셉과 유다의 삶에서 어떤 변화를 야기합니까?

4. 룻의 놀라운 이야기를 통해 우리는 룻의 충성심, 나오미의 헌신, 보아스의 관용과 친절 등 인간성의 최선을 보게 됩니다. 룻의 이야기 속에서 그 선한 사람들은 보상을 받게 됩니다. 한편 룻의 이야기는 시대적으로는 성경의 사사기 시대에 속합니다. 룻기 바로 앞에 위치한 사사기를 통해, 우리는 이 시기가 이스라엘 역사 속에서 얼마나 폭력적인 시대였는지를 잘 알고 있습니다. 사사기 속의 이야기 대부분이 최악인 상태의 인간성을 보여줍니다. 그런 시대성과 관련하여 룻의 이야기는 어떤 중요성을 가집니까? 룻의 이야기 속에서 하나님은 직접적으로 드러나지 않으십니다. 하나님은 룻의 이야기 속에서 어디에 계십니까?

드보라와
야엘

" "

여 전 사 들

Deborah & Jael

드보라와 야엘
여전사들

● ● ●
드보라 Deborah
(사사기 4:1~5:31)

　사사기는 어려운 책이다. 하나님의 자녀들이 그의 진리와 약속으로부터 떠나 방황할 때 어떤 현실을 살게 되는가를 보여주기 때문이다. 그런데 사사기를 받아들이기 어려운 더 본질적인 이유는 사사기에 이르기까지 우리는 계속해서 놀라운 승리와 축복을 보았기 때문일 것이다. 여호와 하나님께서 이스라엘 민족에게 주변 국가들을 정복하고 그들을 약속의 땅으로 들어가게 인도하셨다. 그들의 눈 앞에서 여리고 성벽을 무너뜨리셨다. 그들에게 젖과 꿀이 흐르는 땅을 기업으로 주셨다. 그리고 이스라엘 백성들에게 하나님의 영원한 언약을 다시 세우셨고, 이스라엘 자손들은 여호와 하나님과 그 분의 율법을 평생토록, 그리고 자자손손 따르겠다고 맹세했다.

이야기가 여기서 끝났다면 얼마나 좋았을까? 출애굽 이후 기쁨과 감사 속에서 이스라엘의 백성들이 하나님께 순종과 헌신을 서약한 지점에 머무는 것이다. 혹은 여리고에서의 승리의 순간에 머무는 것이다. 하지만 이스라엘의 역사는 또한 우리 삶의 이야기이기도 하다. 우리의 영적 삶이 그런 승리의 순간에만 머무는 식으로 전개되지 않는다는 것을 우리는 잘 안다. 삶의 모든 날들을 '산 정상'에 오른 순간과 같은 상태로 산다는 것은 절대 불가능하다. 매일매일의 삶이 가져다주는 요구가 사방에서 우리를 압박해온다. 우리의 가장 강력한 도전들 속에서 하나님께서 우리와 얼마나 가까이 걸어 주셨는지, 하나님께서 얼마나 신실하셨고, 우리는 그의 완전하심과 약속을 얼마나 간절히 붙잡았는지를 잊어버릴 때가 많다. 세상은 끊임없이 우리를 다른 무언가로 낚아가려 한다. 하나님의 신실하신 선함에서 시선을 떼고 임시방편을 의지하게 만든다. 그러니 우리는 인정하지 않을 수 없다. 사사기 시대의 이스라엘 민족이 그랬던 것처럼, 우리 모두는 언제나 신실하시고 또 언제까지나 신실하실 유일한 하나님 아버지로부터 떠나 방황하는 어리석음으로부터 자유롭지 않음을 받아들일 수밖에 없다.

사사기는 방황의 이야기이다. 이스라엘 민족이 하나님께서 주실 수 있는 모든 축복과 승리를 경험하고도 그것으로부터 떠나 방황한 이야기이다. 또한 사사기는 그럼에도 하나님께서 언제나 이스라엘의 고난 가운데 함께 계셨고, 언제라도 하나님께 돌아갈 기회를 주셨으며, 하나님께로 돌아갈 길을 가르쳐주심을 일깨워주는 책이다. 오늘날 우리에게 하시는 것처럼 말이다. 이스라엘이 하나님을 떠나 방황하다 주변 대적들의 손에 억압받아 신음할 때, 하나님께서는 사사들을 보내 지도력을 발휘하게 하시고 회개와 구원의 길을 보이셔서 속박에서 벗어나게 하셨다.

> 여호와께서 그들을 위해 사사들을 세우셨을 때 여호와께서는 사사와 함
> 께하실 뿐만 아니라 사사가 살아 있는 동안에 그들의 원수들의 손에서
> 이스라엘 자손들을 구해주셨습니다. 이는 그들을 억압하고 핍박하는 사
> 람들 밑에서 신음하는 이스라엘 자손을 여호와께서 불쌍히 여기셨기 때
> 문입니다. (삿 2:18)

사사기 시대에 하나님께서 그의 백성들에게 허락하신 길잡이 별과 같은
사사 중 한 사람이 바로 여호와의 여선지자 드보라(Deborah)이다. 이쯤에서 고
백하자면, 성경에 등장하는 여성들 중 내가 가장 좋아하는 인물 중 하나가 바
로 드보라이다. 드보라의 이야기는 성경 책에서 마치 튀어나오는 것처럼 내
게 다가왔다. 나는 드보라가 용기 있고 영감을 주는 여성이라고 생각한다. 내
가 만일 드보라의 시대에 살았다면 아마 나는 그녀를 쫓아 전쟁에 나갔을 것
같다. 거의 틀림없이 그랬을 것이다. 드보라는 배짱과 지혜가 두둑한 여성이
었고 세기를 걸쳐 수많은 여성들의 롤모델이 되어왔다.

성경 속에서 우리는 여성들이 다양한 역할을 수행하는 것을 본다. 또 풍
성하고도 복잡한 삶을 살아간다. 하지만 전쟁의 선봉장이었던 여성을 만나
는 일은 쉽지 않다. 더욱이 민족 전체에서 최고의 권위를 가진 지도자인 여성
을 만나는 일은 더욱 쉽지 않다. 드보라는 민족의 지도자로서의 역할을 맡았
고, 이스라엘의 역사 중 가장 암담했던 시대 한가운데서 민족을 승리로 이끌
었다. 드보라라는 이름은 '벌'(bee)을 의미한다. 얼마나 적절한 이름인가! 드
보라는 대적들에게 날아가 독침을 쏘았지만, 민족에게는 꿀처럼 단 승리와

위로를 가져다주었다.

드보라의 시대에 이스라엘 민족은 가나안 족속의 왕들 중 하나인 야빈(Jabin)의 강포 아래 있었다. 야빈의 군대 장관은 시스라(Sisera)였는데, 그는 '900대에 달하는 쇠로 만든 전차'가 있었다고 한다. 이 말은 시스라의 군대는 이스라엘 자손의 군대를 한참을 앞서는 수준이었다는 의미이다. 즉, 아예 게임이 되지 않는 전력의 차이가 있었다.

전차에 대해 간단히 언급하자면, 당시 이스라엘과 같이 궁벽한 언덕 국가에 사는 사람들에게 전차란 무역을 통해 만들 자재를 구해와야만 가질 수 있는 값비싼 무기였다. 이스라엘이 전쟁에서 사용될 만한 견고한 전차를 만들려면 각종 금속과 기술이 필요한데, 그러려면 주변 강대국과의 무역을 통해서만 얻을 수 있는 것이었다. 모압이나 에돔과 같은 인근 왕국과의 무역이라도 해야 했다. 전차는 (전차를 끌 말들도 마찬가지였지만) 국가적 부요와 주변 거대 도시들과의 관계를 의미했다. 이스라엘은 둘 중 그 무엇도 없었다. 그렇기 때문에 야빈의 군대와 같이 중무장 병력과 맞서 전쟁에 나선다는 것은 이스라엘 사람들에게는 터무니없는 무모함이었다.

> 랍비돗의 아내인 여예언자 드보라가 사사로서 이스라엘을 통치했습니다. 그녀는 에브라임 산간 지대의 라마와 벧엘 사이 드보라의 종려나무 아래에 앉아 있곤 했는데 이스라엘 자손들이 재판을 위해 그녀를 찾아왔습니다. (삿 4:4-5)

사사라는 책무는 법적 다툼에서 판결문을 읽어 내리는 일 이상을 의미한다. 이는 당시 영적인 역할과 함께 지도자의 지위를 의미하는 것이었다. 이스라엘 사람들은 드보라에게 온갖 종류의 질문과 사건을 해결하기 위해 갔을 것이다. 재산 분쟁에서부터 살인 사건까지 종류를 가리지 않고 드보라에게 물었을 것이다. 민족의 최고 지도자로서 드보라가 (모세와 마찬가지로) 다양한 민사상의 문제들을 판단하는 것은 당연했다. 하지만 드보라는 이스라엘을 이러한 법률적인 방향으로만 이끌었던 것은 아니었다. 드보라의 명성은 시대를 초월하여 이어졌기 때문에, 사사기의 기자는 그녀가 앉아서 재판했던 나무를 '드보라의 종려나무'라고 불러 기념했다. 얼마나 오랫동안 이스라엘 민족이 역사상 가장 용감하고 독특했던 지도자인 드보라를 향한 감사와 애정을 담아 그 자리를 보존했을지 생각해보라!

드보라는 민족이 절망적인 상황에 처했음을 보고 하나님께서 인도하시는 방향으로 나아가기로 결단했다. 드보라는 아비노암(Abinoam)의 아들인 전사 바락(Barak)을 소환하여 여호와 하나님께서 그에게 명하신 임무를 가감 없이 전했다. 드보라는 하나님의 말씀을 포장하지 않았다. 그녀는 '나는 이번 일에 당신의 도움이 정말 필요합니다'라는 식으로 말하지 않고 다음과 같이 권위를 가지고 말했다. "이스라엘의 하나님 여호와께서 네게 명령하셨다. '너는 가서 납달리 자손과 스불론 자손 1만 명을 택해 이끌고 다볼 산으로 가거라'"(삿 4:6). 하나님과 드보라에게는 계획이 있었다. 야빈의 군대 대장인 시스라와 그의 전차들을 기손 강으로 유인해 바락과 그의 군대의 손에 넘겨주겠다는 계획이다. 하지만 바락은 이 대범한 전략에 즉각적으로 화답하지 않았다.

바락이 드보라에게 말했습니다. "만약 당신이 나와 함께 가면 나도 갈 것

성경 속 여성들이 말하다

입니다. 그러나 만약 당신이 나와 함께 가지 않으면 나도 가지 않겠습니다." (삿 4:8)

바락은 주변 정세를 좀 아는 이스라엘 사람이라면 누구나 했을 법한 반응을 보였다. 이스라엘의 전력은 시스라의 군대에 비해 현격히 떨어졌다. 시스라와 그의 막강한 전차 부대를 나아가 맞서는 일은 당연히 두려웠을 것이다. 우리는 얼마나 자주 바락처럼 반응해왔을까? '하나님 아버지, 주께서 제게 무엇을 하라고 말씀하시는 것을 압니다. 하지만 저는 정말 준비가 안 됐습니다. 어떻게 그런 일을 하라고 명령하십니까? 설마 아니죠?'

하지만 드보라는 다르게 반응했다. 드보라는 그 무모해 보이는 계획이 하나님께서 직접 말씀하신 것임을 알고 있었다. 그래서 그 메시지를 바락에게 전한 것이다. 드보라는 여호와께서 그녀에게 명하신 일에 대한 완전한 신뢰가 있었다.

드보라가 말했습니다. "내가 분명 너와 함께 가겠다. 그렇지만 네가 가는 일로는 네가 받을 영광이 없다. 여호와께서 한 여자의 손에 시스라를 넘겨주실 것이기 때문이다." (삿 4:9)

참으로 흥미로운 반전이 아닐 수 없다! 드보라가 당시 이스라엘의 대범하고도 용기 있는 최고 지도자였음은 물론이고, 그녀를 통해 시스라를 무너뜨리는 영웅도 또 다른 여성임을 예언하고 있는 것이다. 그 영웅은 바로 야엘이다. (우리는 곧 다음 장에서 야엘을 만나볼 것이다.) 바락의 주저함이 영광된 승리의 순간을 그에게서 앗아가 버린 것이다.

기꺼이 순종한 것은 아니었지만, 어쨌든 바락은 납달리와 스불론 지파의 남자 1만 명을 이끌고 드보라와 함께 전장으로 향했다. 이 약체 이스라엘의 진군을 보고 시스라는 어떤 생각을 했을지 궁금하다. 자신의 막강 대군을 고작 그 전력으로 맞서려 하다니 어리석기 짝이 없다고 생각하지 않았을까?

시스라가 900대에 달하는 쇠로 만든 전차와 그의 모든 부대를 데리고 기손 강에 당도하자 드보라는 담대하게 선포한다.

"일어나거라! 오늘이 여호와께서 시스라를 네 손에 주신 날이다. 보아라. 여호와께서 너를 인도하신다." (삿 4:14)

드보라의 외침과 함께 바락과 그의 뒤를 따르던 1만 명은 대적을 향해 용맹하게 진격했다!

여호와께서 바락 앞에서 시스라와 그 모든 전차와 군대를 칼날로 쳐부수셨습니다. 그러자 시스라는 전차에서 내려 걸어서 도망쳤습니다. 그러나 바락은 전차와 군대를 하로셋 학고임까지 뒤쫓아 갔습니다. 시스라의 군대가 모두 칼날에 의해 쓰러졌고 단 한 사람도 살아남지 못했습니다. (삿 4:15-16)

이날의 전투는 비등한 구석이라고는 찾아볼 수 없는 이스라엘의 완승이었다. 마치 이스라엘이 전장을 쥐고 흔들어 승리를 거머쥔 것 같은 날이었다. 스불론과 납달리 지파의 산악지대 장정들과 바락은 별 다른 군장도 없이 뛰어가서 수백 대의 전차와 군마로 무장한 시스라의 군대를 무찌른 것이다. 성

성경 속 여성들이 말하다

경은 시스라 휘하에서 살아남은 사람이 단 하나도 없었다고 말한다. 헐레벌떡 도망간 지휘관 자신을 제외하고는 말이다. 하나님이 하신 일이라고 밖에 표현할 수 없는 기적 같은 승리였다. 시스라는 그의 소중한 철 병거를 버려두고 걸어서 도망쳤다. (시스라의 뒷이야기는 조금 후에 다시 살펴보겠다.)

다음 사사기 5장에서 우리가 만나게 되는 것은 가히 예술적이라고 할 만한 드보라의 시이다. 드보라는 민족을 억압한 대적을 상대로 기적처럼 승리를 거둔 여 선지자이자 사사인 동시에, 성경에 나오는 가장 긴 시 중 하나로 여겨지는 승전가를 쓴 저자이기도 하다. 드보라와 바락이 듀엣을 이룬 그 승전가는 홍해를 건넌 이스라엘 민족과 모세의 노래를 상기시킨다. 드보라의 승전가는 이스라엘 전쟁의 역사와 함께 자기의 백성을 위해 친히 싸우시는 하나님의 능력을 노래한다.

이 승전의 노래에서 계속해서 반복되는 후렴구는 "여호와를 찬양하라!"(Bless the Lord)이다. 이야기의 전개를 잠시 멈추고 이 후렴을 잠시 생각해 볼 필요가 있다. 이 구절은 드보라의 승전가에서 뿐 아니라 성경 곳곳에서 반복된다. 구체적으로 무슨 뜻일까? "여호와를 찬양하라!"는 말을 들은 청자는 정확히 무슨 일을 하라는 요구를 받는 것일까? 이 구절은 예수님이 기도를 가르쳐주시며 말씀하신 "아버지의 이름을 거룩하게 하시며"(hallowed be Thy Name)와 같은 구절이다. 우리는 우리의 말과 행동으로 하나님의 이름이 거룩히 여김을 받게 해야 한다는 요구를 받고 있는 것이다. 여호와 하나님을 찬양할 때 우리는 그 분을 높여 드리는 것이다. 우리가 그 분을 섬길 때도 마찬가지다. 이스라엘 백성을 향한 드보라의 노래는 그들의 생각과 말과 행동과 행위를 하나님께 복종시키라는 요청이다.

드보라의 승전가는 이스라엘 사람들만을 향해 부른 노래가 아니다. 주변 군주와 그들을 둘러싼 민족들을 향한 노래이기도 하다. 이스라엘은 주변 민족들이 모두 증인인 가운데 자신과 하나님의 관계라는 드라마가 펼쳐지고 있다는 것을 결코 잊지 않았다. 드보라는 이 점을 승전가의 서두에서부터 강조하고 있다.

왕들아, 들으라! 군주들아, 귀 기울이라!
내가 여호와께 노래하리라
내가 노래하리라. 내가 이스라엘의 하나님 여호와를 찬양하리라. (삿 5:3)

드보라의 노래의 중심에는 하나님을 모르는 백성들에게 그 분을 알리려는 복음주의의 핵심이 담겨있다. 물론 드보라는 하나님께서 이스라엘 민족들을 위해 조금 전에 행하신 기적을 상기시킴으로써 그들의 믿음을 더 굳건히 하고 용기를 주고자 했을 것이다. 하지만 동시에 드보라는 이스라엘에게 행하신 일들은 열방이 바라보는 가운데 행하신 일이기도 하다는 것을 잊지 않았다. 드보라는 자신의 노래가 "흰 나귀를 탄 자들, 양탄자에 앉은 자들"에게, "활 쏘는 자들의 소리로부터 멀리 떨어진 물 긷는 곳에서도" 들려지기를 바랐고, "여호와의 공의로우신 일", "이스라엘에서 마을 사람들을 위한 의로우신 일"을 노래하기를 바랐다(삿 5:10-11, 개역개정). 예스러운 말인 '마을 사람들'(peasantry, villagers)이라는 단어가 드보라의 승전가에서 여러 차례 반복된다. 이 단어는 주변 민족들의 부와 국력에 비해 상대적으로 가난하고 취약한 이스라엘의 상태를 드러내기 위해 의도적으로 선택된 단어이다. 이스라엘 사람들은 기본적으로 농부였고, (야빈을 포함한) 주변 민족들이 보유하고 있던 교역이 가능한 물자들을 가지고 있지 않았다. 하지만 그럼에도 여호와 하나님은 이스라엘의 삶에 개입하셔서 기적을 일으키셨고, 이러한 하나님의 일하심이 그들에게 자유를 되찾아 주었다. 하나님은 이 같은 역사를 계속해서 되풀이하셨다.

드보라는 이스라엘 사람들이 얼마나 열악한 상황에 있었는지, 또 시스라와 그의 군대를 무찌르기 전에는 얼마나 기가 꺾인 상태였는지를 전하고 있다.

> ⋯ 큰길은 비었고
> 여행자들은 구불구불한 길로 다녔다네.
> 결국 나 드보라가 일어날 때까지,
> 이스라엘의 어머니로 일어나게 될 때까지,
> 이스라엘에는 마을 주민들이 없었다네.
> 그들이 새로운 이방 신들을 선택했고
> 그때 전쟁이 성문까지 이르렀다네.
> 이스라엘 군인 4만 명 가운데
> 방패 하나, 창 하나가 보였던가? (삿 5:6-8)

당시 이스라엘의 상황 가운데 백성들은 거의 자포자기한 상태인 것처럼 묘사된다. 그들의 큰길은 너무 구불구불하고 안전하지 못하여 사람들이 이용할 수도 없는 상태였다. 시스라가 가졌던 화려한 무기와는 대조적으로 '이스라엘 군인 4만 명 가운데 방패 하나 창 하나가' 안 보였다고 한다. 이 군대는 이미 수적으로도 상당히 밀려 있었던 것이다.

행동하는 여성답게, 드보라는 전쟁의 일련의 과정을 묘사하는데 노래의 대부분을 할애하고 있다. 드보라는 바락과 함께 싸운 스불론과 납달리 지파를 칭찬하는 것에서 나아가, 야빈을 무찌르기 위해 자발적으로 참전한 베냐민과 잇사갈 지파의 사람들을 특별히 치하했다. 반면 르우벤, 단, 아셀 등은 "심사숙고" 하고, "배에 머물러" 있었고 "해변에 남아 부둣가에 머물러 있었다"며 꾸짖었다(삿 5:17).

이들 지파들은 드보라와 바락의 계획을 듣고는 이렇게 생각했을지 모른다. '승산이 없는 전쟁이다. 여기에선 좀 빠져야겠어.' 현실적이고 정치적인 관점에서 보면, 그들의 결정은 합리적이었다. 어떻게 계산을 해도, 바락과 드보라의 계획은 성공할 가능성이 거의 없어 보였기 때문이다. 어떤 지도자들은 전문적으로 훈련된 적의 군대와 수백 대의 전차, 군마들 앞에서 별다른 무장이 안된 자기 지파의 사람들을 흩어버리지 않았을까? 만일 이스라엘의 오합지졸이 야빈과 시스라의 막강한 부대를 정말로 이기게 된다고 해도, 이스라엘을 향한 야빈과 시스라의 억압과 분노가 더 불타오르지 않겠는가? 왜 사자의 코털을 건드리겠는가? 인류 역사상 언제나, 그리고 아마도 언제까지라도, 하나님께서 "가라!"로 명하시는 때에 꿈쩍 하지 못하는 사람들이 있어 왔고, 아마도 앞으로도 있을 것이다. 사사기 5장 16절에 보면 잇사갈 지파의 지도자와 사람들이 드보라와 바락의 부름에 일어서는 동안에도, "르우벤 지파는 심사숙고했다"고 나온다. 이 구절을 통해 이스라엘 열 두 지파 가운데서도 어느 지파는 하나님의 부르심에 응답했고, 어떤 지파들은 망설이고 머뭇거리는 데 시간을 다 쏟고 있었음을 알 수 있다. 하지만 드보라는 머뭇거리는 이들조차 녹록하게 내버려두지 않았다.

드보라의 노래가 전장의 한복판을 묘사하는 부분에 이르면, 그녀의 시는 강력한 절정에 도달한다.

하늘로부터 별들이,
그들이 다니는 행로로부터 별들이 시스라와 싸웠다네,
옛적부터 흐르던 강, 기손강
기손강이 그들을 휩쓸어 갔다네.
내 영혼아, 힘차게 전진하여라!
맹렬하게 달리고 또 달리니
그때 말굽 소리가 요란했다네. (삿 5:20-22)

여기에서 드보라가 참으로 놀라운 일을 말하고 있는 것을 주목할 필요가 있다. 노래의 서두에서부터 드보라는 이스라엘 주변 성의 왕들과 주민에게 말한 바 있다. 이제 드보라는 별들을 의인화해서 불러들이고, 또 기손강의 홍수물을 주관하여 시스라의 화려한 병거를 휩쓸어 가고 있다고 노래하고 있다. 학자들 중에는 드보라의 이 같은 표현은 점성술을 신봉하는 가나안 민족의 어리석음을 비판하고 있는 것이라고 본다. 마치 드보라가 '별들이 너희 가나안 민족을 참으로 돕는구나!'라고 조롱하고 있다고 본 것이다. 드보라에게 이스라엘은 언덕배기에서 농사나 짓는 무지렁이 촌로들로 구성된, 우주의 어느 잊혀진 구석이 아니었다. 드보라는 여호와 하나님의 시선에서 그의 백성 이스라엘의 생존이 우선순위였다는 것을 알고 있었다.

우리는 너무나 자주, 단이나 아셀, 르우벤 지파들처럼 망설인다. 하나님의 기적적인 약속을 신뢰하기를 거부한 채 말이다. 믿음보다는 두려움 속에서 우리는 하나님을 신뢰하는 위험을 감수하려 하지 않는다. 실수가 없으신 하나님의 말 그대로 하나님을 믿으려 하지 않는 것이다. 우리가 만일 드보라와 같은 용기를 끌어 모을 수 있다면, 어떤 일이 벌어질까? 드보라의 마음은 하나님의 마음과 너무나도 친밀하게 엮여 있었다. 그래서 드보라는 인간의 눈으로 봤을 때는 사망선고나 다름없어 보이는 상황 속에서도 하나님이 지시하는 방향으로 의심 없이 돌진했다.

드보라의 노래는 그 마무리도 강력한 이미지와 함께 맺어진다. 시스라의 어머니가 아들이 돌아오기를 초조하게 기다리는 장면과 함께 노래를 끝맺는다.

창문 너머로 보면서
시스라의 어머니가 창살 뒤에서 부르짖었다네.
"그의 군대가 오는 것이 왜 늦어지는 것일까?
그의 전차가 오는 것이 왜 시간이 걸리는 것일까?"
그녀의 지혜로운 시녀들이 그녀에게 대답했다네.
실제로 그녀도 스스로에게 되풀이해서 말했다네.
"그들이 전리품을 찾아서 그것을 나누고 있음에 틀림없다.
한 사람마다 한두 여자를 차지했겠지. 시스라는 색동옷을 전리품으로
얻었겠지." (삿 5:28-30)

이 부분에서 우리는 한 여인이 앉아 전쟁에 나간 아들이 돌아오기를 기다리는 장면을 내면화하여 읽기가 쉽지만은 않다. 특히 우리는 그 아들 시스라의 이야기가 어떻게 끝나는지를 알고 있기 때문이다. 하지만 우리는 이 장

성경 속 여성들이 말하다

면에서 어떤 현실을 엿볼 수 있는지를 놓치지 말아야 한다. 드보라가 사용하는 언어를 유심히 보면, 시스라의 어머니는 자기의 아들이 전쟁에서 이겨서 단지 승리를 만끽하는 즐거운 시간을 보내고 있는 것만이 아니라 좀더 구체적으로는 젊은 여성들을 성적으로 약탈하고 있음을 암시하고 있음을 알 수 있다. 이 장면의 여성은 자신이 누군가의 어머니이든지 아니든지 간에 그 가치관이 철저히 부패해 있다.

우리는 드보라의 노래 전반에 걸쳐 모성이 엮여져 있는 것을 본다. 먼저 드보라가 그 누구도 나서지 않고 포기하려 할 때 이스라엘을 위해 일어선 어머니로 자기 자신을 묘사하고 있음을 볼 수 있다(삿 5:7). 성경에 나오는 모성의 이미지는 대부분 따뜻한 보살핌의 이미지, 보호와 양육의 이미지이다. 성경 속 이스라엘은 유목민이거나 땅에 뿌리를 내리고 사는 단순한 농민이다. 이런 이스라엘 사람들에게 여성과 남성의 역할이란 동등하게 단순하다. 남자들은 전쟁에 나가 가족과 민족을 지키고, 여자들은 아이들을 키운다. 하지만 드보라의 이야기 속에서 우리는 모성이 치열한 전쟁의 현장 속에서도 발휘될 수 있는 것임을 보게 된다. 드보라는 하나님께서 택하시고 준비시키셨다. 영적으로나 육체적으로나 이스라엘 백성에게 구원이 필요하던 바로 그 때에 하나님의 사사로 부르셔서 분별력과 용기를 충만하게 하셨다.

하지만 드보라의 노래에서 우리는 모성을 다시금 생각하게 된다. 이번에는 곧 아들의 전사 소식에 비통해 할 어머니를 통해서이다. 드보라는 이 장면을 통해 또 다른 중요한 점을 지적한 것이다. 드보라는 승전가의 마지막 부분에서 전쟁의 현실에 대한 지극히 인간적인 묘사를 선보인다. 마치 주변 이방 민족들에게 메시지를 보내는 것 같다.

"여호와여, 주의 모든 원수들이 망하게 하소서!
그러나 주를 사랑하는 사람들은
솟아오르는 해같이 힘차게 하소서." (삿 5:31)

드보라와 바락은 승전가를 통해 이스라엘 사람들을 기적적인 승리의 기쁨으로 인도하고 있다. 하지만 동시에 주변의 대적 이방 민족들에게 경고를 보내고 있다. "이봐, 무적의 여호와 하나님께서 그의 백성 이스라엘을 도와 전쟁에 나서시면 어떤 일이 벌어지는지 똑똑히 봤지?"

기쁨에 찬 드보라의 승전가가 끝나고 성경은 다음과 같이 이스라엘의 상황을 전해준다. "그러고 나서 40년 동안 그 땅에 전쟁이 없었습니다"(삿 5:31). 드보라의 노래가 시작될 때의 상황으로부터 얼마나 반전을 이룬 것인가! 우리가 드보라의 이야기를 처음 만났을 때, 이스라엘은 심각한 난국에 처해 있었다. 물론 이스라엘이 자초한 어려움이었다. "이스라엘 사람들이 여호와께서 보시기에 또다시 악한 일을 저질렀다"(삿 4:1). 그래서 그들은 주변 대적들에게 짓눌리고 20년 동안 잔혹하게 억압 당했다. 그러자 여호와 하나님께 도와 달라고 애원한 것이다. 하나님은 이스라엘에 드보라를 보내셨고 이스라엘을 평안으로 이끌었다.

나는 드보라의 이야기에서 큰 용기를 얻고 나아가야 할 방향을 본다. 하나님께서 이 여성을 선택하시고 준비시키신 것은 우연이 아니었다. 하나님께서는 그녀에게 분별력과 통찰이라는 달란트를 주셨고, 그로 인해 이스라엘 사람들은 드보라는 두려워했고 신뢰했다. 이스라엘 사람들은 드보라에게 자신들의 문제와 분쟁거리를 가지고 나아갔다. 우리도 형제자매끼리 싸우는 자녀들, 불만에 찬 동료들, 뒷담화 하는 친구들을 얼마나 많이 대하게 되는가? 우리 모두에게 드보라가 직면했던 것 같은 책임을 지고 민족을 이끌어야 하는 책무가 맡겨진 것은 아니다. 하지만 우리가 할 수 있는 일들도 있다. 우리는 호흡을 가다듬고 낙담한 친구들의 말에 귀 기울일 수 있다. 그들과 함께 하나님의 인도하심을 구하고, 우리의 일상에서 마주하는 그 모든 좌절과 불안 속에서도 사랑으로 평안에 다가설 수 있다.

드보라는 진리를 담대하게 선포했다. 상황의 심각성을 축소하려 하지 않았다. 대신 하나님의 신실하심을 신뢰하기로 선택했다. 우리는 꽤나 자주 하나님이 우리에게 무언가 말하라 명하실 때, 무언가로 우리를 이끄실 때 망설이고 주저한다. 그 말들이 어떻게 받아들여질까 걱정하는 것이다. 우리가 선을 넘었다거나 현실 감각을 상실했다고 사람들이 생각하지 않을까 근심하는 것이다. 그런데 드보라는 노심초사하지 않았다. 드보라는 하나님으로부터 직접 받은 메시지가 있었고 그것을 충실하게 따랐을 뿐이다. 하나님의 완벽한 계획을 구체화하는 것은 드보라에게 달린 일이 아니었다. 물론 우리에게 달린 것도 아니다. 우리는 그저 하나님의 인도하심을 순전하게 따르고 나머지 모든 것을 주님께 맡겨야 하는 것이다.

우리의 삶 속에서 우리가 좀더 드보라와 같이 행동할 수 있는 지점은 어디일까? 우리는 어떻게 하면 하나님을 더 신뢰하고 그 믿음 속에서 일어서서 승리하는 삶을 살 수 있을까? 드보라는 바락과 함께 전쟁에서 어떻게 하면 이길 수 있을지 계획을 미리 검토하거나, 하나님께서 알려주시기 전에 언제, 어디서, 어떻게 그 전쟁을 이길 수 있을지 모든 세부사항을 구상하라는 임무를 받은 것이 아니었다. 대부분의 경우 우리는 미래의 영적 여정이 어떻게 펼쳐질지 완벽한 로드맵을 가지고 있지 않다. 하지만 내가 가장 아끼는 구절 중에 이런 약속이 담겨 있다. 하나님은 "우리 안에서 역사하시는 능력을 따라 우리가 구하고 생각하는 모든 것보다 훨씬 더 넘치도록 하실 수 있는 분"이라는 것이다(엡 3:20).

이제 야엘을 통해 시스라가 어떻게 되었는지를 살펴보겠다.

야엘 Jael

(사사기 4:17~23, 5:24~27)

야엘의 이야기는 거칠고 험하다. 배신과 살인 그리고 여러 가지 대답되지 않는 질문으로 마무리된다. 일단 시작해야 할 지점은 바로 여기다. 야엘은 살인자였다.

야엘의 이야기는 초반부에는 독자들에게 짧고 달콤한 이야기처럼 다가온다. 하지만 이야기는 곧 훨씬 더 심오하게 전개된다. 야엘은 드보라의 예언을 성취하는 당사자였을 뿐 아니라, 이스라엘 사람들을 20년 동안 잔혹하게 억압했던 남자를 죽였다. 야엘의 활약으로 이스라엘의 놀랍고도 기념비적인 승리는 마무리된다. 그리고 그 승리로 새로운 평화의 시대가 펼쳐지게 된다. 자세히 한번 살펴보도록 한다.

시스라는 드보라와 바락의 손에 자신의 군대가 완패하자 안전한 탈출로를 찾기 위해 도망쳤다. 공포 속에 그는 완벽한 은신처로 여겨지는 장소를 찾아냈다.

> 그러나 시스라는 겐 사람 헤벨의 아내 야엘의 천막으로 걸어서 도망쳤습니다. 하솔 왕 야빈과 겐 사람 헤벨의 가문은 서로 좋은 사이였기 때문입니다. (삿 4:17)

겐(Kenite) 사람들은 유목민으로 천막에 살았다. 주로 이스라엘 지파들이 사는 곳과 가까운 곳에서 살았다. 그들은 모세의 장인이었던 이드로(Jethro)의 사람들이었다. 그러니 겐 사람들은 이스라엘 사람들의 일종의 먼 친척 뻘 되는 사람들이었다. 하지만 이드로의 사람들은 독자적으로 남아 있었다. 이스라엘과 가까이 연합하였던 때도 있었고 그들이 사는 곳도 가까웠지만, 겐 사람들은 고유의 공동체를 유지했다. 하지만 겐 사람들과 이스라엘 사람들의 이야기는 모세 이후에도 종종 엮였는데, 예를 들어 사무엘상 15장 6절에 보면 사울 왕이 "당신들은 이스라엘 백성들이 이집트에서 올라올 때 친절을 베풀어 준 사람들"이라며 겐 사람들을 축복하고 감사를 표하는 장면이 나온다. 하지만 세월이 흘러 과거에 어떤 호의적 교류가 있었던지 간에, 사사기에서 겐 사람 헤벨의 때에 오면 그는 이스라엘 사람들에게 고통을 주고 억압했던 하솔의 왕 야빈과 동맹을 맺고 있었다. 그러한 이유로 시스라는 야엘의 천막으로 도망쳐 들어가면서 피난처에 도착했다는 안도감을 느낀 것이다. 야엘은 유대 사람이 아니었고 이스라엘의 자손도 아니었다. 룻이나 라합처럼 야엘도 이방인이었고, 아웃사이더였다.

시스라는 야엘이 자신을 도와줄 거라 신뢰하며 완패한 전투로 인해 정신적으로나 육체적으로 고갈된 상태에서 그녀의 천막에 들어갔을 것이다.

> 야엘이 시스라를 마중 나가서 그에게 말했습니다. "어서 오십시오. 내 주여, 제게로 오십시오. 두려워 마십시오." 그가 야엘의 천막 안으로 들어가자 야엘은 그를 이불로 덮어 숨겨 주었습니다. 시스라가 그녀에게 말했습니다. "내가 목이 마르니 내게 약간의 물 좀 다오." 야엘은 가죽 우유 통을 열어 그에게 마시게 하고 그를 덮어 주었습니다. 그가 다시 그녀에게 말했습니다. "천막 입구에 서 있다가 만약 누가 와서 '여기에 누가 있느냐?'라고 물으면 '아니요'라고 말하여라." (삿 4:18-20)

성경 속 여성들이 말하다

나그네를 환대하는 것은 유목민의 땅에서 법과도 같은 일이었다. 야엘은 그 법에 따른 역할을 완벽하게 수행했다. 야엘은 시스라에게 경의를 표하는 방식으로 대했고 그에게 마실 것을 주고 편안한 자리를 마련해 주었다. … 그러나 그 친절은 짧았다. 시스라는 자신을 숨겨 달라고 누가 오면 아무도 없다고 하라고 아주 구체적으로 야엘에게 당부했지만, 시스라의 당부가 있은 지 얼마 지나지 않아 야엘은 곧바로 행동했다.

> 그런데 헤벨의 아내 야엘은 그가 지쳐 곤히 잠든 사이에 천막용 쐐기 못을 집어 들고 망치를 손에 들었습니다. 그리고 살며시 그에게 다가가서 그의 관자놀이에 쐐기 못을 꽂고 땅에다 박아 버렸습니다. 시스라는 그렇게 죽었습니다. (삿 4:21)

"이 사건은 간단합니다." 우리는 검사가 당당하게 그녀를 고소하는 말을 상상할 수 있다. 야엘이 어긴 법이 얼마나 많은지 한번 살펴보자. 먼저 환대의 법, 이 법에 따르면 자기 집에 들어온 손님은 해를 입어서는 안 된다. 순종의 법, 여자는 남자를 섬겨야 한다. 하나님의 법, 자기를 방어할 수 없는 사람을 죽이는 것은 신성모독이다. "아니요, 그건 그렇지 않습니다!" 변호사가 황급히 이의를 제기할지 모른다. "그게 이야기의 전부가 아닙니다!" 야엘의 행동은 직접적으로 드보라의 용기와 순종으로부터 나온 것이다. 여기서 잊지 말아야 할 것은 바락은 '영광'과 '존귀'의 자리를 포기했다. 왜냐하면 그는 드보라를 통해 자기에게 전해주신 하나님의 말씀을 즉각적으로 순종하지 않았기 때문이다. 그래서 드보라는 "여호와께서 한 여자의 손에 시스라를 넘겨주실 것"이라고 예언한 것이다(삿 4:9). 여호와 하나님은 그 예언을 정확히 성취하신 것이다!

성경은 때로는 그 속에 나오는 인물들의 속뜻을 전해주지 않는다. 야엘의 경우도 마찬가지여서, 우리는 드보라의 예언이 성취되는 동안 야엘의 머릿속에서 무슨 일이 벌어지고 있었는지를 알지 못한다. 남편 헤벨은 어떤 의도로 야빈과 동맹을 맺었는지 모르지만, 야엘은 시스라가 자신의 천막에 나타난 순간 상황을 다르게 봤던 것 같다. 우리는 시스라가 나타나기 전 야엘의 삶에 대해 아는 바가 없다. 그러나 최소한 이스라엘 사람들에 대한 어느 정도의 동정심을 가지고 있었던 것으로 보인다. 야엘은 이스라엘 사람들이 야빈과 시스라의 손에서 잔혹하게 억압받고 고통받는 모습을 봐왔을까? 아니면 이스라엘 사람들이 여호와 하나님께 부르짖자 그야말로 하나님의 영이 야엘을 움직여서 벌어진 일일까? 어쨌든 하나님은 드보라를 보내셨고, 그러자 이스라엘 사람들은 그녀의 인도 하에 용감하게 전투에 나섰다.

비록 우리는 야엘의 동기를 명확히 알 수는 없지만 그녀의 행동에는 의심의 여지가 없다. 야엘은 시스라가 자기에게 올 때까지 기다리지 않았다. 그녀가 그를 만나러 나갔다. 야엘은 시스라가 자기 천막에 나타나 한 마디도 하기 전부터 머릿속으로 그를 해치울 계획을 짜고 있었을까? 야엘은 시스라가 나타나자 그에게 마중 나가 자신의 천막으로 들어와 두려워하지 말라고 말했다. 시스라는 온갖 공포에 떨고 있었지만, 야엘은 시스라를 안심시키고 편안하게 쉴 수 있도록 노력을 다했다. 야엘은 시스라에게 이불을 덮어주었고 그가 물을 달라고 했을 때 더 나은 것을 내어주었다. 그에게 우유를 준 것이다. 마치 아이를 달래고 졸리게 만들어 잘 자게 하려는 엄마처럼 말이다. 야엘은 시스라가 이제 자신은 안전하다고 믿게 할 수 있는 모든 일을 했다. 또

　　　　　　　　　　성경 속 여성들이 말하다

시스라가 자신의 성에서 받는 존경과 대접으로 그를 대했다. 그리고 나서 야엘은 시스라를 내리친 것이다. 그런데 '야엘'이라는 이름은 '산양'이라는 뜻이다. 그녀의 이름과 행동이 나란히 맥을 같이 하는 것을 보라. 산양을 키우던 배짱 있는 여성이 실제로도 매우 강력했던 것이다.

> 바락이 시스라를 추격할 때 야엘이 바락을 맞으러 나가 그에게 말했습니다. "어서 오십시오. 당신이 찾고 있는 사람을 보여 드리겠습니다." 그가 그녀를 따라 들어가 보니 시스라가 관자놀이에 천막용 쐐기 못이 박힌 채 넘어져 죽어 있었습니다. (삿 4:22)

이 부분은 마치 영화 속의 한 장면을 보는 것 같다. 드넓은 평원은 수천 명의 전사가 쓰러져 피비린내 나는 전장으로 얼어붙어 있다. 당시 최강의 무기를 갖춘 무적의 군대는 완전히 패배하여 병사 한 사람도 살아남지 못했다. 그들의 최고 사령관은 낯선 이의 천막으로 숨어 들어갔다. 막대한 손실과 말문이 막히는 살상의 현장으로부터 휘청거리며 들어갔을 것이다. 그를 맞이한 여주인은 그를 내리쳐 죽였다. 바로 그때 그 사령관을 쫓던 상대편의 장수가 들이닥쳐 그의 행방을 묻는다. 여주인은 차분하게 정보를 제공한다. '제가 당신이 찾는 그 자를 데리고 있습니다. 그는 죽었습니다.' 그녀는 사실을 숨기려 하지 않았다. 아니, 오히려 이스라엘의 사령관에 다가가 그녀가 무슨 일을 했는지를 알린다.

그리고 헤벨의 아내 야엘은 이제 어떤 결과를 맞이하게 되었을까? 야엘은 자신이 시스라를 암살하게 되면 그녀의 남편과 야빈의 동맹은 끝나게 될 것을 분명히 알았을 것이다. 그녀의 결혼생활도 끝나게 되었을까? 무엇보다 야엘이 한 일은 하벨이 야빈과 맺었을 협약이나 양해의 내용에 직접적으로 반하는 행동이었을 것이다. 야엘은 시스라를 암살함으로써 모든 것을 위험에 처하게 한 것이다. 그녀의 남편은 야엘을 내쫓았을까? 야엘과 대화하기를 거부하고, 물 한 주머니도 들리지 않은 채 그녀를 광야로 내쫓았을까? 이스라엘 사람들과 운명을 함께 하기 위해 자기의 모든 것을 거는 행동은 결코 작은 일이 아니다. 야엘의 삶의 전부가 달린 일이다.

바로 이 점이 야엘을 주목해야만 하는 이유라고 할 수 있다. 야엘은 당시 선택할 수 있는 상황에 있었다. 예를 들어, 만일 에스더가 (우리는 에스더도 곧 만나보겠지만) 이스라엘의 곤경을 모른 채 했다면 그녀는 위험에 처한 자기 민족을 방관한 책임이 있었을 것이다. 모르드개는 그 점을 알고 에스더에게 경고했던 것이다. 아무리 여왕이라 할지라도 그녀가 안전하지 않을 것이라고 말이다. 또한 모르드개는 에스더가 만일 유대인들을 구하기 위해 일어서지 않으면 다른 누군가가 할 것이라는 점도 경고했다. 그는 에스더가 궁에 들어간 것은 "바로 이 때"를 위한 것임을 감지했던 것이다(에 4:14). 이렇게 에스더는 외부와 단절된 상태에서 행동한 것이 아니었다. 하지만 야엘의 상황은 좀 달랐다. 야엘은 그저 시스라에게 마실 물을 좀 주고 쉴 곳을 제공하기로 선택할 수도 있었다. 야엘이 그렇게 행동한다고 해서 그녀를 비난할 사람은 아무도 없었다. 하지만 라합처럼, 야엘은 자신의 민족에 유리한 선택을 한 것이 아니라 이스라엘 사람들을 살릴 선택을 했다. 야엘은 그저 잠잠히 자신에게 주어진 삶을 살아갈 수도 있었을 것이다. 하지만 이스라엘 사람들에게 도움이 필요한 것을 보았고, 야엘은 거기에 반응한 것이다.

야엘은 천막용 쐐기 못을 집어 들어 잠든 시스라의 머리를 관통하여 꽂아 버렸다. 만일 그녀가 암살을 시도하던 중 어느 순간에라도 발각되었다면 야엘은 즉시 사살되었을 것이다. 야엘이 조용히 천막 안으로 기어들어가 잠든 시스라에 점점 더 가까이 다가가는 장면을 그려보라. 성경은 야엘이 '살며시' 다가갔다고 전한다. 이 한 마디 단어에서 우리는 야엘이 얼마나 천천히 신중하게 숨 죽여 움직였는지를 알 수 있다. 만일 시스라가 자신의 관자놀이에 천막용 쐐기가 닿았을 때 잠에서 깨어 버렸다면 무슨 일이 벌어졌을까? 성경에서는 이 장면을 매우 간략하게 묘사하고 있지만, 야엘의 암살계획이 어그러질 수 있는 지점은 너무나도 많았다. 야엘이 속으로는 어떤 기분이었든지 간에, 야엘은 침착을 유지하고 그녀가 가진 모든 힘을 끌어모아 그 일을 완수해야 했을 것이다.

마지막으로, 천막용 쐐기라는 아이디어 자체를 한번 생각해 볼 필요가 있다. 왜 야엘은 천막용 쐐기를 암살 무기로 선택했을까? 유목민들의 문화에서는 여성이 천막을 세우고 걷는 일을 맡고 있었다고 한다. 여성들은 천막 안에서 이루어질 가사를 관리하고 배분하기만 하는 것이 아니라, 천막 자체를 어디에 어떻게 세울지를 결정한다. 말 그대로 여성들이 집을 세우는 것이다. 그러니 야엘이 천막용 쐐기와 망치를 손에 들고 그것들을 어떻게 사용하는지를 알고 있는 것은 이례적인 일이라 할 수 없었다. 이 물건들은 오히려 가사일, 손님 접대, 그리고 안전과 보호 등을 나타내는 것들이었고, 따라서 이 물건들로 집을 어떻게 하나로 세워가는지를 상징하는 것이었다. 야엘은 이 심오하게 상징적인 도구들을 가지고 전장으로부터 도망친 장군의 목숨을 끊는 데 사용했다. 그가 도망친 전장은 바로 이스라엘에게는 역사에 길이남을 승리를 안긴 곳이었다. 그녀가 바락에게 자신이 했던 일을 이야기한 후 다음의 성경 구절이 이어진다.

> 이렇게 하나님께서는 그날 이스라엘 자손들 앞에서 가나안 왕 야빈을 굴
> 복시키셨습니다. 이스라엘 자손들의 손이 점점 강해져 가나안 왕 야빈
> 을 누를 수 있게 됐고 마침내 그를 멸망시켰습니다. (삿 4:23-24)

야엘의 이야기가 기록된 사사기 4장은 이스라엘 자손들이 여호와께서 보시기에 또다시 악한 일을 저질렀다는 적나라한 폭로와 함께 시작했다. 그런데 그 장은 이제 이스라엘 사람들에게 엄청난 고통을 야기한 왕이 완패하였다는 뉴스를 전하며 마무리된다. 그리고 그 사이의 이야기 속에서 드보라와 야엘이 눈부신 활약을 펼쳤다.

그렇다면 이제 우리는 여성 전사에 대해 무엇을 알게 되었는가? 일단 드보라의 노래에서 야엘에 대한 부분을 들어보자.

> 겐 사람 헤벨의 아내인 야엘은
> 여인들 가운데 가장 복받은 사람이 될 것이요,
> 장막에 거하는 어느 여인보다 더 복을 받으리라.
> 시스라가 물을 달라 하니 야엘은 우유를 주되
> 값비싼 그릇에다 응고된 우유를 갖다 주었다네.
> 한 손은 천막 고정용 쐐기 못을,
> 오늘손은 일꾼들이 사용하는 망치를 잡았다네.
> 그녀는 시스라를 내리치고

그의 머리를 깨뜨리고 박살 내

그의 관자놀이를 통과시켜 버렸다네. (삿 5:24-26)

"여인들 가운데 가장 복받은 사람"이라는 치하는 참으로 복된 칭찬이다. 드보라의 승전가에서 야엘은 영웅의 지위를 인정받고 있다. 야엘은 하나님이 행동하라고 두신 곳에서 결단력 있는 행동을 한 사람이다. 야엘은 적극적이었고, 이것은 바락이 초반에 보인 주저함과 대조된다. 그리고 드보라의 노래에서 가장 특별한 점은, 성경에서 한 여성이 다른 여성을 이런 방식으로 칭송한 사례가 거의 없다는 것이다. 또한 야엘의 이야기는 한 여성이 예언의 주인공이 된 사례라는 점에서도 특별하다. 여호와 하나님께서 드보라를 준비시키시고 사사로 세워 그의 백성에게 옳은 길을 가르치시고 그들을 승리로 이끄신 것처럼, 야엘을 하나님의 백성이 야빈을 상대로 최후의 승리를 거두기 위해 꼭 필요한 일격을 가할 수 있는 바로 그 자리에 위치시키셨다.

하나님께서는 우리 앞에 전쟁을 펼치신다. 그리고 그 전쟁 속에서 우리가 야엘처럼 우리 손에 쥐어진 무기를 들고 싸울 것을 기대하신다. 하나님께서는 우리에게 수많은 무기를 주셨다. 시스라나 그의 군대를 살리지 못한 900대의 철 병거보다 더 강한 무기를 우리에게 주셨다. 우리가 신약성경을 읽으며 알게 되는 바와 같이 하나님은 먼저 그의 아들을 보내셨고, 아들이 부활 승천한 후에는 성령님을 우리에게 보내셨다. 성령 하나님은 우리와 함께하며 우리 안에 거하시며 우리에게 능력을 주신다. 또한 하나님께서는 우리를 구체적인 말로 격려하셨고 매우 현실적인 무기를 갖추게 하셨다. 바울 사도는 에베소서에서 그 점을 요약해서 전해주고 있다.

마지막으로 여러분은 주 안에서 그리고 주의 힘의 능력으로 강건해지십시오. 마귀의 계략에 대적해 설 수 있도록 하나님의 전신 갑주를 입으십시오. 우리의 싸움은 혈과 육에 대한 것이 아니라 권력들과 권세들과 이 어둠의 세상 주관자들과 하늘에 있는 악한 영들에 대한 것이기 때문입니다. 그러므로 하나님의 전신 갑주를 입으십시오. 이는 여러분이 악한 날에 능히 대적하고 모든 것을 행한 후에 굳건히 서기 위한 것입니다. 그러므로 여러분은 굳건히 서서 진리로 허리띠를 띠고 의의 가슴받이를 붙이고 예비한 평화의 복음의 신을 신고 모든 일에 믿음의 방패를 가지고 이것으로 악한 자의 모든 불화살을 소멸시키며 구원의 투구와 성령의 검, 곧 하나님의 말씀으로 무장하십시오. (에 6:10-17)

시스라가 우리의 집 앞 마당에 나타나지는 않을 것이다. 하지만 우리의 대적은 우리를 노리고 있다. 그렇다, 우리는 천막용 쐐기를 집어 들지는 않을 것이다. 하지만 우리는 진리와 의, 평화와 믿음, 그리고 하나님의 말씀으로 우리 자신을 무장해야만 한다. 우리 대부분은 세상적인 기준으로 본다면 드보라나 야엘이 경험한 전쟁터와는 거리가 먼 현실 속에서 살고 있다. 하지만 영적인 기준에서 본다면 우리도 매일 그런 전쟁터를 경험하고 있는 것이다.

바울 사도는 그래서 기도의 힘을 이야기한다. 기도야말로 오늘날 우리가 소유한 가장 강력한 무기일 것이다. 바울 사도는 성도들에게 다음과 같이 권면한다.

모든 기도와 간구로 항상 성령 안에서 기도하고 이를 위해 늘 깨어서 모든 일에 인내하며 성도를 위해 간구하십시오. (에 6:18)

우리는 우리 자신과 우리의 가족, 친구들, 그리고 지도자들을 기도의 방패로 감쌀 수 있다. 그렇게 하는 것이 우리를 부르신 소명이기도 하다! 그리고 이것은 바울이 고린도후서 10장에서 다시 강조한 주제이기도 하다.

> 비록 우리가 육체를 입고 살고 있지만 육체를 따라 싸우지 않기 때문입니다. 우리가 가지고 싸우는 무기는 육체에 속한 것이 아니라 견고한 요새를 무너뜨리는 하나님의 능력입니다. 우리는 모든 궤변을 무너뜨리고 하나님을 아는 지식을 대적해서 스스로 높아진 모든 주장을 무너뜨리고 모든 생각을 사로잡아 그리스도께 복종시킵니다. (고후 10:3-5)

우리는 매우 현실적인 차원에서 오늘날의 전사로 부르심을 받았다. 드보라와 야엘이 전사의 모범을 보여준 셈이다. 드보라와 야엘은 우리 앞에 겁많고 주저하는 모습을 보여준 것이 아니다. 그들은 순종과 행동의 모범을 보여주었다.

성경은 드보라와 야엘이 서로 만난 적이 있는지를 이야기해주지는 않고 있다. 하지만 나는 종종 그 점이 궁금하다. 야엘은 바락을 차디찬 시신이 된 시스라에게로 곧장 안내했다. 그리고 나서 바락이 야엘에게 자기와 함께 드보라에게로 가자고 간청하지 않았을까? 그녀가 한 일을 드보라에게 증언하기 위해서 말이다. 바락은 드보라의 예언을 성취한 주인공이 야엘인 것을 분명 알아보았을 것이다.

야엘은 승리의 축제 속에서 자신이 일등공신의 자리에 올려진 것을 어떻게 받아들였을까? 드보라와 바락이 선포한 찬양의 노래 속에서 칭송되고 존귀하게 여겨진 것을 알고 어떤 생각을 했을까? 더욱이 자신을 "여인들 가운데 가장 복받은 사람"이라고 칭한 것에 대해서는 어떤 느낌이었을까? 야엘의 이야기의 묘미는 수많은 반전의 이야기였다는 점일 것이다. 야엘에게 기대됐던 것은 시스라를 그저 잘 대접하는 일이었을 것이다. 그러나 그녀는 정반대를 제공했다. 야엘의 남편은 이스라엘의 대적과 동맹을 맺고 있었다. 그러나 여기에서 야엘은 남편의 적국으로부터 박수와 칭찬을 받게 된다. 결국 이스라엘은 하나님의 은혜로 국운이 완전히 바뀌었다. 두 명의 여성이 하나님의 역사의 흐름을 완전히 바꾸어 놓았기 때문이다. 마치 권투의 원투 펀치처럼 하나님은 그의 여 선지자와 여 전사를 준비하여 사용하셨다.

우리는 수 없이 많은 전쟁을 겪어 왔다. 지금 이 순간에도 전쟁의 한복판에 있는지 모르겠다. 혹은 내일 또 다른 전쟁을 마주하게 될 수도 있다. 하지만 어떤 전쟁이든지 간에 하나님이 우리와 함께 하신다. 하나님은 신실하게 우리를 준비시키시고 인도하신다. 하지만 우리가 준비되어 기꺼이 나아가느냐는 우리의 결단에 달렸다. 우리는 얼마나 열심히 우리의 머리와 심장을 하나님의 진리로 충만하게 하고 있는가? 얼마나 많은 성경 구절이 우리의 기억 창고 속에 저장되어 있어서, 대적 마귀가 나타나 우리를 농락하려 할 때에 하나님의 강력한 말씀의 검으로 그를 무찌르는가? 또 우리는 얼마나 자주 기도 가운데서 하나님의 뜻을 구하고, 그 분의 능력 있는 약속이 우리의 가정과 우리가 사랑하는 이들에게 이루어지기를 간구하는가? 드보라와 야엘처럼, 나도 하나님이 나를 부르신 그 사명이 내게 도착했을 때 준비되고 무장되어 있기를 소원한다!

1. 야엘과 그의 남편은 겐 사람이었습니다. 겐 사람들은 이스라엘 사람들과 오랫동안 끈 끈한 관계를 맺고 있었습니다. 모세의 아내 십보라(Zipporah)와 장인 이드로(Jethro)가 겐 사람이었습니다. 즉, 유대 민족과 겐 사람들 간의 결혼은 유대인과 가나안 사람들 간의 결혼처럼 유대인의 신앙에 위협이 되는 것으로 여겨지지 않았습니다. 창세기 15장 18절 에서 21절, 출애굽기 3장 1절, 민수기 10장 29절, 사사기 1장 16절과 4장 11절, 사무엘상 15장 6절 등의 성경 구절을 읽고 겐 사람들의 역사를 되짚어 보십시오. 그리고 이스라 엘과 그들의 관계가 어떠했는지를 토의해보십시오. 읽은 부분을 통해 우리는 야엘에 대해 어떤 점을 알 수 있습니까?

2. 야엘의 이야기는 여성이 남성에 대해 폭력을 행사한 사례입니다. 성경 이야기의 대 부분에서 폭력의 방향은 야엘의 경우와 반대였습니다. 롯의 이야기가 나오는 창세기 19장과 레위 사람의 첩 이야기가 나오는 사사기 19장을 보면, 여성들이 난폭한 남자들 에게 넘겨졌습니다. 그 이야기들을 읽고 거기에 나오는 폭력과 야엘의 폭력이 어떻게 다른지를 생각해보십시오. 성경은 약자와 강자의 차이에 대해 어떤 이야기를 하고 있 습니까?

3. 드보라는 이스라엘이 민족적 곤경에 빠졌을 때 사사가 되었습니다. 드보라가 사사 가 되기 전과 후의 이야기도 드보라에 대한 이해를 도와줍니다. 에훗(Ehud)과 삼갈 (Shamgar)은 드보라 전에 사사로 활동했습니다. 에훗도 이스라엘에 승리를 가져다주 기 위해 이스라엘의 대적 장수를 죽였습니다. 사사기 3장 7절에서 30절까지의 이야기 를 읽어 보십시오. 에훗은 드보라와 어떻게 다르게 행동했습니까? 왜 하나님은 드보라

의 이야기 속에서는 눈에 선명하게 들어오는 역할을 하시지만 에훗의 이야기 속에서는 그렇지 않으십니까? 성경은 드보라가 사사로 있을 때 "40년 동안 그 땅에 전쟁이 없었다"고 말합니다(삿 5:31). 그 40년 후에는 또 어떤 일이 벌어졌습니까? 사사기 6장 1절에서 10절의 부분을 읽어 보십시오. 이스라엘 자손들은 무엇을 했고, 예언자는 그들에게 무슨 말씀을 전합니까?

4. 드보라 이후에 일어선 사사는 그 유명한 영웅 기드온(Gideon) 입니다. 사사기 6장 11절에서 16절까지를 읽어 보십시오. 기드온은 하나님께 뭐라고 불평합니까? 하나님께서는 기드온의 질문에 답하셨나요? 어떤 방식으로 답을 주셨나요?

한나와
미리암

하 나 님 의
진　리　를
말　하　다

Hannah & Miriam

한나와 미리암
하나님의 진리를 말하다

한나 Hannah

(사무엘상 1:1～2:21)

사무엘상에서는 이후 구약성경의 역사가 펼쳐지는데 중요한 역할을 하는 내러티브가 시작된다. 바로 다윗 왕의 이야기이다. 다윗 왕의 삶과 여정은 성경에서 3개의 역사서에 걸쳐 있고, 시편을 통해서도 생생하게 전달된다. 다윗의 이야기는, 조상 아브라함에서 시작하여 산지에서 나고 자란 양치기 소년이 결국 왕이 되어 이스라엘의 모든 지파를 연합하는 것으로 끝난다. 하지만 다윗의 이야기에 이르기 위해서는 사무엘이 등장하지 않을 수 없다. 사무엘은 위대한 소명자로 다윗의 머리에 기름을 부은 선지자이다. 그런데 그런 사무엘이 있기 위해서는 한나의 이야기를 살펴볼 필요가 있는 것이다.

즉, 한나는 구약의 내러티브가 펼쳐지는 정중앙에 서 있다. 다시 한번 강조하지만, 성경 속에서 우리가 만나는 여성들은 우리의 구세주가 성육신하여 이 땅에 오시는 드라마 같은 모험에서 핵심적인 역할을 할 뿐 아니라, 고통 가운데 임하시는 하나님의 신실하심과 구원에 관한 중요한 교훈을 가르쳐 주고 있다.

사라와 라헬의 이야기에서 본 것처럼, 한나는 아이 가지기를 간절히 원했다. 자녀를 갖는 것이 하나님의 은혜의 증거이자 최고의 축복인 문화 속에서, 자녀를 갖지 못한 절망과 출산을 향한 갈망을 보게 된다. 당시 모성을 거절당하는 일은 마치 하나님의 은혜 밖으로 팽개쳐진 듯한 느낌이었을 것이다. 특히 본인의 아이를 낳은 다른 여성과 비교되는 것은 더욱 고통스러운 일이었을 것이다. 더욱이 그 여성이 자신이 받은 그 아름다운 선물을 무기 삼아 자녀가 없음을 조롱하고 멸시한다면 고통은 더 깊어질 것이다. 바로 그 지점에서 우리는 이번 장의 주인공 한나를 만난다.

그렇다면 한나는 누구인가? 한나는 아브라함이나 야곱 같은 강력한 족장의 아내가 아니었다. 그는 에브라임 산지 외딴 마을에 사는 보통의 남자와 결혼했다. 우리가 한나의 남편 엘가나에 대해 아는 바는 그가 두 명의 아내를 지원할 수 있을 만큼 경제적으로 안정되어 있었다는 것뿐이다. 그렇다고 그 점이 그가 엄청난 부자였음을 의미하는 것도 아니다. 그는 레위 지파 출신이었지만, 레위 지파들의 마을에서 살고 있지 않았다. 하지만 성경은 그가 해마다 살고 있는 동네인 라마다임(Ramathaim, '우리말성경'에는 '라마다임소빔'으로 기록됨—역주)에서 실로까지 올라가서 여호와 하나님께 경배와 제사를 드렸다고 전하고 있다. 그 제사가 끝나면 제사장들은 그와 그의 가족들에게 의례적으로 일정 부분의 고기를 주었을 것이다. 여기에서 우리는 아이를 낳지 못한 슬픔에 잠긴 한나에게 엘가나가 얼마나 헌신적이었는지를 볼 수 있다.

> 엘가나는 제사드리는 날이 올 때마다 자기 아내 브닌나와 그 모든 아들
> 딸들에게 제물로 드릴 고기를 나누어 주곤 했습니다. 그러나 한나에게
> 는 두 배를 주었는데 그것은 그가 한나를 사랑했기 때문입니다. 그러나
> 여호와께서는 한나에게 자녀를 주지 않으셨습니다. (삼상 1:4-5)

엘가나는 한나에게 율법이 명하는 대로만 준 것이 아니었다. 그녀에게
두 배를 주었는데, 이는 한나가 자식을 낳지 못했음에도 그녀를 사랑하고 보
살피고자 함을 표시하는 것이다.

불임의 문제를 경험해 보았든 그렇지 않든 한나의 고통을 공감할 수 있
는 여성들이 많으리라고 생각한다. 마음 속 가장 깊은 열망이 실현되지 않으
면 어쩌나 걱정해보지 않은 사람이 어디 있으랴. 더욱이 그 애달픈 심정을 너
무 잘 아는 사람이 그 고통을 더 짓누르고 상처를 벌어지게 하고 있다면 얼마
나 더 고통스러울까? 한나가 처했던 상황이 바로 그런 상황이다. 브닌나(Pen-
innah)는 모든 것이 갖춰진 자신의 삶 속에서 행복을 찾는 것으로 만족하지 않
았다. 오히려 그 가운데 한나를 괴롭혀야 직성이 풀렸고, 한나가 가장 아파하
는 부분을 찌르기 일쑤였다.

> 여호와께서 한나에게 자녀를 주시지 않았으므로 브닌나는 계속해서 한
> 나를 괴롭히고 업신여겼습니다. 이런 일이 해마다 계속됐습니다. 한나
> 가 여호와의 집에 올라갈 때마다 브닌나가 한나를 괴롭혔기 때문에 한나
> 는 울면서 아무것도 먹지 못했습니다. (삼상 1:6-7)

이 부분을 좀 더 생각해볼 필요가 있다. 아이를 간절히 원하는데 잉태하지 못하고 있는 것은 정말 큰 고통일 것이다. 나의 배우자를 다른 누군가와 공유해야 한다는 것은 그 자체로 이미 충분히 괴로운 상태였을 텐데, 거기에 더해 다른 아내의 최후의 일격까지 더해진다면 너무나도 힘든 상처가 되었을 것이다. 브닌나는 아이를 많이 낳았을 뿐 아니라 불임 상태로 좌절한 한나를 괴롭히고 업신여겼다. 한나는 자신의 슬픔을 공감해줄 수 있는 다른 여성의 위로 속에서 고통을 감내했던 것이 아니었다. 한나는 분명 고립된 채 공격당하는 느낌이었을 것이다. 브닌나는 같은 여성으로서 한나의 짐을 덜어주기보다는 오히려 엄청난 무게를 지워주고 있었다.

엘가나는 두 여인과 결혼하기는 했으나, 그가 사랑했던 아내는 한나였다. 야곱이 라헬을 사랑했던 것을 상기시킨다. 라헬과 마찬가지로 한나는 선택받은 배우자였다. 하지만 또한 라헬과 마찬가지로 한나는 아이가 없었다. 남편에게 사랑을 받고 있다는 기쁨은 모성을 경험할 수 없는 비통함에 상쇄되고 말았을 것이다. 엘가나는 이런 한나의 괴로움을 알고 있었다.

> 그런 한나에게 남편 엘가나는 "한나, 왜 그렇게 울고 있소? 왜 먹지 않고 있소? 왜 그렇게 슬퍼하고만 있소? 내가 당신에게 열 아들보다 낫지 않소?" 하고 말했습니다. (삼상 1:8)

엘가나의 말을 유심히 살펴보면, 그와 한나의 결혼생활은 단순히 상속자나 자손을 생산하는 목적 이상의 의미를 가지고 있었던 것 같다. 한나는 단순히 가족의 규모를 키우기 위해 존재하는 사람이 아니었다. 엘가나는 한나를 아끼고 사랑했다. 하지만 엘가나에 대해 이런 질문을 던지지 않을 수 없다. 엘가나가 한나를 사랑하기는 했지만 한나가 브닌나에게 받는 학대에 대해 무관심했던 것은 아닐까? 브닌나가 한나를 괴롭히고 업신여기는 것을 엘가나는 몰랐을까? 한나의 눈물은 단지 불임 때문만은 아니었다. 상처 난 가슴에 계속해서 소금을 뿌려대는 브닌나의 학대도 한나가 눈물을 멈출 수 없었던 이유 중 하나였다.

성경은 한나가 이런 브닌나에 대해 어떻게 반응했는지, 뭔가 반응을 하기는 했는지조차 전혀 전하지 않고 있다. 하지만 우리는 한나가 어떠한 행동에 나섰는지를 성경을 통해 잘 알고 있다. 한나는 제사 음식이 차려진 식탁에서 일어나 성전에 기도하러 갔다. 우리가 우리의 하나님에 대해 가장 위로를 받을 수 있는 한 가지는, 그 분은 언제나 바로 그 자리에서 우리의 기도를 기다리신다는 점이다. 우리가 깊은 슬픔을 어찌 표현해야 할지, 기도할 말조차 찾지 못할 때에도 하나님은 우리의 기도를 기다리신다. 때로 우리는 상처가 너무 깊고 그로 인한 아픔이 너무 생생하여 그 누구와도 진정으로 솔직하게 우리의 연약함을 나눌 수 없을 때가 있다. 하지만 하나님은 우리 마음 속 가장 깊이 패인 곳을 아신다. 그렇기 때문에 그분에게 나아가는 것만이 우리가 머물 수 있는 가장 안전한 곳에 거하는 것이다. 빌립보서 4장은 우리에게 아무것도 근심하지 말라고 교훈 한다. "아무것도 염려하지 말고 오직 모든 일에 기도와 간구로 여러분이 구할 것을 하나님께 감사함으로 아뢰십시오" (빌 4:6).

한나는 마음이 너무나 괴로워 울고 또 울면서 여호와께 기도했습니다.
그리고 맹세하면서 말했습니다. "전능하신 여호와여, 만약 주께서 주의

종의 비참함을 굽어보시어 저를 기억하시고 주의 종을 잊지 않고 제게 아들을 주신다면 제가 그 평생을 여호와께 바치고 결코 그 머리에 칼을 대지 않겠습니다."(삼상 1:10-11)

한나는 여호와께 부르짖었다. "주님, 저를 기억해 주세요. 저의 비참함을 봐 주세요. 제발 저를 잊지 마세요." 당신이 무엇을 간구하든지 간에 여호와 하나님은 그 기도를 들으신다. 다음 구절을 보면 한나는 자신의 첫째 아들을 하나님께 바치겠다는 서원을 하고 나서도 "계속해서 하나님께 기도한다"(삼상 1:12). 한나는 자신이 드릴 수 있는 것을 제단에 내어 놓고 그곳을 떠나 버린 것이 아니다. 한나는 계속해서 여호와 하나님께 자신의 마음을 쏟아 부었다.

한나는 다음과 같이 말했던 것이 아니다. "좋습니다, 하나님. 만일 주께서 제가 제일 원하는 것을 제게 주시면, 저는 이것을 주께 드리겠습니다." 즉, 한나는 하나님과 거래하려 한 것이 아니었다. 하나님께 무언가를 드리는 것은 하나님을 위해 하는 일이기 보다는 우리 자신을 위한 것이다. 하나님은 우리로부터 무언가를 받으셔야 할 필요가 있는 분이 아니다. 하나님께 무언가를 드리는 것은 사랑하는 관계에 있는 사람들이 서로 그러하듯, 우리가 우리를 사랑하는 분으로부터 단순히 받기만 하는 것이 아니라 돌려 드리기도 하고자 하기 때문이다.

한나가 서원을 하고 있는 동안, 그녀의 이야기는 흥미로운 전개를 맞이한다. 엘리 제사장이 한나가 "괴로워 울고 또 우는" 것을 보고 섣부르게 잘못된 결론을 내린다.

한나는 마음 속으로 기도하고 있어서 입술은 움직였지만 기도하는 소리가 들리지는 않았다. 엘리는 한나가 술에 취했다고 생각하고 "얼마나 더 취해야겠소? 어서 술을 끊으시오"라고 말한다(삼상 1:14).

이런! 여러분이 가장 연약하고 절박한 상태에 있을 때, 누군가 잘못된 첫인상을 가지고 여러분을 아프게 한 일이 있는가? 아마 우리 모두 그런 일에 상처를 받은 적이 있을 것이다. 동시에 우리 또한 그렇게 누군가에게 상처를 준 적도 있을 것이다. 누군가 우리의 연약함을 찌를 때 우리는 아파한다. 그래서 우리 모두 그동안 누군가를 혹은 그들의 상황을 잘못 판단한 실수가 있지 않은지 생각해 봐야 한다. 엘리 제사장은 한나에게 위로가 필요할 때 그렇게 잘못된 훈계를 했던 것이다.

어쨌든 여기에서 잠시 역사적 맥락을 좀 더 살펴볼 필요가 있다. 고대 사회에서 매우 이상한 일로 여겨지던 두 가지가 있다. 바로 묵도(默禱)와 묵독(默讀)이다. 기도를 하거나 무언가를 읽을 때 그 사람의 목소리를 듣는 것을 당연하게 여겼던 시대였다. 오늘날에는 두 눈을 감고 조용히 기도하는 것이 일반적이고 자연스럽다. 하지만 이런 기도는 엘리가 제사장으로 섬기던 시절에는 정상적인 방식이 아니었다. 그래서 그는 잘못된 추측을 했던 것이다. 한나는 아마도 그녀의 가장 연약한 순간이었을 그 기도 시간에 대해 다음과 같이 해명한다.

> 한나가 대답했습니다. "내 주여, 그런 게 아닙니다. 저는 슬픔이 가득한 여자입니다. 저는 포도주나 독한 술을 마신 것이 아니라 여호와께 제 심정을 쏟아 낸 것입니다. 당신의 여종을 나쁜 여자로 여기지 마십시오. 저는 너무 괴롭고 슬퍼 여기서 기도하고 있었을 뿐입니다." (삼상 1:15-16)

성경 속 여성들이 말하다

"제사장님, 저를 오해하지 말아주세요. 저는 여호와 하나님 앞에 저 자신을 내려놓고 그 분께 도움을 빌고 있었을 뿐입니다."

우리는 한나가 엘리 제사장에게 왜 그녀가 그토록 괴로운 시간을 보내고 있었는지 그 구체적 사연까지 이야기했는지는 알 수 없다. 그저 괴롭고 슬프다는 말을 했다. 하지만 엘리는 곧 한나의 마음을 들여다보았고 그녀에게 필요한 것이 무엇인지를 알아차렸다. "평안히 가시오. 이스라엘의 하나님께서 당신이 구한 것을 허락할 것이오"(삼상 1:17). 하나님의 신실하시고 선하심을 확신할 수 있도록 격려하는 것, 한나에게 필요했던 것이 바로 그것이었다. 성경은 한나가 성전에서 나와 돌아간 후 마침내 먹을 것을 먹었다고 전해준다. "한나는 가서 음식을 먹고 그 이후로 얼굴에 근심을 띠지 않았습니다"(삼상 1:18). 우리가 위로와 격려의 말을 전할 때, 이웃이나 사랑하는 사람들은 물론 때로는 낯선 사람들에게까지도 엄청난 힘이 있다. 한나와 엘리가 대화하는 장면은 잠언 16장 24절을 연상시킨다.

기분 좋은 말은 꿀송이 같아서
영혼을 즐겁게 하고 아픈 뼈를 고치는 힘이 된다.

바로 이것이 한나가 필요로 하는 따뜻한 위로의 말 아니었을까? 엘리 제사장은 한나의 슬픔을 가중시킬 뻔했다. 처음에는 분명 그렇게 시작했다. 하지만 신속하게 상황을 반전시켜 한나가 비통한 가운데서 가장 필요로 했던 말을 나누었다. 바로 소망이다. 이것이 우리에게도 교훈이 되기를 바란다. 고통 가운데 있는 주변 사람들의 상황 속에 걸어 들어가 그들의 영혼을 일으켜 세워줄 수 있는 위로의 말을 나누는 것.

한나와 엘가나가 집으로 돌아간 지 얼마 지나지 않아서 한나는 임신을 하게 되었고 아들을 낳았다. 한나는 얼마나 기뻤을까? 하나님께 부르짖었던 그 오랜 세월이 헛되지 않은 것이다. 한나가 성전에 나가 기도하고, 하나님 앞에서 모든 것을 쏟아 내며 울고, 겸손히 하나님의 도우심을 바랐던 것이 마침내 열매를 맺은 것이다. 한나는 자신의 첫째 아이 이름을 'Samuel', 히브리어로 'Shemu-el'이라고 지었다. 의미는 "하나님께서 들으셨다"이다. 한나는 드디어 아들을 얻은 것이다. 어린 사무엘이 젖을 뗄 만큼 자라기까지 한나는 해마다 있는 절기를 지키기 위해 나머지 가족들과 성막이 있는 실로(Shiloh)에 올라가기를 멈추었다. 하지만 사무엘이 관례적으로 젖을 떼는 나이에 이르자 한나는 가장 귀한 선물을 마련하여 그를 데리고 실로에 다시 올라갔다. 아들을 달라고 그토록 간절히 기도했던 하나님의 전으로 올라간 것이다. 한나는 이제 엘리 제사장에서 자신을 새롭게 소개한다.

> 한나가 엘리에게 말했습니다. "내 주여, 맹세하건대 저는 여기 당신 옆에 서서 여호와께 기도하던 그 여자입니다. 그때 제가 이 아이를 달라고 기도했었는데 여호와께서 제가 구한 것을 주셨습니다. 이제 제가 여호와께 이 아이를 드립니다. 이 아이의 평생을 여호와께 바칩니다." 그런 다음 그들은 거기서 여호와께 경배를 드렸습니다. (삼상 1:26-28)

성경의 어느 부분에서도 한나의 주저함을 찾아볼 수 없다. 한나는 여호와 하나님께 자기에게 아들을 주시면 그 아들이 하나님을 섬기는 일에 사용되도록 그를 돌려드리겠다고 맹세했었다. 세 살배기 어린 아이를 전에 한 번도 만난 적 없는 사람들과 몇 시간만이라도 가족 없이 떼어놓는다는 것이 얼마나 힘든 결정이었을지 상상해 보라. 그러나 한나는 자신이 맹세한 약속을 지키는 데 완전한 확신을 가지고 있었다.

한나의 이야기를 읽으며 우리는 아브라함의 이야기를 돌이켜 떠올리지 않을 수 없다. 아브라함은 하나님의 명령에 순종하여 100세에 얻은 아들 이삭을 제물로 마치려 했다. 두 사례 모두 부모된 이들이 자신의 사랑하는 아이를 포기하는 결정에 직면해 있다. 이것은 우리에게 예수님을 보내시기 위해 하나님 자신이 친히 하신 일을 예표하고 있다. 성경을 읽는 우리의 마음 속에는 어떤 감정과 인간적인 반발심이 솟구치든지 간에, 두 이야기의 주인공들은 하나님의 부르심에 흔들림 없이 순종한다. 우리의 삶 속에서 우리가 지나치게 꽉 잡고 매달려 있는 것이 있을까? 우리는 하나님께서 그 상황의 주권을 행사하시는 것을 거부하고 있지는 않는지? 혹은 귀한 선물을 주신 하나님 아버지보다 그 선물에만 집중하고 있는 것은 아닌지? 물론 우리는 인간이다. 이런 상황들을 이성적으로 접근하고 합리화하지 않을 수 없을 것이다.

순종은 매일매일의 과정이다. 적어도 내게는, 그동안 내 삶 속에서 우리가 너무 집착하게 된 것을 하나님께 내려 놓는다는 선택이 바로 순종이다. 나는 내가 충분히 많은 인생의 계곡들을 지나왔기 때문에 상당한 정도의 영적 성숙을 이루었다고 스스로 생각하고 싶다. 하지만 현실은 거울처럼 내 모습을 내게 그대로 비춰줄 때가 많다. 거울에 비친 현실 속의 내 모습이 늘 마음에 드는 것은 아니다. 코로나19 팬데믹이 우리의 삶을 강타했을 때, 나는 내가 참으로 요동치는 믿음을 가졌다는 것을 깨달았다. 많은 사람들이 건강상 심각한 문제를 겪고, 심지어 죽어갔다. 국내적으로나 전세계적으로 경제 체제와 실물 경제가 동시에 흔들렸다. 우리에게 위안을 주는 삶의 많은 부분들,

친구를 안아주거나 함께 식사를 나누는 일 등이 갑자기 의문스러운 일이 되어 버렸다. 심대한 충격이 아닐 수 없었다. 개인적으로 이번 팬데믹의 상황은 컴퓨터를 '리셋'(reset) 하듯 삶을 재설정하게 만들었다. 내가 얼마나 많은 세상적인 것들로 위안을 삼고 안락을 누리고 있었는지를 뼈아프게 깨닫는 데 오랜 시간이 필요하지 않았다. 하나님 아버지 안에 온전하게 자리 잡고 뿌리 내렸어야 하는 수많은 영역에서 나는 세상을 의지하고 있었다. 내가 하나님 안에서 완전하고도 변함없는 기쁨을 찾기 위해 떠나보내야 하는 것이 무엇인지를 스스로에게 물어보았다. 한나의 모범을 따라 내가 가장 아끼는 것들을 하나님 손에 내어드리고 그를 섬기는 데 사용하기로 했다.

한나에게 사무엘을 바치는 결정은 기쁨에 찬 결단이었다. 사무엘을 성전에 데려다주고 우리가 듣게 되는 바로 그 다음이 바로 한나의 찬양의 기도이다. 이것은 성경에 나오는 가장 웅장한 시의 하나이다. 한나의 기도는 구약 성경에서 나오는 가장 긴 기도이며, 성경에서 이후에 등장하는 다른 기도들의 일종의 전범(典範)이 되었다.

"내 마음이 여호와를 기뻐합니다. 여호와 안에서 내 뿔이 높이 들렸습니다. 내 입이 원수들을 향해 자랑합니다. 내가 주의 구원을 기뻐하기 때문입니다. 여호와처럼 거룩하신 분은 없습니다. 주 외에 다른 분은 없습니다. 우리 하나님 같은 반석은 없습니다." (삼상 2:1-2)

마음의 눈으로 보면 하늘 높이 손을 들고 찬양하는 한나의 모습을 만날 수 있다. 하나님 앞에 기쁨을 쏟아 놓으며 춤을 추고 있을지도 모르겠다. 절정의 지점에 도달하며 한나는 놀라운 선언을 하고 있다. 이제 한나의 기도는 어느 방향으로 향했을까? 한나는 절대적 권능의 하나님을 찬양한다. 그 분의 뜻에 따라 삶의 어떤 조건도 바꾸어 놓으실 수 있는 하나님의 능력을 분명하게 바라보고 있는 것이다.

> "여호와께서는 죽이기도 하시고 살리기도 하시며 무덤까지 끌어내리기도 하시고 올리기도 하십니다. 여호와께서는 가난하게도 하시고 부하게도 하시며 낮추기도 하시고 높이기도 하십니다. 여호와께서는 가난한 사람들을 먼지 구덩이에서 일으켜 세우시고 궁핍한 사람들을 거름 더미에서 들어 올리셔서 왕들과 함께 앉히시고 영광스러운 자리를 차지하게 하실 것입니다. 땅의 기초들은 여호와의 것이니 여호와께서 세상을 그 위에 세우셨습니다." (삼상 2:6-8)

한나의 하나님은 반전의 하나님이다. 하나님은 죽음을 부활로 바꾸시는 분이다. 오직 하나님만이 낮추기도 하시고 높이기도 하신다. 아무것도 없는 사람을 택하여 모든 것을 주신다. 한나는 이 현실을 살아낸 사람이다. 하나님의 무한한 능력에 대한 한나의 관점은 그녀가 살았던 작은 산간 마을 라마다임을 넘어선다. 또한 한나는 성경에서 우리가 계속해서 마주하는 진리에 조명을 비춘다. 하나님의 방법은 세상의 방법과 다르다는 것이다.

> "힘으로 당해낼 사람이 없으니
> 여호와께 대항하는 사람들은 흩어질 것입니다.
> 하늘의 천둥과 번개로 그들을 치실 것입니다.

여호와께서 땅끝까지 심판하실 것입니다. (삼상 2:9후단-10전단)

성경 전체를 관통하여 우리가 보는 바이지만, 하나님은 가장 강하거나 가장 재능 있는 사람들이 아니더라도 당신의 사람들을 통해 일하심으로써 세상을 당혹스럽게 한다. 인간의 연약함과 하나님의 전지전능한 권능은 극명하게 대조된다. 그리고 이를 통해 누구에게 영광을 돌려야 하는지를 명확하게 알려주신다.

그후 사무엘이 어떻게 여호와 하나님을 섬기는 자리에서 자라났는지를 통해서, 우리는 한나의 삶이 어떻게 이어졌는지 살펴볼 수 있다. 한나와 엘가나는 신실한 제사의 삶을 멈추지 않았고, 매해 어린 아들을 만나 보았다. "사무엘의 어머니는 남편과 함께 매년제를 드리러 올라올 때마다 작은 겉옷을 만들어 사무엘에게 가져다주곤 했습니다"(삼상 2:19). 한나의 이야기 속에서 만나게 되는 참으로 귀중한 정보이다. 한나는 사무엘에게 가져다줄 겉옷을 해마다 만드는 일에 얼마나 정성을 다했을까? 얼마나 기쁨으로 그 일을 했을까? 사무엘에게 그 옷을 직접 건네 주는 순간을 얼마나 고대했을까? 또한 한나와 엘가나의 방문은 해마다 새로운 축복을 가져다주는 통로가 되기도 했을 것이다.

엘리는 엘가나와 그 아내를 축복하면서 말했습니다. "기도로 얻은 아이를 여호와께 바쳤으니 여호와께서 이 아이를 대신할 자식을 주시기를 빕니다." 그들은 이렇게 기도를 받고 집으로 돌아갔습니다. (삼상 2:20)

하나님은 선하셨다. 한나는 세 아들과 두 딸을 낳았다. 비통함과 절망감 속에, 괴팍한 경쟁자의 멸시 속에, 수년을 보낸 여성이 다복한 어머니가 되었다. 얼마나 기쁜 일인가! 하나님께서 우리에게 주신 것보다 우리가 주님께 더 드릴 수는 없다. 예수 그리스도께서도 이 점을 누가복음에서 가르쳐주셨다.

주라 그리하면 너희에게 줄 것이니 곧 후히 되어 누르고 흔들어 넘치도록 하여 너희에게 안겨 주리라 너희가 헤아리는 그 헤아림으로 너희도 헤아림을 도로 받을 것이니라 (눅 6:38, 개역개정)

한나는 하나 둘 늘어가는 자녀들을 집에서 양육하는 기쁨에 더하여 사무엘이 위대한 선지자로 자라는 것을 볼 수 있었다. 사무엘은 신실하게 하나님을 섬겼고, 훗날 다윗 왕이 하나님의 백성들을 이끄는 목자가 되도록 그의 머리에 기름을 부었다. 하나님께서 사무엘을 다윗에게로 인도하시는 과정에서 우리는 하나님의 위대한 진리의 하나를 엿보게 된다.

내가 보는 것은 사람이 보는 것과 다르다. 사람은 겉모습을 보지만 여호와는 마음의 중심을 보신다. (삼상 16:7 후단)

한나에게는 이 가르침이 얼마나 참된 진리로 체험되었을까? 하나님께서는 그녀의 비통함과 간절한 소망을 보셨다. 제사장 엘리조차 처음에는 그녀를 오해했다. 하나님께서는 수년간 계속된 한나의 상처를 보셨고, 브닌나에게서 받은 잔혹한 멸시를 보셨다. 그 가운데 하나님께서는 한나에게서 하나님의 백성을 이끌 선지자를 낳을 신실한 어머니를 보셨다.

한나의 기도는 수 세기에 걸쳐 특별한 영감을 불러 일으켰다. 그 기도는 헌신된 유대인들의 영혼에 스며들었다. 그래서 수백 년이 지나 또 다른 독실한 유대 여인이 하나님께서 자신의 삶에 다가오시는 경험을 하며 그 기적을 표현할 말을 찾고 있을 때, 그 여인은 한나의 기도를 모델로 삼았던 것이다. (이 책의 후반부에서 읽어보게 될) 마리아의 기도와 한나의 기도는 동일한 진리를 표현하고 있다. 기대하지 못했던 방식으로 일하시는 하나님, 극적인 방식으로 상황을 변화시키시는 하나님, 겸손한 자를 사용하시는 하나님, 당신의 위대한 계획을 실현하기 위해 보통의 무명(無名)한 자들을 사용하시는 하나님. 마리아와 한나 모두 더 큰 그림을 이해하기 위해 자신들의 삶에서 일어나는 사건 너머를 바라보았다

한나는 참으로 아름다운 신앙의 모범이다. 한나는 오랜 세월 응답되지 않는 소원을 가진 이들이 겪는 깊은 슬픔과 주변의 학대를 참아냈다. 그러면서도 브닌나의 멸시가 자신을 더 아프게 하도록 내버려두지 않았다. 한나는 브닌나의 업신여김에 상처를 입었을까? 그렇다. 하지만 한나가 상처로 인한 독기를 브닌나에게 되돌리려 했다거나, 자신에게 깊은 슬픔을 야기하는 경쟁자를 해칠 계획을 세우지 않았다. 대신 한나는 자신을 도울 수 있는 유일한 삶의 원천이신 하나님께로 그 아픔을 곧장 가지고 갔다. 하나님께서는 한나의 삶에 있는 모든 상처를 세밀하게 알고 계셨다. 속속들이 알고 계셨다. 한나는 그녀의 짐을 여호와 하나님 앞에 내려 놓고 그의 은혜를 구했다. 한나는 믿음의 기도를 중단하지 않았다. 한나는 성막에서 눈에 띌 정도로 깊이, 간절히 기도했다. 한나는 하나님께 자신의 필요를 솔직하고 담대하게 가지고 나갔다.

우리의 삶 속에도 한나처럼 깊은 상처나 필요가 있지 않은가? 너무나 깊

성경 속 여성들이 말하다

어서 하나님 발 앞에 내려놓아야만 해결되는 것들이 있을 것이다. 도무지 회복될 것 같지 않은 관계, 재정상의 어려움, 결코 실현될 수 없을 것 같은 꿈이 있지는 않은가? 그렇다면 주저할 이유가 전혀 없다. 성막이나 성전으로 올라가는 수고를 반드시 거쳐야 하는 것도 아니다. 우리의 온전한 믿음을 하나님께 내어드리면, 여호와께서 우리 안에 계시고 우리와 함께 하실 것이다. 매일 매시간 매순간 어김없이 함께 하실 것이다. 삶의 모든 짐을 하나님 앞에 내려놓은 한나의 결단은 훗날 다윗 왕의 치리 아래 모든 지파가 연합하는 민족적 운명을 결정한 초석이 되었다. 하나님의 마음에 합한 자라 칭함 받은 다윗 왕의 시대를 연 토대가 한나의 기도로부터 다져진 것이다. 한 여성이 자신의 문제를 더 아프게 찌르는 사람들의 비난에 좌초되지 않고 그 문제를 하나님께로 곧장 가져갔다. 그리고 하나님 앞에서 가장 연약한 자신의 모습을 드러냈다. 우리가 기꺼이 그 여인과 같이 결단할 때, 우리는 과연 어떤 놀라운 은혜를, 어떤 기적적인 응답을, 혹은 어떤 깊은 깨달음을 얻게 될 것인가?

얼른 생각하기에 미리암과 한나의 삶은 과연 어떤 관련이 있을까 싶다. 두 사람의 연결고리가 명쾌하게 드러나 보이지 않는다. 한나는 한 사람의 아내이자 몇몇 자녀들의 어머니로서 사적인 삶을 살았다. 한나는 자신이 아니라 자신의 남편과 아들이 그녀가 하는 기도의 주인공이었으며, 그들이 가장이고 민족의 리더로서 공적 지위를 가지는 것에 만족했다. 한나의 삶은 역사의 조명에서 비켜나 있는 조용한 삶이었다. 미리암은 한나보다 몇 세기를 앞서 살았는데, 한나의 삶과는 전혀 달랐다. 미리암과 그녀의 형제들은 이스라엘 민족의 선봉에 섰고 늘 중심에 서 있었다. 미리암의 동생은 모세였다. 모세는 민족을 이끌 지도자의 과업을 처음에는 꺼려했고 겸손히 물러선 채 있으려 했지만, 결국 하나님의 택하심을 받아 이스라엘의 출애굽을 이끌었다. 미리암의 또 다른 형제는 아론이다. 아론은 모세가 민족을 이끄는 것을 도왔다. 조금 후에 보게 되겠지만, 아론과 미리암이 모세의 리더십에 의문을 제기하였을 때 그 둘은 심각한 곤경에 처하게 되었다.

성경은 미리암이 결혼을 했는지, 아이를 낳아 키웠는지 등에 대해서는 명확하게 전해주지 않는다. 그렇지만 미리암은 자신의 민족과 민족의 생존을 위해 삶을 헌신했다. 그녀가 가장 먼저 헌신했던 대상이 바로 동생 모세였다. 생후 몇 개월이 채 되지 않아 죽을 뻔했던 모세는 살아서 훗날 동족을 수세기 동안 계속되어온 노예의 삶과 그 속박의 땅 이집트에서 구해냈다. 이 대범한 여성은 "여선지자 미리암"(Miriam the Prophetess, 출 15:20)이라고 불렸다. 성경에서 이 같은 타이틀을 가진 여성은 극히 소수이다. 왜냐하면 선지자란 단순히 하나님의 말씀을 전하는 일만 하는 것이 아니라 그 진리를 듣고 받아들이도록 사람들을 이끌어야 하는, 즉, 공적 소명이기 때문이다.

먼저 주일학교 성경공부 주제 중 역대 가장 잘 알려진 이야기를 통해 미리암을 만난다. 이야기의 배경은 유대 민족들에 대한 계속적인 억압이다. 유대 민족은 이집트 왕이 두려움을 느낄 만큼 번성하였다. 그래서 이집트 왕 바로는 계획을 하나 짜낸다.

> "자, 그러니 우리가 그들을 대할 때 지혜롭게 행동하자. 그렇지 않으면 그들이 더 많아져서 만약 전쟁이라도 일어난다면 우리의 적들과 연합해 우리를 대적해 싸우고 이 땅에서 떠날 것이다." 그들은 감독관을 세워 이스라엘 백성들을 억압하고 중노동을 시켰습니다. (출 1:10-11전단)

성경이 전해주는 바와 같이, 상황은 계획대로 흘러가지 않았다. 오히려 그들이 억압하면 할수록 이스라엘 자손은 번성하고 인구도 많아졌다(출 1:12). 이집트인들은 근심이 더 깊어졌다. 성경은 이집트인들이 두려워서 이스라엘 민족을 더 심하게 혹사시켰다고 전한다(출 1:12후단-13). 두려움이 학대로 이어진 것이다. 이스라엘 민족에게 온갖 고된 노동을 시켜 그들의 삶을 고달프게 만들었다(출 1:14). 그러나 그 마저도 소용이 없자 이집트의 왕은 히브리 산파들에게 명령해 아들이 태어나면 다 죽이라고 했다. 하지만 산파들은 왕이 시키는 대로 하지 않았다. 히브리 산파들은 다시 왕 앞에 불려 가 왜 그토록 많은 히브리 남자 아기들이 살아있는지를 해명해야 했다. 산파들은 히브리 여인들이 건강하여 출산 과정이 너무 빨라 산파들이 도착하기도 전에 아이를 품에 안고 있다고 주장했다! 그러자 바로 왕은 한 발 더 나선다. 모든 히브리 남자 아이를 나일강에 던져 죽여야 한다고 명령한 것이다. 물론 이 명령에 모두가 복종한 것은 아니었다.

우리가 출애굽기를 통해 보는 바와 같이, 모세는 태어났을 때부터 참으로 멋진 아이였다고 한다. 히브리서 11장 23절을 잠시 들여다보면 당시 무슨 일이 벌어졌는지를 좀더 상세히 알 수 있다.

> 믿음으로 모세의 부모는 모세가 출생했을 때 그 아이를 석 달 동안 숨겼습니다. 이는 그 아이가 남다른 것을 보고 왕의 명령을 무서워하지 않았기 때문입니다. (히 11:23)
> 그러나 더 이상 숨길 수 없게 되자 여자는 갈대 상자 하나를 준비하고 거기에다 역청과 송진을 바르고 아기를 그 안에 뉘었습니다. 그리고 갈대 상자를 나일 강 둑을 따라 나 있는 갈대 사이에 두었습니다. 아기의 누나는 멀찌감치 서서 어떻게 될지 지켜보고 있었습니다. (출 2:3-4)

이 이야기에서 보여지는 역설은 참으로 절묘하다. 나일 강은 모세가 이미 몇 달 전에 던져져 죽어야 했던 바로 그 강이다. 그러나 그의 어머니는 그의 생명을 구하기 위해 의도적으로 그를 그곳에 두었다. 요게벳(Jochebed)은 그가 평범한 아이가 아닌 것을 알아봤다. 그래서 이집트 왕의 명령대로 행동하지 않은 것이다. 한나가 했던 것처럼, 오게벳도 그녀의 소중한 아들을 하나님께 되돌려 드린 것이다.

모세의 누나 미리암은 상황을 지켜보도록 나일 강둑으로 보내졌다. 미리암 자신도 그저 어린 소녀였을 것이다. 미리암이 직면해야 했던 위험은 무엇인가? 모든 히브리 남자 아기는 그 강에 던져져야 했다. 손수 직접 만든 갈

　　　　　　　　　　　　성경 속 여성들이 말하다

대 상자에 띄워 보내질 수 있었던 것이 아니다. 미리암이 그 갈대 상자 근처에 있던 것이 이스라엘 민족에 대해 별다른 연민을 갖지 않는 사람에게 발각되어 그녀와 모세를 연관지었다면 어떻게 되었을까? 미리암은 분명 그 어린 나이에도 용기 있는 소녀였을 것이다. 여호와 하나님께서는 그의 주권 아래 모세와 미리암에게 전혀 기대치 못했던 이야기의 다음 장을 이미 써두셨다. 모세와 같은 아기들을 죽여야 한다고 명령한 바로 그 남자와 관계된 구원자가 나타난 것이다.

> 그때 마침 바로의 딸이 나일 강에 목욕하러 내려오고 그녀의 시녀들은 강둑을 따라 거닐고 있었습니다. 바로의 딸은 갈대 사이에 있는 상자를 보고는 자신의 여종에게 가져오라고 시켰습니다. 바로의 딸이 상자를 열어 보니 한 아기가 울고 있었습니다. 바로의 딸은 불쌍한 마음이 들어 "히브리 사람의 아기인가 보다"라고 말했습니다. (출 2:5-6)

바로 왕의 딸이 이 장면에 나타나 무슨 상황이 벌어지고 있는지를 재빠르게 요약해주었다. 바로의 딸은 상자 속의 아기가 자신의 아버지가 죽이고 싶어하는 아기들 중 하나임을 즉시 알아차렸다. 그런데 그 점이 그녀의 마음에 연민을 불러 일으켰다. 하지만 이것이 전부가 아니다! 이야기의 전개는 더 극적으로 나아간다. 미리암은 숨어있기보다는 잠재적으로 목숨이 위태로울 수 있는 상황 속에 대범하게 뛰어든다.

> 그때 아기의 누나가 바로의 딸에게 "제가 가서 공주님 대신에 아기에게 젖을 먹일 히브리 여자를 한 명 데려올까요?"라고 말했습니다. 바로의 딸

은 그렇게 하라고 대답했습니다. 그러자 아기의 누나는 가서 그 아기의 엄마를 데려왔습니다. 바로의 딸은 "이 아기를 데려다가 나를 대신해 젖을 먹여라 내가 대가를 주겠다"라고 했습니다. 그리하여 그 여인은 아기를 데려다가 젖을 먹여 키웠습니다. (출 2:7-9)

그 순간 미리암이 얼마나 용기 있게 행동했는지를 생각해보라. 모든 정황이 그녀 자신도 히브리 노예 아이 중 하나임을 드러낼 수밖에 없었다. 하지만 미리암은 자신의 남동생 아기를 불쌍하게 여겨 준 그 여인이 자신에 대해서도 연민을 가져줄 거라 믿고 모험을 건 것이다. 그래서 그 상황 앞으로 걸어들어간 것이다. 미리암의 아이디어, 즉 모세와 자신의 어머니가 모세를 직접젖 먹여 키울 수 있도록 그 어머니를 바로의 딸에게로 데려간 것은 그야말로 성령의 감동에 따른 움직임이었다고 할 수 있다. 미리암이 그 뉴스를 전하기 위해 집에 뛰어 들어갔을 때 요게벳은 어떤 기분이었을까? "엄마, 저랑 같이 가요! 믿기지 않으실 거에요!" 모든 난관에도 불구하고 요게벳의 아기는 안전하게 살아 있었다. 더구나 다시금 아들을 품에 안아 키울 수 있게 되었다. 그 뿐 아니다. 자신의 소중한 아들을 젖 먹여 키우는데 이집트 공주가 그 일에 대가를 지불하겠다고 하는 말을 들었을 때 요게벳은 어땠을까? 아마도 기쁨의 눈물을 흘렸을 것이다. 하나님께 깊은 감사의 기도를 숨죽여 올려 드렸을 것이다. 궁극적으로 하나님의 백성을 노예의 속박에서 끄집어낸 기적적인 구원의 역사는 바로 이 어린 소녀의 용감한 행동으로부터 시작된 것이다.

요게벳은 아기가 젖을 뗄 때까지 모세를 키웠다. 대략 세 살쯤까지였을 것이다. 성경은 아이가 어느 정도 자라자 요게벳은 그를 바로의 딸에게 데려다 주었고 아이는 그의 아들이 되었다고 전한다. 그리고 바로의 딸은 그의 이름을 모세라고 지었다(출 2:10). 3년이란 시간은 아이와 끈끈한 관계를 형성하기에 충분한 시간이다. 한나가 사무엘에 대해 그러했던 것처럼 말이다. 모세는 분명 자신의 히브리 가족들과의 기억을 바로의 궁으로 가지고 들어갔을 것이다. 모세는 유아기를 자신의 태생적 가족들과 함께 보냈기 때문에 자신이 누구인지를 알았고, 이스라엘 민족에 대하여 동족의식을 가지게 되었을 것이다. 그래서 모세는 성년이 된 후 이집트 사람이 히브리 노예를 때리는 것을 보자 개입하게 된다.

> 이리저리 살펴 아무도 없는 것을 보고는 그 이집트 사람을 죽여 모래 속에 묻었습니다. (출 2:12)

모세는 이리저리 살펴 아무도 없다고 생각했지만, 자신이 한 일이 비밀이 아님을 알게 되기까지 오래 걸리지 않았다. 참으로 역설적이다. 바로는 그 사건을 알아내고는 모세를 죽이려 했다. 그러나 그것이 오히려 미래의 선지자 모세를 완전히, 문자 그대로 새로운 길에 들어서게 만들었다. 마땅히 죽었어야 했던 운명에서 벗어나, 왕족으로서 안락한 삶을 살았던 모세가 낯선 미디안 사람들의 땅에 당도하게 된 것이다. 그는 더 이상 자신의 태생적 민족 히브리인들과 함께 있지도 않았고, 입양된 가족 즉 이집트인들에게도 환영 받는 존재는 더더욱 아니었다. 그는 미디안 사람들의 땅에 정착했다. 그 지역 제사장의 딸과 결혼하였고, 추방된 사람으로서의 삶을 시작하였다.

얼마나 많은 세월이 흘렀는지는 모른다. 하지만 모세가 이집트와 히브리인들의 땅에 있지 않는 동안 히브리 사람들의 상황은 계속해서 악화되었다. 이스라엘 사람들은 하나님께 부르짖기 시작했고, 하나님께서는 그들의 신음을 들으시고 그들을 긍휼히 여기셨다. 하나님께서는 불붙은 떨기나무 속에서 모세에게 나타나 이스라엘 민족을 구출하러 가라고 명령하신다. 모세가 즉각적으로 순종했던 것은 아니라고 하는 것이 맞을 것 같다.

> 그러자 모세는 하나님께 "제가 도대체 누구라고 바로에게 간다는 말씀이십니까? 제가 이스라엘 백성들을 이집트에서 이끌어 낸다는 말씀이십니까?" 하고 말했습니다. (출 3:11)

성경 전체를 통해 참으로 흔하게 등장하는 장면을 만나게 된다. 우주 만물의 하나님, 모든 것이 어떻게 펼쳐질지를 정확히 알고 계시는 그 분께서 명령을 주시는데, 오히려 그 명령을 받은 인간 수신자는 펄쩍 뛴다. 모세가 마침내 그의 운명을 받아들이기까지, 여호와 하나님과 모세는 실랑이를 주고받는다. 하나님께서는 이스라엘의 출애굽을 이루시기까지 기적에 기적을 행하신다. 하지만 애굽을 탈출하는 이스라엘 민족의 뒤로 바로의 군대가 추격하고, 앞으로는 홍해가 가로막히자 그들의 믿음은 흔들리기 시작한다. 우리는 이 지점에서, 하나님께서 부르신 초기의 모세가 보였던 주저함에서 180도 변화된 모세의 군건한 믿음을 보게 된다. 당시 모세는 미리암을 포함해 그의 태생적 가족과 재결합한 상태였다.

> 모세는 이스라엘 백성들에게 말했습니다. "두려워하지 말라. 굳게 서서 여호와께서 오늘 너희에게 베푸실 구원을 보라. 너희는 이 이집트 사람들을 다시는 보지 못할 것이다. 여호와께서 너희를 위해 싸우실 것이니

너희는 그저 가만히 있기만 하면 된다."(출 14:13-14)

이스라엘 자손들은 그들을 이집트의 포악한 속박에서 자유하게 하는 최후의 기적을 눈으로 직접 목격하게 된다. 자신들이 마른 땅을 걸어 홍해를 건너자 바닷물이 바로의 군대를 삼키는 것을 보게 된 것이다.

여기서 우리는 미리암을 다시 만난다. 나이가 지긋한 여인으로서 미리암은 여성들의 노래를 주도한다. 기적적인 구원을 경험한 홍해 앞에서 부르는 찬양의 노래이다. 미리암은 이스라엘 동족들에게 인정받는 지도자였다. 이스라엘을 추격하던 바로의 군대가 홍해에 수장된 후 기쁨의 노래를 부르자 여인들이 따라 부른다.

그때 아론의 누나인 여예언자 미리암이 손에 탬버린을 들었습니다. 그러자 모든 여인들이 미리암을 따라 탬버린을 들고 춤을 추었습니다. 미리암이 그들에게 노래했습니다. "여호와께 노래하라. 그가 영광스럽게 승리하셨다. 말과 말 탄 사람 모두를 바다 속으로 던져 넣으셨다."(출 15:20-21)

이 짧고 간단한 구절에 참으로 많은 것이 함축되어 있다. 기쁨이 책장 속에서 튀어 오르는 것 같다. 모세와 모든 이스라엘 사람들은 방금 전까지 기쁨의 노래를 한참이나 불렀다. 그런데 악기에 손을 뻗어 그들의 기쁨을 춤으로 변하게 한 사람이 바로 미리암이었다. 그들이 어떤 큰 기쁨을 느꼈을지를 상상해 보라. 수 세대를 걸쳐 이 사람들은 잔혹한 노예의 속박에 신음하였다. 삶 속에서 진정한 소망을 바라보기 힘들었을 것이다. 그들은 억압 속에 살았고, 모세가 그들을 해방시키기 위해 노력하는 중에도 거대한 재난의 시기를 거쳐야 했다. 그리고 마침내 홍해에 도착하게 되었을 때, 그들은 자신들의 행운이 막다른 골목에 부딪힌 기분이었을 것이다. 그러나 하나님께서는 그 최후의 장애물을 무너뜨리시고 그들을 자유롭게 하셨다. 그 장애물을 이스라엘의 대적을 무찌르는 데 사용하셨다. 어떻게 노래하고 춤추지 않을 수 있었겠는가? 이스라엘 민족에게 춤은 성전에서 드리는 예배의 중요한 일부였다. 시편이 그런 관습무(慣習舞)의 사례들을 기록하고 있기도 하다. 다윗 왕 자신도 여호와의 궤 앞에서 춤을 추었다.

하나님의 백성들이 벌이는 이 환희의 축제가 끝난 후, 성경에서 미리암의 다음 이야기를 찾아내기가 쉽지 않다. 이스라엘 자손들은 그 많은 기적을 눈으로 직접 보고 직접 경험하였음에도 홍해를 건넌 후 그들의 여정은 순탄하지 않았다. 실제로 이스라엘 민족은 광야에서 방황하며 수십 년을 보냈다. 그들 대부분이 짜증과 불신앙을 키워갔다. 그들은 하나님께서 그들에게 보내신 광야에서의 식량을 두고 불평했고 노예를 살았던 그 속박의 땅 이집트를 그리워하기 시작했다.

"이집트에서는 생선, 오이, 멜론, 부추, 양파, 마늘을 공짜로 먹을 수 있었는데." (민 11:5)

이 구절을 두고 우리는 방구석 평론가가 되기는 쉽다. 어떻게 이 사람들은 자신들이 어디로부터 해방되었는지를 기억하지 못하고 하나님께서 약속하신 놀라운 땅에 들어갈 것을 기대하지 않을 수 있을까? 하지만 실상은 이스라엘 자손들이 점차 소망을 잃어가고 있었다는 점이다. 어떤 시기에는 그 절 망감이 너무 깊어 모세와 아론, 미리암조차 형제로서 가졌던 유대관계가 금 가게 될 지경에까지 이르렀다. 민수기 12장은 다짜고짜 이런 구절로 시작된 다. "모세가 얻은 에티오피아 여자 때문에 미리암과 아론이 모세를 비방했습 니다"(민 12:1). 그렇다! 아론과 미리암은 자신들의 동생이 지도력을 발휘하는 것에 지쳤는지도 모른다. 하나님께서 모세에게 맡겨준 역할이 바로 그것인 데도 말이다. 그 사명은 모세가 좋아서 시작된 일이 아님을 기억할 필요가 있 다. 아론과 미리암의 비방은 계속된다.

> 그들이 말했습니다. "여호와께서 모세를 통해서만 말씀하시겠느냐? 우 리를 통해서도 말씀하시지 않겠느냐?" 그러자 여호와께서 이 말을 들으 셨습니다. (모세는 아주 겸손한 사람이었습니다. 땅 위에서 그보다 겸손한 사람이 없었습니 다.) (민 12:2-3)

머릿속에 '유쾌한 브래디가(家)'(The Brady Bunch, 1960~70년대 방영된 미국 드라 마—역주)에서 반복되는 한 장면이 떠오른다. 잔(Jan)이 "마샤(Marcia)! 마샤! 마 샤!" 하며 여동생에게 불만을 터뜨리는 장면이다. 민수기의 장면도 비슷하 다. 형과 누나가 동생을 둘러싸고 외친다. "모세! 모세! 모세!" 그들에게 주어 진 것에 만족하기보다는, 모세의 재능뿐만 아니라 부르심을 받아 순종함으 로 행하고 있는 리더십의 역할을 질투하게 된 것이다. 미리암과 아론은 잘못 된 생각을 하고 있었다.

여호와 하나님께서는 진노하셨다. 그 세 형제자매를 회막으로 불러내 셨다. 다른 사람은 모르겠지만 내 경우라면 두려움에 떨었을 것 같다. 우리가 하는 그 무엇도 하나님 몰래 이루어질 수 없다. 그들 셋이 모이자 하나님께서는 미리암과 아론에게 더 가까이 나오라고 부르셨다.

> "여호와의 예언자가 너희 가운데 있으면 내가 환상을 통해 나를 그에게 알리고, 꿈을 통해 그에게 말한다. 그러나 내 종 모세에게는 그렇지 않다. 그는 내 모든 집에서 신실한 사람이다. 내가 그에게는 얼굴을 맞대고 분명하게 이야기하며 이해하기 어려운 말로 하지 않는다. 그는 여호와의 형상을 본다. 그런데 너희는 왜 내 종 모세 비방하기를 두려워하지 않느냐?" (민 12:6-9)

그렇다. 미리암과 아론이 자신들의 위치를 어떻게 받아들였든지 간에 여호와 하나님께서는 모세는 완전히 구별됨을 너무나도 선명하게 말씀해 주셨다. 모세와 하나님은 얼굴을 맞대고 대화하며 중개자가 필요치 않았다. 꿈이나 환상을 통해 말하는 것도 아니다. 그저 하나님과 모세, 둘만 있으면 됐다. 미라임과 아론이, 하나님과 모세의 그 같은 친밀한 관계를 알면서도, 왜 감히 모세를 비방하는 말을 하였는지를 하나님은 알고 싶어 하셨다. 여호와 하나님의 임재의 구름이 회막 위에서 떠나가자, 미리암은 나병이 걸려 눈처럼 돼 있었다(민 12:10).

이 사건에는 주목할 만한 점이 있다. 오직 미리암만 벌을 받았다는 것이다. 그것은 미리암이 이 불만과 비방 사건의 주동자였음을 암시한다. 하나님께서는 미리암에게 나병을 내려 고생케했다. 그러자 모세와 아론 모두 미리암을 변호하기 위해 나섰다. 아론은 먼저 모세에게 자신들의 죄와 어리석음

성경 속 여성들이 말하다

을 범하지 말아 달라고 애원했다. 그러자 모세는 미리암을 대신해 하나님께 직접 호소했다. "하나님이여, 미리암을 고쳐 주십시오!"(민 12:13). 하나님께서는 미리암을 고쳐 주셨다. 하지만 모세의 간구가 있은 후에, 그리고 7일간의 '반성의 시간'을 보내고 나서 고쳐 주셨다. 그 7일 동안 미리암은 이스라엘 자손들이 머무는 진 바깥으로 쫓겨났다. 자신이 무슨 잘못을 저질렀는지를 생각해볼 충분한 시간과 공간을 확보한 것이다. 성경은 우리에게 이스라엘 백성들이 미리암이 돌아올 때까지 길을 떠나지 못했다고 전해준다(민 12:15). 이스라엘 진영 전체가 미리암이 그들에게로 돌아올 때까지 '일시정지' 상태에 들어간 것이다.

형제 간의 분쟁과 처벌, 그리고 화해라는 일련의 과정 속의 그 어떤 순간에도 하나님께서는 미리암을 예언자로 대우하셨다. 미리암의 죄는 너무나도 공개적으로 드러났지만, 그녀는 실수를 한 예언자로 다뤄졌을 뿐이다. 이스라엘 백성들에 대한 미리암의 리더십이 의문시되지 않았다. 그녀는 여전히 하나님과 그 백성들에게 존중받는 미리암이었다. 또한 여기에 미리암이 이스라엘 백성들에게 주는 교훈이 있다. 실수를 한다는 것이 무엇이고, 또 그럼에도 여전히 용서받을 수 있다는 것을 가르쳐 주었다. 미리암은 하나님께 훈계를 받는다는 것이 무엇이고, 아무리 공개적인 실수였다 해도 그 실수를 인정하는 것이 무엇인지를 보여주었다. 그녀가 보여준 교훈은 이스라엘 자손들이 계속해서 재상기해야 했던 교훈이다. 그들은 광야를 헤매며 하나님께 대하여 죄를 짓고 회개와 겸비함으로 하나님의 은혜를 구하는 일을 반복했다.

성경은 미리암의 죽음에 대하여 알려주는 바가 거의 없다. 거기에 대한 아주 짧은 기록을 전해줄 뿐이다. "온 이스라엘 회중이 첫째 달에 신 광야에

도착해서 백성이 가데스에서 머물렀습니다. 거기서 미리암이 죽어 땅에 묻혔습니다"(민 20:1). 이스라엘 백성들이 거대한 민족적 애도의 기간을 보냈을 것이 분명하다. 광야에서 돌고 도는 고단한 세월 속에 그들이 믿고 따랐던 예언자가 죽은 것이다. 미리암은 히브리인들 사이에서 존경 받고 높임 받는 위치에 있었다. 수십 년 전 그녀는 아기였던 남동생을 살피러 그 곁에 서 있었다. 그리고 그가 자라 하나님께서 명하신 대로 동족을 구원하는 임무를 맡게 되었을 때 그를 도왔다. 하지만 미리암은 그들이 동족을 이끌고 향해 가던 약속의 땅을 보지 못했다.

그렇다면 한나와 미리암의 삶을 관통하는 공통점은 무엇일까? 둘 다 아끼고 사랑하는 가족이 하나님의 위대한 계획과 목적을 위해 하나님께로 맡겨지는 것을 보았다. 두 여성 모두 하나님께서 다스리신다는 확신 속에 그 일에 순종하였던 것으로 보인다. 한나는 어린 사무엘이 엘리 제사장의 훈육 아래로 걸어 들어가는 것을 지켜 보았다. 아들을 기껏해야 일 년에 한 번쯤 볼 수 있다는 것을 알면서도 말이다. 미리암도 모세가 미지의 영역으로 보내지는 것을 목도했다. 처음에는 나일 강으로, 그 다음에는 바로의 궁궐로 어린 동생이 보내졌다. 사랑하는 동생을 과연 다시 볼 수 있을지 전혀 알지 못한 채 말이다.

두 여성 모두 하나님과 친밀한 관계에 있었다. 하나님을 신뢰했고, 그에게 기도했고, 그의 약속을 의지했다. 두 사람 모두 믿기 어려운 기적을 직접 목격했다. 하나님께서는 그들 각자의 삶에 다가오셔서 인간의 수고와 노력으로는 불가능한 일을 행하셨다. 한나는 자신의 몸에 그 기적이 일어나는 것을 보았다. 미리암은 홍해 바닷가에서 그 기적을 보았다. 모든 희망을 잃어버

성경 속 여성들이 말하다

린 것 같은 순간 회생한 동족들과 함께 그 기적을 체험했다.

미리암과 한나가 수 세기를 건너 손을 맞잡을 수 있는 지점은 바로 여기이다. 두 사람 모두 하나님을 소리 높여 찬양했고 하나님 안에서 누리는 기쁨을 마음껏 표현했다. 한나는 입을 열어 찬양의 노래를 불렀고, 미리암은 탬버린을 들고 동족의 여인들을 승리와 감사의 춤으로 이끌었다. 두 여인의 기쁨은 순수하고 깊은 것이었다. 하나님과 친밀하게 만난 삶으로부터 흘러넘치는 기쁨이었다. 이러한 기쁨은 단순한 행복과는 다른 것이다. 한나와 미리암의 삶에는 슬픔이 있었지만, 이러한 하나님과의 친밀감에서 나오는 기쁨은 상황과 상관없이 터져 나올 수 있다. 왜냐하면 그것은 하나님의 변치 않는 신실하심에 깊이 뿌리내리고 있기 때문이다.

여러분의 삶에서 가장 도전이 되었던 문제가 무엇이었는가? 그 가운데서 하나님은 어떻게 신실하게 역사하셨나? 하나님은 어떤 순간에 나타나셨는가? 물론 하나님께서는 여러분이 계획했거나 예상할 수 있는 방식으로 나타나지는 않으셨을 것이다. 우리 모두가 간증할거리를 가지고 있을 것이다. 하나님이 주신 은혜의 기쁨을 나누고 찬양했던 경험이 있을 것이다. 그렇다고 우리가 교회 성도들 앞에서 일어나 종교적인 춤을 추기 시작해야 하는 것은 아니다. 하지만 우리는 하나님의 선하심을 나누는데 기쁜 마음으로 열심을 낼 필요가 있다. 하나님을 알고 있는 성도들과도 나누고, 하나님을 아직 알지 못하는 이들과도 하나님의 선하심을 나누어야 한다. 자신의 가장 연약한 순간에 대해 이야기하는 사람에게서 감동을 받았던 적이 있는지를 떠올려 보라. 그는 연민을 끌어내기 위해서가 아니라 하나님께 영광을 돌리기 위해 그렇게 했을 것이다. 삶의 깊은 계곡을 지난 경험을 통해 우리는 좀더 공감적인 존재로 성숙하게 한다. 타인의 고통을 더 잘 이해하고 그들에게 진정한 위로의 말을 건네 줄 수 있게 된다. 하나님께서 우리를 예언자로 부르시는 일은 드물다. 하지만 하나님께서는 우리 각자가 삶 속에 다가오셔서 우리가 하나님에 대해 무엇을 경험했고 무엇을 배웠는지를 다른 사람들과 나누기를 원하신다. 구체적으로 우리가 무엇을 보았고 그것이 우리에게 무엇을 가르쳐주었는지를 나누기를 원하신다. 우리들은 이렇게 해서 서로를 위해 지지(支持)할 수 있는 공동체를 세우고 하나님을 찾는 또 다른 영혼이 우리와 함께 참여할 수 있도록 독려할 수 있다. 수백 년 전 한나와 미리암이 그랬던 것처럼, 오늘날 우리의 삶 속에서도 모든 영광을 하나님께로 돌리기 위해 우리의 기쁨을 노래하고 나누는데 마음을 열기를 소망한다.

한나와 미리암의 이야기 생각해보기

1. 한나 이야기의 절정은 사무엘상 2장 1절에서 10절에 걸친 한나의 기도입니다. 한나의 기도는 그녀의 이야기의 끝에 나옵니다. 한나가 사무엘을 낳고 엘리 제사장과 함께 성전을 섬기도록 그를 하나님께 바친 후에 비로소 나타납니다. 왜 성경은 한나의 찬양을 여기에 위치시켰을까요? 왜 사무엘의 출생 바로 다음에 나오게 하지 않았을까요? 한나의 기도가 실로의 성전에서 공개적으로 불린 것이 중요할까요? 왜 중요한지, 중요하지 않다면 그것은 또 무엇 때문인지 생각해 보십시오.

2. 신약 누가복음 1장 46절에서 55절까지에 나오는 마리아의 기도는 한나의 기도를 전범으로 삼고 있습니다. 두 기도를 비교해보십시오. 마리아는 한나의 기도에서 무엇을 바꾸고 있습니까? 동일하게 남아 있는 것은 무엇입니까? 이 같은 차이는 두 여성의 삶에

성경 속 여성들이 말하다

서의 어떤 차이를 반영합니까? 마리아가 한나의 기도를 매우 잘 알고 있었다는 사실은 무엇을 말해줍니까? 또한 그것은 한나의 기도가 유대인들의 삶과 종교 속에서 가지는 중요성이 어떠하다고 말해줍니까?

3. 한나는 한 남자의 아내였고 어머니였습니다. 한나의 가족이 그녀의 세계의 전부였습니다. 미리암도 가족을 사랑하는 여성이었다는 사실을 놓치기 쉽습니다. 물론 미리암의 가족은 조금 달라 보입니다. 미리암에게는 그녀의 형제들, 즉 아론과 모세가 그녀의 세계의 전부였습니다. 이 점을 명확하게 보여주는 사건이 바로 민수기 12장 9절에서 16절에 나오는 나병 사건에 대한 아론과 모세의 반응입니다. 모세는 자신의 누나 미리암이 고통받는 것을 보고 뭐라고 말합니까? 아론은 뭐라고 말했습니까? 모세와 아론의 반응은 그들에게 미리암이 어떤 중요성을 가졌음을 이야기해줍니까? 이스라엘 민족에 대한 미리암의 중요성에 대해서는 무엇을 말해줍니까?

4. 미리암이 홍해를 건넌 후 이스라엘의 여인들을 기쁨의 축제로 이끌었을 때, 성경은 모든 여인들이 미리암을 따라 탬버린을 들고 춤을 추었다고 전해줍니다(출 15:20). 미리암은 성경에서 기쁨의 춤을 시연한 최초의 여성입니다. 다른 사례들도 살펴보십시오. 사사기 11장 32절에서 34절에 나오는 입다의 딸의 춤, 사무엘상 18장 6, 7절에 나오는 다윗을 기리는 여인들의 춤, 그리고 사무엘하 1장 20절에 나오는 사울과 요나단을 기념하는 여성들의 춤 등을 살펴보십시오.

이 사례들에서 여성들이 기리는 대상은 누구입니까? 이들의 춤을 통한 찬양은 미리암의 찬양과는 어떻게 다릅니까? 어떤 점에서는 같습니까? 미리암이 이 후대의 여인들에 대하여 어떤 모범이 될 수 있나요?

에스더와
라합

뜻   밖   의
믿   음   의
영   웅   들

Esther & Rahab

에스더와 라합
뜻밖의 믿음의 영웅들

• • •
에스더 Esther

(에스더서)

　　에스더는 성경 속에 자기의 이름을 딴 '에스더서'를 통해 만나게 되는데, 이렇게 성경 속에 자신의 이름을 딴 책이 있는 특별한 여성은 단 두 명뿐이다. 그 내용에 있어서도 에스더서는 정말 대단한 책이기도 하다! 길이도 상당하기 때문에, 성경에 등장하는 그 어떤 여성들보다 에스더에 대해 우리는 많은 이야기를 알 수 있다. 게다가 놀라운 반전의 이야기가 펼쳐진다. 이야기 속의 사건들은 에스더가 그야말로 절체절명의 순간 최대치의 용기를 끌어냈기 때문에 가능했던 엄청난 일들이었다.

　　이 책에서 만나는 모든 성경의 여성들 가운데 에스더는 아마도 가장 이례적인 경우일 것이다. 일단 에스더는 왕후가 된 유일한 여성이었다. 또한 에스더의 이야기는 완전히 이스라엘 땅을 벗어나 이루어진 유일한 이야기이기도 하다. 룻의 이야기는 (문자적으로나 영적으로나) 모압에서 시작되지만 그녀의 이스라엘로의 여정이 이야기의 핵심이다. 하지만 에스더는 페르시아(Persia, '개역개정' 성경의 지명으로는 '바사'—역주)에서만 살았다. 에스더가 속했던 유대 공동체 전체가 이방 나라로 강제 이주되었고 거기에서만 살았다. 그래서 에스더의 이야기를 읽으면 우리는 이스라엘을 떠난 세계로 들어가게 된다. 이스라엘 땅으로부터, 유대 공동체로부터, 때로는 하나님으로부터도 거리가 있는 삶을 들여다보게 된다. 이 '거리감'은 에스더의 모험이 펼쳐지는 방식에 큰 영향을 미친다.

에스더에 대한 첫 번째 실마리는 그녀의 이름이다. 에스더라는 이름은 유대어가 아니다. 어떤 학자들은 그 이름이 '이쉬타'(Ishtar)라는 이름의 여러 변형 중 하나라고 본다. '이쉬타'는 다산을 상징하는 바벨론 여신의 이름으로 바벨론과 페르시아 지역에서는 여성의 이름으로 널리 사용되었다. 그 언어적인 의미는 '별'(star)이다. 어떤 이유에서 '에스더'라는 이름을 택했든지 간에 그 이름은 유대인들의 이름이 아니다. 하지만 에스더는 유대 이름도 가지고 있었다. '하닷사'(Hadassah)라는 이름으로 '머틀 트리'(myrtle tree, 상록 관목의 하나로 잎은 반짝거리고 분홍색이나 흰색의 꽃이 피며 암청색의 열매가 달린다고 함—역주)라는 의미이다. 에스더가 이스라엘이 아닌 이방 땅에서 매일의 삶에서 사용한 이름은 이방의 이름이었을 것이다. 이 같은 점에서 당시의 유대 공동체가 바벨론으로 끌려가 살면서 단지 이스라엘의 땅에서만 뿌리 뽑힌 것이 아니라, 하나님의 택함 받은 민족이라는 그들의 정체성으로부터도 유리되었음을 알 수 있다. 에스더 시대로부터 수년 전에 유대 공동체의 '남은 자'들이 에스라(Ezra)와 느헤미야(Nehemiah)의 인도 하에 망명지에서 이스라엘로 돌아왔다. 하지만 에스더의 가족은 뒤에 남아 페르시아의 문화에 동화되었던 유대인들 중에 속했다. 바벨론에서의 70년이 지난 후 유대인들은 페르시아의 지배 하에 들어갔고, 그곳에서 가정을 이루고 자녀를 양육하며 차츰 그 곳에서의 삶에 편안함을 느끼고 안주하게 되었다. 하나님의 거룩한 백성의 삶과는 동떨어진 삶이었다. 에스더 같은 유대인들은 아마도 유대 땅에서의 삶에 대해 전혀 아는 바가 없었을 수도 있다. 우리가 성경에서 에스더를 처음 만나게 될 때 에스더는 젊은 여성이었는데, 이미 그녀의 삶의 시작에 고난이 있었음을 확인하게 된다. 성경은 에스더가 사촌 오빠인 모르드개의 수양 딸로 키워지고 있었음을 말해준다. 에스더의 부모가 죽은 것이다.

또한 에스더서는 이야기 속 사건 전체가 도시에서만 이루어지는 유일한 성경 이야기이기도 한다. 그것도 일반적인 도시가 아니라 거대한 페르시아 제국의 수도인 수사(Susa)이다. 수사에 비한다면 예루살렘은 후미진 농장에 불과하다. 수사는 백만 명의 인구가 사는 대도시이자 그 건축물들은 오늘날까지도 남아 있을 만큼 놀라운 기술을 자랑했다. 뿐만 아니라 수사는 예술과 산업, 학문 등 모든 면에서 거대한 페르시아 제국의 중심지였다. 이 웅장한 왕의 도시는 이스라엘과는 너무나도 동떨어져 있었다. 에스더는 다른 수천 명의 유대인들과 함께 수사에서 자랐을 것이다. 수 세대 전 에스더의 조상들이 느부갓네살 군대에 붙잡혀 바벨론으로 끌려왔기 때문이다. 바벨론은 그 이후 페르시아에 멸망당했고, 바벨론에 붙잡혀 온 포로 공동체도 페르시아에 복속되었다. 이스라엘에서 바벨론으로 붙잡혀 와서 페르시아에 넘겨지고 이후 근동지역과 그 너머로까지 뿔뿔이 흩어져 사는 사람들을 '디아스포라'(Diaspora)라고 한다. 디아스포라의 세계가 에스더가 직면한 세계였다. 에스더가 아는 이들 중 그 누구도 이스라엘 땅을 밟아본 적도 없고, 히브리어를 유창하게 할 줄도 몰랐을 것이다. 포로로 끌려간 유대인 공동체는 물론 독특한 정체성을 보유하고 있었지만, 그것은 대부분 종족적 특성에 관한 것이었을 것이다.

또한 우리는 에스더가 어떤 종교 교육을 받았는지에 대해서도 알지 못한다. 우리가 아는 바는 에스더가 그녀의 이야기 속에서 단 한 번도 하나님의 이름을 발설한 바가 없다는 점이다. 에스더에게 자신의 가족과 친척의 하나님은 자신과는 별 상관없는 멀리 떨어진 신으로 여겨졌을지도 모르겠다. 에스더가 자기 민족의 위대한 여성들에 대한 이야기를 알고 있었을까? 미리암이나 한나, 드보라, 야엘 같은 여성들 말이다. 사촌 오빠인 모르드개가 고아가 된 에스더를 맡아 키웠으니 그에게서 이스라엘 여성들의 이야기를 들었을 수도 있겠다. 모르드개는 에스더에게 유대 이름을 지어주고 민족의 뿌리에 대한 무언가를 알려 주었을까?

우리가 신실하게 믿음의 삶을 살아가더라도, 삶의 어느 지점에서 우리도 에스더처럼 하나님이 멀리 떨어진 것처럼 거리감 있게 느껴질 수 있다. 크리스천으로서 우리는 우리를 둘러싼 세상의 가치와 구별되는 삶을 살도록 부름 받았다. 이웃들과는 다른 선택을 해야 할 때가 많다. 에스더가 자신이 해야만 하는 선택 앞에서 주저했던 것 같은 망설임을 경험한 적 있는가? 우리가 진짜로 어떤 사람들인지를 밝히기에 앞서 두 번 생각한 적은 없는가? 우리를 둘러싼 세상 속에서 다름을 느끼고 '타자(otherness)'라는 의식을 가지고 있다면, 그것은 영적으로 말해서 긍정적인 것이다. 예수님께서는 그의 왕국은 이 세상에 속한 것이 아니라고 말씀해주신 바 있다. 그렇기 때문에 어떤 나라에도, 어떤 클럽에도, 어떤 정치적 당파에도 크리스천은 완전히 편안하게 정착할 수 없는 것이다. 성경은 우리가 "세상에서는 외국사람이며 나그네"라고 말해준다(히 11:13). 따라서 어떤 점에서는 에스더가 살았던 디아스포라의 현실, 포로 된 삶은 크리스천 된 우리가 매일매일 살아내도록 부름 받은 삶이기도 하다. 그것은 가치있는 삶이다.

에스더의 이야기는 할리우드 블록버스터 영화들의 요소를 모두 갖추고 있다. 페르시아 제국의 황제, 크세르크세르(Xerxes, 성경의 이름은 '아하수에로'. 이하 '아하수에로'로 지칭—역주)는 성대한 연회를 열어 자신의 아내, 와스디 왕비(Vashti)를 부른다. 그녀의 미모를 귀족들 앞에서 뽐내고 싶었기 때문이다. 왕은 왕비를 자랑하고 싶었다. 하지만 왕비는 나오기를 거절한다. 왕은 격분하였고 그 자리에서 왕비를 폐위하고, 사실상 이혼한다. 이야기의 시작부터 왕의 절대 권력이 서슬 퍼렇게 펼쳐진다. 그가 불렀는데 나오기를 거절하거나 혹은 나오라고 초청받지 않았는데 나서면 심각한 곤경에 빠지게 되는 것이다. 두 가지 행동 모두 절대군주에 대한 심각한 도전에 해당하는 것이다. 왕의 권위에 대한 도전은 추방이나 죽음을 의미했다.

왕은 새로운 왕비를 간택하기 위해 일종의 미인대회를 개최하고 페르시아 제국에서 가장 아름다운 젊은 여성들 중 새 왕비를 찾기로 결정한다. 에스더도 미인대회에 차출되었는데, 아마도 그 부름은 거절할 수도 있는 초대장이 아니었을 것이다. 에스더는 아름다운 여성들 중에서도 곧 총애받는 후보자가 된다. 모르드개는 에스더에게 자기의 민족과 집안 배경을 밝히지 말 것을 지시했다. 그래서 이 아름다운 유대 여인은 페르시아의 왕비가 된다. 자신의 유일한 가족으로부터 떨어져 낯선 사람들에 둘러싸인 채 페르시아의 왕궁에 살게 된 것이다.

여기까지가 짧고 달달한 주일학교 버전의 이야기다. 하지만 에스더서에는 어떻게 에스더가 고아에서 왕비가 되었는지 우리에게 훨씬 더 상세한 그림을 그려준다.

이제 소녀들은 차례대로 아하수에로 왕에게 들어가기 전에 여자들에게 정해진 규례대로 12개월 동안 아름답게 가꿔야 했습니다. 곧 6개월 동안은 몰약 기름으로, 6개월 동안은 향수와 여성용 미용품으로 가꾸었습니다. 이렇게 해야만 왕에게 나아갈 수 있었고 그때는 원하는 것은 무엇이든 다 줘서 후궁에서 왕궁으로 가지고 들어갈 수 있었습니다. 소녀가 저녁때 그리로 들어갔다가 아침에 나오면 후궁을 관리하는 왕의 내시 사아스가스가 후궁으로 데려갔습니다. 그리고 왕이 마음에 들어 이름을 불러 주지 않으면 왕에게로 다시 들어갈 수 없었습니다. (에 2:12-14)

에스더가 이 같은 일련의 과정에 대해 어떻게 생각했는지 우리는 전혀 알 수가 없다. 아하수에로의 관점에서는 일련의 과정에 아무런 흠이 없다. 만일 왕비가 되기에 적합한 여성을 찾게 된다면 목표 달성이다. 그러나 설령 왕비감을 찾지 못해도 안정적인 후궁군을 형성할 수 있는 것이다. 매일 밤 다른 여성을 살펴보고 선택할 수 있었다. 마치 넷플릭스에서 볼 영화를 선택하는 거나 다름없이 말이다. 페르시아 제국의 황제는 그런 권력이 있었다.

하지만 하나님은 에스더를 향한 기적 같은 계획을 가지고 계셨다. 에스더는 다른 모든 여성들과 다른 무언가가 있었고, 아하수에로는 그녀를 자신의 새 왕비로 선택한다.

왕은 다른 어떤 여자들보다 에스더를 더 사랑했습니다. 그리하여 에스더는 다른 처녀들보다 더 많은 은총을 입어 왕은 에스더의 머리에 관을 씌우고 와스디를 대신할 왕비로 세웠습니다. 그리고 왕은 귀족들과 신하들을 불러 큰 잔치를 베풀었습니다. 에스더를 위한 잔치였습니다. 그는 각 지방에 휴일을 선포하고 왕의 직함에 어울리는 선물을 보냈습니다. (에 2:17-18)

베스트셀러 소설이라면 이쯤에서 마무리되었을지 모르겠다. 아름다운 젊은 여주인공이 이 땅에서 성취할 수 있는 최상의 영광을 얻고 승리자가 되었다. 그러나 에스더서의 결말은 여기가 아니다. 오히려 이제 겨우 시작이다. 왜냐하면 이 이야기는 세상의 영광이 아니라, 천국의 영광에 관한 이야기이기 때문이다. 에스더서의 이야기는 그의 백성들을 향한 하나님의 사랑에 관한 이야기이고, 용기가 가장 필요했던 순간 용기를 낸 젊은 여성에 관한 이야기이다. 왕의 화려한 결혼식은 그저 잠깐의 행사일 뿐이다. 아직 시작되지 않은 진정한 드라마를 위한 무대 장치일 뿐이다.

그 모든 호사와 화려함 뒤에 일렁이는 것은, 왕의 고관이었던 하만과 에스더의 사촌 모르드개 사이의 암투에 관한 어두운 이야기이다. 하만은 왕성한 자의식을 가졌던 사람이었던 것으로 보인다. 모르드개가 하만의 높아진 지위를 인정하기를 거부하고 그에게 엎드려 절하지 않자, 그는 분노에 타오른다.

그러자 왕의 문에 있던 신하들이 모르드개에게 물었습니다. "왜 왕의 명령을 거역하느냐?" 날마다 그들이 모르드개를 설득하려 했지만 그는 그 말을 듣지 않았습니다. 그리하여 그들은 자신이 유다 사람임을 밝힌 모르드개의 행동이 어떤 결과를 초래하는지 보려고 하만에게 고자질했습니다. 하만은 모르드개가 자신에게 절하지도, 경의를 표하지도 않은 것을 보고 화가 치밀어 올랐습니다. 그러나 하만은 모르드개가 어디 출신인지 알게 된 후 모르드개 한 명만 죽이는 것으로는 별 가치가 없다고 생각했습니다. 그리하여 하만은 아하수에로 왕국 전역에 있는 모르드개의 민족인 유다 사람들을 모조리 쓸어버릴 묘안을 찾아냈습니다. (에 3:3-6)

모르드개는 두려워하지 않았다. 그는 분명 하만이 경의를 표할 만한 가치가 있다고 여길 사람이 아니었던 것으로 보인다. 한 가지 말해두자면, 페르시아에서 '경의를 표하는 것'은 가볍게 고개를 숙이거나 정중하게 예의를 갖추는 것과는 전혀 달랐다. 당시 페르시아에서 경의를 표하는 것은 땅에 이마를 대고 엎드리는 절을 의미한다. 아주 납작 엎드리는 것을 말한다. 사실 이같은 절은 고대 유대인들에게 익숙한 행동이었다. 하지만 한 가지 다른 점이 있다면 그런 유형의 절은 오직 하나님께만 드리는 것이었다. 완전한 복종을 선언하는 표시로 오직 성전에서 여호와 하나님께만 드리는 것이었다. 하만은 모르드개가 싫었다. 왜냐하면 유대인들은 자신을 다른 페르시아인들과는 다르게 대했기 때문이다. 그래서 하만이 품은 음모는 제국 안에 있는 모든 유대인을 멸절시키는 것이었다. 하만의 음모의 뿌리에는 유대인과 유대인들이 경배하는 신에 대한 증오가 있었다.

하만의 계획이 펼쳐지기 시작하자, 에스더의 이야기는 속도를 내기 시작한다. 하만은 영리하게도 왕의 법도를 따르지 않는 종교는 제국에 위협이 된다는 식으로 자신의 음모를 포장하여 아하수에로 왕에게 나아간다. 그렇게 함으로써 한 민족을 멸망시키는 왕의 명령을 뒤엎을 수 없게 만든다.

> 그후 하만이 아하수에로 왕에게 말했습니다. "왕의 왕국 모든 지방에 있
> 는 여러 민족들 사이에 흩어져 살고 있는 한 민족이 있는데 그들의 관습
> 은 다른 모든 민족들과 다르고 또 그들은 왕의 법률을 따르지 않고 있습
> 니다. 그들을 그냥 내버려 두는 것은 왕께 좋을 것이 없습니다. 왕이 원하
> 신다면 그들을 멸명시키는 칙령을 내리십시오. (에 3:8-9a)

아하수에로 왕은 손가락에서 자기의 인장 반지를 빼어 하만에게 그 계획을 실행에 옮기라고 허락한다. 일단 왕의 칙령이 발표되면, 그 명령은 되돌이킬 수 없었다. 왕의 칙령은 여러 지방의 언어로 번역되었고 제국 전역으로 전달되었다.

> 특사들이 모든 유다 사람들을 노소를 불문하고 여자와 아이들까지 열두
> 째 달, 곧 아달 월 13일 하루 동안 모조리 죽이고 학살하고 그 물건들을 약
> 탈하라는 명령을 왕이 다스리는 여러 지방으로 보냈습니다. (에 3:13)

모르드개는 어떤 연유로 자신의 민족 전체에 사형선고가 내려지게 되었는지 알게 되자 비통해 하기 시작했다. 그런데 그는 슬픔과 억울함을 참으로 공개적으로 표출했다. 여왕의 귀에도 모르드개의 울부짖음의 소식이 들어갔고, 에스더도 너무나 괴로워했다(에 4:4). 에스더는 자신이 고아가 되었을 때 딸로 받아들여 준 은인이 옷을 찢고 베옷을 입고 있다는 소식을 듣고 그에게

성경 속 여성들이 말하다

옷을 보냈지만 모르드개는 거절했다. 이번에는 자기의 시중을 드는 왕의 내시 중 하나를 보내 모르드개가 왜 그렇게 괴로워하고 있는지 그 소상한 이유를 알아 오게 했다. 모르드개는 하만의 끔찍한 계획을 낱낱이 알려주었다. 그리고 모르드개는 "왕께 가서 자비를 구하고 민족을 위해 간청해 달라는 말도 전해 달라"는 절박한 부탁도 덧붙였다(에 4:8).

에스더는 이 때 어떻게 반응하였나? 에스더는 "걱정하지 마세요. 제가 해결하겠습니다"고 대답하지 않았다. 에스더의 반응은 어떤 면에서는 불타는 떨기나무 속 모세가 하나님께 했던 반응을 연상시킨다. "제발 다른 사람을 보내세요!" 도무지 극복할 수 있을 것 같지 않은 장애물을 만날 때 우리 대부분이 하는 것 같은 반응이다. 에스더는 자신이 왜 그 같은 과업을 실행할 적임자가 될 수 없음을 설명한다. 아마 모르드개도 이미 아는 바였겠으나, 에스더가 아무리 왕비여도 왕 앞에 불쑥 나아가 그에게 도움을 청할 수는 없었기 때문이다. 초대받지 않고 왕 앞에 나가면 누구라도 죽임을 당할 수 있었다. 모르드개는 수천 명의 다른 사람의 목숨을 구하기 위해 에스더 자신의 목숨을 내걸라고 요구하고 있는 셈이다. 몸을 사리는 에스더에 대한 모르드개의 반응은 감동적이기도 하고 동시에 노골적이기도 했다.

에스더의 말이 모르드개에게 전해졌습니다. 모르드개는 이런 대답을 전했습니다. "네가 유다 사람들 가운데 혼자 왕의 집에 있다고 해서 이 일을 피할 수 있다고 생각하지 마라. 네가 만약 이번에 침묵한다면 다른 어디에서든 유다 사람들은 안녕과 구원을 얻을 것이다. 그러나 너와 네 아버지의 집안은 망할 것이다. 하지만 네가 이때를 위해 왕비의 자리에 오르게 됐는지 누가 알겠느냐?"(에 4:12-14)

에스더의 삶을 완전히 뒤집어 놓은 모르드개의 바로 이 질문은 땅을 뒤흔들 만큼 무게감 있는 그의 진솔함으로부터 왔다. "그래 맞다. 네가 이 길을 택하지 않았을 수는 있다. 하지만 페르시아의 왕이 너를 택한 것이 아니라 하나님이 직접 너를 택하신 거면 어떻게 하겠니?" 에스더가 이 현실을 받아들이는 데는 얼마 간의 시간이 필요했을지 모른다. 하지만 분명 하나님께서는 이 중대한 지위에 오르기까지 에스더의 삶의 모든 순간을 미리 계획하셨을 것이다. 모르드개는 에스더의 삶의 모든 과정을 인도하신 이가 하나님이심을 에스더가 알 수 있도록 일깨워줬다. 유대민족 전체의 운명이 달린 결정이자 자신의 삶과 죽음을 가를 수도 있는 상황에 직면하여, 에스더는 담대하게 믿음의 걸음을 내딛었다.

에스더는 모르드개에게 모든 유대인들과 함께 자신을 위해 삼 일 동안 금식할 것을 요청했다. 에스더는 이 과업이 자신이 홀로 감당할 수 있는 무게 이상임을 깨달은 것이다. 이제 에스더는 페르시아인처럼 생각하기를 멈추고 (에스더서에서는 처음으로) 이스라엘의 딸처럼 생각하기에 이르렀다. 자신의 목숨이 위태로울 수 있는 행동을 생각하며 두려움에 떨기보다는 믿음의 기초를 놓기 시작한 것이다. 민족의 형제자매들과 함께 왕비는 금식으로 자신을 낮춘다. 얼마나 강렬한 장면인가! 가장 결정적인 도움이 필요한 순간에, 에스더는 민족에게로 나아가 하나님의 도움을 구하는 외침으로 온 유대인을 결집한다.

우리는 성경에서 이스라엘 사람들이 함께 연합하여 중도기도할 때 얼마나 강력한 힘이 나타났는지를 계속해서 확인하게 된다. 여호와께서 시내산에서 하나님의 율법을 준 대상은 이스라엘인 전체였다. 그래서 그들은 "여호

성경 속 여성들이 말하다

와께서 말씀하신 모든 것대로 순종하겠습니다"라고 한 목소리로 대답했다(출 24:7). 하나님의 자녀로서의 연합은 크리스천인 우리가 오늘날까지도 누리고 있는 유산이다. 가장 큰 영적 위기의 순간에 우리는 세상의 기준으로 보면 완전히 낯선 사람들인 우리의 형제자매들에게 손을 뻗고, 즉각적인 결속을 형성한다. 도움이 필요한 누군가의 이야기를 듣고 그들을 위해 기도한 적이 얼마나 많은가? 천국에 가기 전에는 중보기도하는 그들을 끝내 만나지 못할 수도 있다는 것을 알면서도 말이다. 에스더가 자기의 민족에게 끌어내도록 요청했던 것이 바로 그런 결속의 힘이었다.

어느 시대에나, 성경을 통틀어, 혹은 우리의 삶 속에서, 우리는 하나님께서 그의 백성들의 기도에 응답하시는 것을 본다. 우리 대부분이 중력의 물리학적 원리를 설명해내지 못하는 것과 마찬가지로, 우리는 기도에 응답하시는 하나님의 원리를 다 설명하지는 못한다. 하지만 중력의 힘을 체감하기 위해 반드시 물리학적 원리를 이해해야만 하는 것은 아니다. 마찬가지로 하나님께서 우리에게 선물하신 놀라운 은총인 기도가 하나님께로 통한다는 것을 알기 위해 그 신비를 모두 이해해야만 하는 것은 아니다. 에스더는 하나님의 지혜와 은총을 구하기 위해 기도로 마음을 합해 달라고 형제자매들에게 요청한다. 민족을 결집하는데 모르드개가 힘써 줄 것을 믿고, 이제 에스더는 그 유명한 말을 선포한다.

그러고 나서 비록 법을 어기는 일이지만 제가 왕께 나가겠습니다. 제가 죽게 되면 죽겠습니다. (에 4:16후단)

이 같이 믿음의 초석을 다진 에스더는 용기를 내어 아하수에로 왕에게로 나아간다. 하나님의 선하심으로, 우리는 왕이 조금도 주저하지 않고 에스더를 받아들이고 살게 하는 것을 본다. 아하수에로 왕은 손에 들고 있던 금으로 된 규를 그녀에게 내밀어 에스더가 왕에게 다가가도록 허락한다. 왕은 에스더에게 관대했고 그녀의 청이 무엇인지를 기꺼이 듣고자 했다. 아하수에로는 에스더가 원하는 무엇이든 들어주겠다고 약속했다. 제국의 절반이라도 떼어 주겠다고 말한다!

에스더의 이야기는 이 지점에서 기대치 않았던 전개를 보인다. 에스더는 즉시 무릎을 꿇고 유대인들의 목숨을 살려달라고 애원하지 않는다. 대신 에스더는 왕에게 자신과 식사하자고 초청한다. 그런데 그 초대에는 매우 흥미로운 절차를 포함했다. 바로 하만과 함께 와 달라고 부탁하고 있는 것이다. 그 자리에서 하만의 음모를 드러나게 하여 왕을 놀라게 할 계획을 갖고 있으면서도, 그 기겁할 현장의 첫번째 자리를 내주려는 셈이었다.

에스더는 하만의 자만심에 호소하며 그에게 잘못된 안정감을 심어줌으로써 그를 끌어들이고 있는 것일까? 만일 그랬다면, 에스더는 제대로 짚은 것이다. 왕과 하만을 위해 벌인 연회에서 에스더는 다시 한번 그녀의 간청이 무엇인지 말할 것을 피한다. 하지만 다음 날 왕과 하만이 다시 한번 자신의 연회에 함께 하면 그때 밝히겠다고 약속한다. 성경은 하만이 그날 기쁘고 기분이 좋아 밖으로 나갔다고 전한다(에 5:9). 하지만 하만은 모르드개를 발견하고는 기분이 금방 상해버린다. 모르드개는 여전히 그에게 절하기를 거부하고 있었기 때문이다.

하만이 집에 도착하기에 이르렀을 때, 그는 또다시 자신의 최우선 이슈에 온 마음이 쏠리게 된다. 바로 자기 자신이다. 성경은 하만이 자기 친구들과 가족들에게 자신의 많은 재산과, 왕이 자기를 얼마나 존중해 주는지, 다른 귀족들이나 대신들보다 얼마나 높은 위치에 있는지를 자랑했다고 전해준다. 그리고 그게 다가 아니라 왕비가 친히 준비한 잔치에 왕과 동반으로 초대된 사람이 자기 말고는 없다는 점도 자랑한다. 그리고 나서 유다 사람 모르드개가 여전히 자신의 비위를 맞추지 않고 있기 때문에 그 모든 자랑거리들이 하나도 만족스럽지 않다고 뒤엎는다. 하만의 이 같은 불평에 대해 그가 얻게 된 조언은 무엇이었는가? 하만의 친구와 가족들은 그에게 75피트 높이의 나무를 세우고 왕께 모르드개를 거기에 매달자고 청하라고 말한다. "그러고 나서 왕과 함께 저녁 식사를 들러 가시면 얼마나 즐겁겠습니까?" 하고 꼬드긴다(에 4:14). 하만은 이 제안을 '좋게' 받아들이고 곧 나무를 세우게 한다.

하만은 하나님께서 이 놀라운 이야기에 심어 두신 또 다른 기적 같은 순간이 있음을 알 리가 없었다. 우리가 성경에서 보는 바와 같이, 그날 밤 왕께서는 잠을 이루지 못한다. 아하수에로는 자신의 통치 기록을 가져와 읽게 했다. 어떤 장에서, 그는 모르드개가 자신을 암살하려는 신하 둘의 계획을 알아차리고는 그 음모를 왕의 다른 신하들에게 경고했었다는 것을 발견하게 된다. 이 일로 모르드개가 어떤 영예와 지위를 받았는지를 묻자, 왕은 그에게 아무런 감사의 보상이 주어지지 않았음을 알게 되었다. 바로 그때 하만이 바로 그 사람을 매달게 해달라는 청을 가지고 왕의 뜰에 나타난 것이다! 하만이 자신의 청을 왕에게 말하기 전에, 왕이 하만에게 누군가를 공개적으로 영예를 주려고 하는데 어떻게 하는 것이 최선이겠느냐고 묻는다. 왕이 자신을 염두에 두고 묻는 거라 확신한 하만은 왕이 입는 왕복과 멋진 말을 동원하여 그를 영화롭게 하고 왕의 가장 높은 귀족에게 그를 맡겨 성의 거리를 돌면서 "왕께서 영예를 주시려고 하는 사람에게는 이렇게 해 주신다!" 하고 외치게 하시라고 대답한다(에 6:9).

아하수에로 왕은 하만에게 그가 말한 그대로 … 모르드개를 위해 실행하도록 명령한다. 하만의 분노가 얼마나 불타올랐을지 상상해 보라! 하만은 수심이 가득한 채 집에 돌아왔다. 하지만 이제 왕과 왕비의 두 번째 연회에 참석해야 할 시간이다. 연회가 한참일 때, 왕은 다시 에스더에게 그녀가 원하는 소원이 무엇인지 왕국의 절반이라도 떼어 주겠다고 한다. 드디어 때가 왔다. 에스더는 모든 것을 걸고 왕 앞에 나아간다.

> 그러자 에스더 왕비가 대답했습니다. "왕이여, 제가 왕의 은총을 입었다면, 저를 좋게 여기신다면, 제 목숨을 살려 주십시오. 이것이 제 소원입니다. 그리고 제 동족을 살려 주십시오. 이것이 제 부탁입니다. 저와 제 동족이 팔려서 멸망과 죽음과 학살을 당하게 생겼습니다. 우리가 그저 남녀종들로 팔리게 됐다면 가만히 있었을 것입니다. 그 같은 일로 왕이 괴로워하실 필요가 없기 때문입니다.
> 아하수에로 왕이 에스더 왕비에게 물었습니다. "그가 누구요? 감히 그런 일을 벌이려고 마음 먹은 자가 어디 있소?"
> 에스더가 말했습니다. "그 원수이며 적수는 바로 이 사악한 인간, 하만입니다!"(에 7:3-6)

이것으로 하만의 게임은 끝났다. 그는 비명 속에 연회장 밖으로 발버둥치며 끌려 나갔고, 모르드개를 매달려고 세운 그 나무 위에 자신이 매달렸다. 거기에 더해 아하수에로 왕은 하만의 재산을 에스더에게 넘겨주었고, 값어치를 환산할 수 없는 왕의 인장은 모르드개에게 내주었다.

성경 속 여성들이 말하다

하지만 유대 민족은 아직 안전한 것이 아니었다. 왕은 유대인들을 학살하라고 허용한 자신의 칙령을 뒤집을 수 없었다. 그래서 그는 에스더와 모르드개에게 새로운 칙령을 쓰게 했다. 이번에는 유대인들에게, 자신들을 죽이려 하는 어떤 대적이든 물리치기 위해 민족이 연합하여 자신들을 방어할 모든 권리를 주는 칙령이었다.

유대인들은 생존하였을 뿐 아니라 자신들을 멸절시키려 했던 잠재적 핍박자들의 재산을 강탈할 권한까지 얻었다. (여기서 잠시 주지할 점은 유대인들은 수많은 적을 무찌른 용맹한 전사들이었지만, 성경이 반복적으로 알려주는 바와 같이 일반적으로는 적들이 남긴 귀중품이나 재산들을 약탈하지 않는다.) 유대 사람들에게는 "행복과 기쁨, 즐거움과 영예"가 있었다(에 8:16). 또한 성경을 통해 더욱 흥미로운 사실은, 많은 페르시아인들이 이 놀라운 반전을 목격하고 여호와 하나님께 나아와 개종하게 되었다는 점이다. 왕비 에스더라고 이것을 상상이나 했을까? 에스더가 소망했던 최선의 결과는 동족의 생존이었을 것이다. 하지만 하나님께서는 에스더의 용기와 수완을 끌어내 훨씬 더 많은 이들의 구원을 위해 그것을 사용하셨다.

하나님께서 어떻게 에스더를 택하여 고아에서 왕비가 되게 하셨고, 그 모든 것을 하나님의 백성을 구원하는 목적에 사용하셨는지를 보는 것은 참으로 놀랍다. 에스더는 분투하거나 묘수를 짜낼 필요가 없었다. 하나님께서 모든 역경과 반전 속에서 에스더의 길을 인도하셨다. 언젠가 그녀에게서 무엇을 요구하게 될지를 아시고서 말이다. 우리는 종종 우리의 앞 길을 미리 알고자 한다. 지금 보이는 이 문제가 어떻게 펼쳐지고 해결될지 알고자 노심초사한다. 하나님은 우리가 준비되는 때를 아신다. 그리고 하나님의 완벽한 타이밍 속에서 우리의 이야기의 장을 넘기신다. 에스더가 언젠가 자신이 부름 받을 일이 무언인지를 알았다면 어떻게 됐을까? 아예 왕궁으로 내딛어야 하는 첫 발부터 피하지 않았을까? 자신은 연약하고 준비가 되어 있지 않다고 여겨서, 혹은 그녀 앞에 올 그 엄청난 도전이 그저 두려워서 말이다.

하나님께서는 에스더에게 하나님을 섬길 왕비가 될 도구들을 주셨다. 에스더서에서는 하나님의 이름이 단 한 번도 언급되지 않았지만, 우리는 에스더의 이야기에서 줄곧 하나님의 손길이 개입하고 계심을 볼 수 있다. 하나님께서 우리의 인간적인 한계를 뛰어넘는 임무를 주시며 언제 우리를 부르실지 알 수 없다. 하지만 에스더의 이야기는 하나님께서 그 같은 순간으로 우리를 인도하는 여정 가운데에서 우리를 어떻게 준비시키시는지 완벽하게 보여준다. 하나님께서 에스더의 여정 가운데 뿌려 두신 씨앗들을 한번 생각해 보라. 에스더가 고아가 되었을 때 모르드개가 나서 그녀를 키웠다. 또한 그는 에스더가 왕의 총애를 받게 되는 일련의 과정 속에서 에스더의 민족적 배경을 숨길 것을 지시했다. 뿐만 아니라 모르드개는 왕을 암살할 모의를 엿듣고 왕의 생명을 보전할 수 있도록 그 계획을 폭로할 위치에 있었다. 그리고 심한 장애나 다름없는 하만의 자만심까지, 이 모든 요소들이 에스더가 그녀의 동족의 생명을 구할 수 있도록 서로 완벽하게 작용했다. 하나님의 손에서는 목적 없이 이루어지는 것은 아무 것도 없다. 에스더의 이야기는 하나님께서 언제나 그의 백성을 위해 일하시고 그들을 인도하신다는 것을 상기시켜준다. 언젠가 그의 아들을 통해 이루실 완벽한 구원을 예표하고 있는 것이다.

라합 Rahab

(여호수아 2:1~24, 6:25, 히브리서 11:31, 야고보서 2:25)

에스더와 라합은 한 데 묶이기 어려운 짝으로 보인다. 하나는 왕비이고, 다른 하나는 창녀이다. 둘은 약 700년 정도 떨어진 시대를 살았다. 에스더는 바벨론에 의해 포로로 끌려가 페르시아의 지배를 받던 시기에 살았다. 당시 이스라엘은 근본적으로 파괴된 상태였다. 라합은 국가로서의 이스라엘이 기초를 놓던 시작점에 살았다. 여호수아와 그의 군대가 가나안 땅을 차지하기 위한 계획을 실행에 옮기던 초기의 사람이다. 사실, 라합이 바로 여호수아의 군대가 가나안에서 이룬 최초의 승리, 즉, 여리고 성의 정복을 가능하게 했던 장본인이다. 그러니 라합은 이후 이스라엘이 영광과 번영을 구가하는 데 핵심적인 역할을 했다고 할 수 있다. 하지만 라합의 삶에는 영광스러운 구석이 전혀 없었다. 재정적으로 넉넉했을지 몰라도 그 돈은 정직한 노동의 결과로 얻어진 것도 아니었다. 그러니 고대 가나안 동네의 시골 여인이자 창녀, 그리고 이방인인 라합이 대체 유대인 출신의 페르시아 왕비와 무슨 관련이 있다는 말인가? 두 여성 모두 하나님의 백성이 생존의 위기 가운데 중대한 역할을 했다. 두 사람 모두 그 일을 위해 하나님께서 특별히 그 자리에 두셨고 위기의 순간에 용기를 내어 일어서도록 부름 받았다.

에스더와 마찬가지로 라합의 이름도 그녀에 대한 중요한 사실을 알려준다. 히브리어에서 (그리고 그 지역 셈족의 언어에서 대부분) 그녀의 이름은 '라카브'(Rachav)로 "그가 확장하신다" 혹은 "그가 넓히신다"라는 의미이다. 일반적으로 비옥함, 윤택함, 열매를 많이 맺음 등의 이미지를 가진다. 하나님께서 임신한 여성의 자궁을 확장하시고, 곡식 낟알을 굵게 하시며, 열매를 크고 과

즙이 풍성하게 하신다. 하지만 라합의 경우 또 다른 의미를 가졌는데, 바로 땅의 지경을 확장한다는 의미이다. 위기의 순간 라합이 용기를 냈기 때문에 이스라엘도 용기를 낼 수 있도록 도왔고, 그로부터 가나안 정복을 시작할 수 있었다! 더구나 라합은 예수 그리스도 그 분의 조상 가운데 하나이다. 라합은 유다 지파의 살몬(Salmon)과 결혼했고 보아스(Boaz)를 낳았다. 룻과 결혼하게 되는 바로 그 '보아스'이다. 즉, 라합은 다윗 왕의 고조할머니(살몬-보아스-오벳-이새-다윗)로 예수 그리스도의 직통 계보에 포함된다.

라합도 에스더처럼 단 한 번의 담대하고 결정적인 행동으로 세상을 바꾸어 놓았다. 우리는 여호수아서 2장에서 라합을 처음 만난다. 이스라엘의 두 명의 스파이가 라합의 집 현관에 나타났을 때부터이다. 40년 동안 광야를 헤매며 정착할 집을 갖지 못했던 이스라엘 사람들이 드디어 약속의 땅의 문턱에 들어선 것이다. 이스라엘 자손들은 유목민이 되었지만 그들은 정착할 집을 갈망했다. 모세가 죽은 후 여호수아가 이스라엘의 새 지도자가 되었다. 여호수아는 지치고 낙심해 있는 일군의 유목민들을 데리고 높은 성벽으로 둘러싸인 가나안 도시의 훈련된 군대와 맞서 싸워야 했다. 그들 자신이 싸움에 능한 군대가 되어야 했다. 인간적인 눈으로 보면 참으로 가망 없는 미션을 앞두고 있는 셈이었다. 당시 이스라엘 자손들은 무기도 풍부하고 인구도 많은 가나안의 정예부대와 상대가 되지 않았다. 하지만 모세의 죽음 후 여호수아는 하나님으로부터 직접 계시를 받았다. 담대한 약속으로 가득한 강력한 명령이었다.

내 종 모세가 죽었으니 너와 이 모든 백성들은 이제 일어나 이 강을 건너

내가 이스라엘 백성들에게 주는 땅으로 가거라. 내가 모세에게 말한 대로 네가 네 발로 밟는 곳마다 네게 줄 것이다. 광야와 레바논에서부터 커다란 유프라테스 강과 헷 사람의 온 땅과 해 지는 서쪽 대해까지 네 영토가 될 것이다. 네 평생 너를 당해 낼 자가 없을 것이다. 내가 모세와 함께했던 것처럼 너와도 함께할 것이다. 내가 결코 너를 떠나지 않으며 버리지 않을 것이다. 강하고 담대하여라. 내가 조상들에게 주겠다고 맹세한 그 땅을 네가 이 백성들에게 유산으로 나눠 줄 것이다. (수 1:2-6)

이것은 평범한 격려의 말이 아니다. 다음 세 구절에서 하나님께서는 또다시 말씀하신다. "오직 마음을 강하게 먹고 큰 용기를 내어라"라고 두 번 강조하셨고, "두려워하지 말고 낙심하지 마라. 네가 어디를 가든 여호와 네 하나님이 너와 함께할 것이다"라고 덧붙이셨다(수 1:7, 9).

그리고 이 지점에서 라합을 찾아간 두 정탐꾼이 등장한다. 여호수아는 그들이 맞서는 상대가 누구인지를 자세히 보고자 했다. 그래서 그는 난공불락의 도시 여리고(Jericho) 성으로 정탐꾼을 보낸다. 학자들 중에는 라합이 단순히 창녀였던 것이 아니라 여인숙의 주인이기도 했을 거라고 본다. 라합이 방을 빌려주어 돈을 버는 것 외에 부가적으로 좀 더 돈을 벌려고 했다는 것이다. 그 정탐꾼들이 라합의 집에 도착하기 전까지 그녀의 충성이 누구를, 무엇을 대상으로 했던지 간에, 라합은 임무 수행 중인 그 둘을 기꺼이 보호하고자 했다.

그런데 여리고 왕에게 이런 말이 들려왔습니다. "보십시오! 이스라엘 자손 몇 사람이 이 땅을 몰래 샅샅이 살피러 오늘 밤 여기에 왔습니다." 그러자 여리고 왕은 라합에게 전갈을 보냈습니다. "네게로 와서, 네 집에 들어온 사람들을 끌어내라. 그들이 이 땅을 몰래 살피러 왔기 때문이다."

(수 2:2-3)

지역 내 여인숙은 온갖 소문이 오가는 일종의 정보 교환소였다. 여호수아의 정탐꾼들로서는 그런 곳에 먼저 들려 동태를 살피는 것이 괜찮은 아이디어였을 것이다. 밤에 잘 곳을 확보할 뿐 아니라, 그 근방의 소식을 엿들을 수도 있고 동네에서 무슨 일이 벌어지고 있는지를 알아낼 수 있기 때문이다. 하지만 안타깝게도 뉴스는 양 방향으로 흘렀다. 여리고 왕도 마을에 낯선 사람들이 왔고 라합의 집에 머문다는 소식을 전해들은 것이다. 아마도 그 둘은 너무 많은 질문을 했는지도 모른다. 어쨌든 여리고 왕은 사람을 보내 라합에게 그 투숙객들을 넘기라고 요구했다.

여기에서 라합은 그녀 자신의 삶의 행로뿐 아니라 인류 역사의 전 궤도를 바꾼 결정을 내린다. 라합은 그 정탐꾼들을 보호하기 위해 거짓말을 하기로 결심했다. 하지만 그 거짓말은 그저 평범한 거짓말이 아니었다. 매우 상세한 거짓말이었다. 라합은 왕의 사자들이 찾고 있는 그 사람들이 자기의 집을 찾아왔음을 인정했다. 하지만 왕의 사자들에게 '간발의 차로 놓치셨네요' 라고 거짓말했다. 라합은 제대로 거짓말을 했다. "어서 그들을 추격해 보십시오. 그러면 그들을 따라잡을 수 있을지도 모릅니다."(수 2:5). 하지만 라합은 두 정탐꾼을 자신의 지붕 밑에 이미 숨겨둔 후였다. 왕의 심부름꾼들이 부질없는 추격을 하도록 내보낸 후, 라합은 정탐꾼들의 귀가 솔깃해지고 용기를 불어넣는 이야기를 해주기 위해 그들에게로 갔다.

그 이야기를 살펴보기 전에 우리는 이런 것들을 묻지 않을 수 없다. 라합은 왜 그런 위태로운 일을 자처했을까? 왜 라합은 충동적인 선택인 것처럼 보이는 결정을 내렸던 것일 것일까? 자기가 사는 땅의 왕이 보낸 군인들에게 거짓말을 함으로써 스스로에게나 가족 전체를 심각한 위기에 몰아넣는 그런 행동을 대체 왜 했던 것일까? 왕의 사람들이 라합이 거짓말을 했음을 알아낸다면, 그녀의 목숨이 위험해지는 것은 너무나 당연한 결과였다. 포악한 왕이 다스리는 가나안 성에 어떤 소명절차가 있었는지는 몰라도 창녀인 여인숙 주인에게 호의적인 것은 아니었을 것이다. 라합이 믿기 어려운 의외의 선택을 했다는 데는 이론의 여지가 없어 보인다.

정탐꾼들을 구하고자 하는 자신의 결단을 설명하면서, 라합은 이스라엘에 관해 들은 모든 이야기를 전해주었다. 참으로 엄청난 그림을 그려냈다. 이스라엘을 향한 하나님의 은혜에 대한 소식이 멀리, 그리고 폭 넓게 전파되고 있었다. 그 강렬한 이야기들을 통해 하나님의 기적이 그의 백성들을 위한 길을 내고 있었던 것이다.

그들에게 말했습니다. "나는 여호와께서 이 땅을 당신들에게 주신 것을 알고 있습니다. 당신들에 대한 두려움에 우리가 사로잡혀 있고 이 땅에 사는 모든 사람들이 당신들 때문에 간담이 서늘해져 있습니다. 당신들이 이집트에서 나올 때 여호와께서 당신들을 위해 어떻게 홍해의 물을 말리셨는지, 당신들이 요단 강 건너편 아모리 사람의 두 왕 시혼과 옥을 어떻게 진멸시켰는지에 대해 우리가 들었습니다. 우리는 그 소식을 듣자마자 마음이 다 녹아내렸고 당신들 때문에 모두 용기를 잃었습니다. 당신들의 하나님 여호와는 위로는 하늘과 아래로는 땅의 하나님이시기

때문입니다." (수 2:9-11)

라합은 이스라엘 사람들과 그들이 섬기는 하나님의 명성을 익히 알고 있었다. 라합은 그 하나님은 자신의 공동체와 일상의 삶에서 숭배하고 있던 이방신들과 다르다는 것을 알아보았다.

그래서 라합은 여호수아의 정탐꾼들과 거래를 한다. 자기가 그들에게 도움을 주고 피난처를 제공한 대가로 자신과 자기 가족들의 생명을 살려 달라는 것이다. 이스라엘의 전능하신 하나님에 대하여 들어 알고 있음에도 그 정탐꾼들을 여리고 왕에게로 넘겨줄 수는 없었다. 라합은 그들의 하나님이 실재할 뿐 아니라 자기의 사랑하는 가족들을 구할 능력도 있다는 것을 알았다.

라합처럼, 우리는 하나님의 실재와 우리를 구원하시는 그의 능력을 완전히 인정하게 되는 때를 경험해야 한다. 그것은 믿음이라는 선물이다. 라합은 그 선물을 받은 것이 분명하다.

라합의 직업이나 민족성 등 표면적으로 보여지는 그 무엇도, 그녀가 이스라엘 민족의 일부가 되고 예수님의 계보에 들어가게 되는 여정으로 나아갈 수 있을 것처럼 보이지 않는다. 그러나 하나님께서는 숙련된 솜씨로 라합의 이야기를 엮어 내셨다. 이스라엘의 용감한 정탐꾼들을 라합의 현관으로 이끄셨고, 라합에게는 가장 용기가 필요했던 순간에 그 용기를 주셨다.

라합과 이스라엘의 정탐꾼들은 함께 계획을 하나 고안해냈다. 라합의 여인숙은 여리고 성의 성벽에 닿아 있다. 그렇기 때문에 정탐꾼들을 성 밖으로 몰래 빠져나가게 하는 것은 쉬운 일이었다. 라합은 창문 밖으로 줄을 놓아 그들이 성벽을 내려갈 수 있게 했다. 또한 추격자들과 마주치지 않도록 산속에 3일간 숨어 있다가 갈 길을 가라고 조언했다. 그리고 성을 함락하기 위해 이스라엘이 여리고로 돌아올 때, 라합은 창문에 붉은 줄을 매어 놓고 가족들을 모두 집 안에 모이게 하기로 했다. 이스라엘 군대는 창문에 붉은 줄이 매어진 집을 보면 그 안의 사람들을 하나도 해치지 않기로 한 것이다. 대대적인 공격이 시작되고 나팔소리가 울려 퍼진 후 군대가 함성을 지르고 여리고 성벽이 와르르 무너져 내렸을 때, 여호수아는 미리 정탐 보냈던 이들의 말을 존중했다. 라합이 이스라엘의 정탐꾼들을 맞아들이고 하나님을 신뢰한 것 때문에 이루어진 일이었다.

> 여호수아는 창녀 라합과 그녀의 아버지의 일가족과 그녀에게 속한 모든 것을 살려 주었습니다. 여호수아가 여리고를 몰래 살피러 보냈던 정탐꾼들을 그녀가 숨겨 주었기 때문에 라합이 오늘날까지 이스라엘 자손 가운데 살게 된 것입니다. (수 6:25)

이스라엘 자손 가운데 살았다는 것은 이스라엘 민족의 일부가 되었다는 것을 의미한다. 이스라엘은 라합의 영적 주소이자 물리적 주소였다. 그녀의 신앙과 용기로 라합의 주소는 그곳에 단단히 자리 잡게 된 것이다.

에스더와 라합 모두 하나님의 백성을 위해 스스로를 위험에 빠지게 하는 담대한 결정을 했다. 에스더의 경우 당시 페르시아에 철저히 동화된 유대 여성으로서 오랜 동안 자신이 누구인지를 숨겼다. 그렇기 때문에 자신의 정체성을 밝히고 하나님의 백성을 위해 왕 앞에서 용기 있게 서는 것은, 그녀가 가지고 있던 모든 것을 잃을 수도 있는 결정이었다. 그럼에도 에스더는 용기를 내었다. 라합도 굉장히 비슷한 일을 하였다. 아직 자신의 동족도 아닌 사람들을 위해 자기의 모든 것을 걸었다. 에스더나 라합 모두 이스라엘 사람들과 자신은 무관하다고 느끼는 순간도 있었을 것이다. 하지만 이스라엘의 생존이 중대한 기로에 놓이게 되었을 때, 두 여성은 자신의 생명을 내어놓음으로써 민족을 구하는 데 핵심적인 역할을 하게 된다. 에스더의 경우, 페르시아의 지배 하에 있는 모든 유대인들을 죽음과 멸절에서 구한 위대한 여왕으로 추앙되었다. 라합의 경우는, 하나님의 백성의 일부로 수용되었고 이스라엘의 왕가의 계보이자 그리스도의 계보에도 포함되게 되었다.

마태가 정리한 그리스도의 계보에 언급된 3명의 여성 중 하나로서, 라합은 초기 크리스천들에게 참으로 중요한 의미를 가졌다. 사실 라합은 신약에서 두 번 더 언급되었다. 히브리서와 야고보서이다. 두 곳 모두 라합의 믿음과 용기를 칭찬했다.

이와 같이 창녀 라합도 첩자들을 숨겨 주고 다른 길로 가게 했을 때 행함으로 의롭다고 인정받지 않았습니까? 마치 영혼 없는 몸이 죽은 것같이 행함이 없는 믿음도 죽은 것입니다. (약 2:25-26)

참으로 의미심장한 구절이다. 이 구절들은 아브라함의 믿음 이야기에 바로 이어서 나온다. 사랑하는 아들을 기꺼이 제단에 바치기까지 순종한 믿음의 이야기이다. 여리고 출신의 가나안 여인이 그러한 믿음의 아브라함과 함께 언급되고 있는 것이다! 야고보 사도는 신자들에게 행함 없는 믿음을 죽은 믿음이라고 역설한다. 우리의 믿음은 크리스천으로서 우리의 정체성을 단단히 세우는 지적 구조물이라고 할 수 있다. 하지만 그 믿음을 순종으로 나아가도록 사용하지 않는다면 그 믿음은 우리 자신이나 우리를 둘러싼 세계를 바꾸는 참된 능력을 결여하게 된다.

라합의 믿음은 출발선에 선 믿음이라고 할 수 있다. 오늘날의 크리스천인 우리의 경우도 마찬가지다. 우리의 믿음에 생명을 불어넣을 수 있는 기회를 맞이하게 된다면, 우리는 라합이 했던 것처럼 반응할 수 있을까? 우리도 라합처럼 믿음은 지적 동의를 너머 행동으로 이어져야 한다는 것을 이해하고 있을까? 우리는 모두 그러한 중대한 결정에 직면하게 될 것이다. 요한복음 16장 33절에서 예수님께서는 제자들에게 경고하셨다. "너희가 이 세상에서는 고난을 당할 것이다." 그러나 예수님은 바로 다음 말씀에 "담대하라!"고 말씀하셨고 당신의 변치 않는 진리를 선포함으로써 요한복음 16장을 마무리하신다. "내가 세상을 이미 이겼노라." 우리가 에스더나 라합처럼 믿음의 결단이 필요한 순간에 직면하게 되었을 때, 우리에게 필요한 것은 예수 그리스도가 주시는 이 확신의 말씀뿐이다.

1. 부림절(Purim, 에 9:17—19)은 유대인들이 오늘날까지도 에스더의 승리를 기념하는 축제입니다. 전통적으로 이 날은 성경이 전해주는 대로 '잔치하며 기뻐하는 날'입니다. 축제를 벌이고 전통 의상을 입고 잔치하는 날입니다. 그런데 성경에는 이스라엘 사람들이 기념하는 절기가 여럿 나옵니다. 레위기 23장 4절에서 8절을 보면 출애굽을 기념하는 유월절(Passover)이 나옵니다. 밀을 처음 수확하는 기쁨을 나누고, 이후에는 율법을 받은 것을 기념하는 칠칠절(Feast of Weeks, 출애굽기 34:22)도 있습니다. 민수기 29장 1절에서 6절까지를 보면 새로운 한 해의 시작을 기념하는 나팔절(New Year Festival)이 나옵니다. 모두가 기쁨의 절기입니다. 하지만 부림절만이 '잔치하며 기뻐하는 날'로 기념됩니다. 부림절이 다른 절기들과 다른 점은 무엇입니까? 이스라엘 사람들에게 그처럼 특별한 기쁨의 날로 지켜지는 이유가 무엇입니까?

2. 성경에 보면 사람들이 좋은 결과를 얻기 위해 거짓말을 하는 사례들이 몇 가지 나옵니다. 이들 대부분이 여성들입니다. 라합은 히브리 정탐꾼을 여리고의 군인들로부터 지키기 위해 거짓말했습니다(수 2:4—5). 이집트의 히브리 산파들도 거짓말을 했습니다(출 1:15—21). 이 두 가지 거짓말의 사례를 비교해보고, 어떤 점에서 서로 비슷하고, 어떤 점에서 다른 지 찾아보십시오.

3. 만일 이집트의 히브리 산파들이 진실을 말했다면 어떻게 되었을까요? 라합이 여리고 왕의 사자들에게 진실을 말했다면 어떤 일이 벌어졌을까? 성경에 나오는 또 다른 유명한 거짓말의 사례들이 있습니까? 거짓말은 종종 힘 없는 사람들이 위협 아래 놓여 있을 때 사용하는 전략입니다. 성경에서 거짓말이 수용가능한 전략이라고 말하는 것 같

은 특별한 상황들이 있습니까? 우리의 삶 속에서도 거짓말을 하는 것이 더 나은 선택이라고 여겨지는 상황이 있습니까?

마리아와
마르다

두 갈래의 길

Mary & Martha

마리아와 마르다
두 갈래의 길

베다니의 마리아 Mary

(누가복음 10:38~42, 요한복음 11:17~44, 12:1~8)

자매 사이인 마리아와 마르다는 당연히 삶의 이야기에서도 서로 밀접하게 연결되어 있다. 두 여인의 이야기는 성경에 나오는 가장 기적적이면서도 교훈적인 사건들 주변에서 함께 엮여 있다. 하지만 이 두 자매는 서로 너무나도 다른 사람이었다. 예수님을 믿는 믿음으로 연합해 있었지만, 그 분을 섬기는 최선의 방식을 무엇이라고 생각하느냐는 완전히 갈린다. 솔직히 두 사람의 이야기를 듣거나 읽으며 둘 중 어느 한 쪽의 사고와 행동에 즉각적으로 동질감을 느낀 적이 있지 않은가? 나는 그런 경험이 적지 않다. 삶의 어떤 시기를 지나며 둘 중 어느 한 쪽을 좀더 공감했던 경험들이 있을 것이다.

이 두 자매는 신약 복음서들에 함께 등장한다. 한 번은 베다니에 있는 그들의 집에 예수님을 모셔 가르침을 듣고 대접하면서, 다른 한 번은 오빠 나사로(Lararus)의 무덤가에서 함께 등장한다. 둘은 예수님께서 행하신 가장 위대한 기적을 함께 목격하는데, 이것은 두 사람의 죽은 오빠 나사로를 죽음에서 다시 살리신 사건이다. 우리는 이 두 자매가 예수님을 어떻게 처음 만나게 되었는지에 대해서는 알지 못한다. 하지만 두 자매는 성경에서 처음 등장할 때부터 예수님의 제자들과도 친밀한 내집단의 일원이었던 것으로 보인다. 두 자매와 나사로에 대한 예수님의 애정도 깊었다. 실제로 성경에서 예수님이 울었다고 기록하고 있는 부분은 나사로의 죽음의 소식을 들었을 때뿐이었다. 겟세마네 동산에서 자신이 곧 죽게 될 것을 아시던 때에도 예수님은 '마음이 극도로 슬프다'(마 26:38)고 하셨는데, 나사로를 위해서는 예수께서 우셨다 ("Jesus wept," 요 11:35).

때때로 사도 요한이 그의 복음서에서 보여주는 예수님은 종종 인간세계를 초월한 것처럼 보인다. 조용하고 차분하며, 모든 것을 아시고, 길고 긴 설교로 신학적 대화를 이끄신다. 우리가 요한복음에서 만나는 예수님은 마가복음에서 소개받는 예수님과는 조금 다르게 느껴진다. 마가복음은 고난 받는 종으로서의 예수님에 초점을 맞추고 있다면, 요한복음의 초점은 예수님의 신적 본성에 있다. 하지만 동시에 요한복음은 또한 예수님의 가장 인간적인 순간도 우리에게 보여준다. 바로 이 순간, 가까운 친구의 죽음 앞에 슬픔에 젖은 예수님을 만나게 되는 것이다. 예수님의 완전한 인성을 볼 기회를 주신 것이다. 우리가 경험하는 깊은 슬픔과 좌절을 예수님께서도 경험하셨다. 예수님은 우리와 같이 시험 받으셨기에 우리의 가장 깊은 고통도 아신다. 마리아와 마르다를 포함하여 그들 모두를 예수님께서는 아끼셨다.

우리는 크리스천들의 섬김의 삶에 대해 논의할 때에 마리아와 마르다를 종종 연결시킨다. 우리는 '마리아'처럼 혹은 '마르다'처럼 섬긴다고 하면서, 마치 두 갈래의 길 중 어느 하나를 선택해야 할 것처럼 이야기한다. 하지만 우리가 이 두 자매를 소개하는 성경 본문을 주의 깊게 살펴 본다면, 예수님께서 두 자매의 논쟁에 대한 반응으로 하신 말씀은 전혀 그런 의미가 아니었음을 알게 된다.

> 예수께서 제자들과 함께 길을 가다가 한 마을에 이르시니 마르다라는 여인이 예수를 집으로 모셨습니다. 마르다에게는 마리아라는 동생이 있었습니다. 그 동생은 주의 발 앞에 앉아 예수께서 하시는 말씀을 듣고 있었습니다. 그러나 마르다는 여러 가지 접대하는 일로 정신이 없었습니다. 그래서 마르다가 예수께 다가와 말했습니다. "주여, 제 동생이 저한테만 일을 떠맡겼는데 왜 신경을 안 쓰십니까? 저를 좀 거들어 주라고 말씀해 주십시오!" 주께서 대답하셨습니다. "마르다야, 마르다야, 너는 많은 일로 염려하며 정신이 없구나. 그러나 꼭 필요한 것은 한 가지뿐이다. 마리아는 좋은 것을 선택했으니 결코 빼앗기지 않을 것이다." (눅 10:38-42)

성경에는 예수님이 사셨던 시대와 오늘날 간의 거리를 허무는 본문들이 종종 있다. 바로 이 이야기가 그것 중의 하나이다. 우리 중의 누가 이 본문에서 보여지는 사소한 일을 둘러싼 논쟁에 개입되어 보지 않은 사람이 있을까? 집안 일을 분담해야 하는 상황에 있어본 사람이라면 누구나 어떤 시점에서는 이렇게 생각했을 것이다. "이 집안 일은 내가 다 하고 있어!" 가사 분담에 대한 불평은 태곳적 동굴 안에서 지저분한 것들을 밖으로 쓸어내야 한다

성경 속 여성들이 말하다

고 생각하면서부터 인류 역사의 일부로 자리잡았을 것이다. 우리는 모두 위와 같은 두 자매의 상황에 공감할 수 있다. 더구나 (우리는 가사의 훨씬 더 많은 부분을 감당하고 있는 쪽이 자기 자신이라고 생각하는 경우가 대부분이기 때문에) 마르다의 불평은 우리에게 특히 타당해 보인다. 우리는 스스로를 마르다로 생각하기 쉬운 것이다.

그러한 본능적인 반응 때문에 여기에서 실제 벌어지고 있는 놀라운 일을 간과하기 쉽다. 고대 유대 사회에서 여성은 종교 교사들의 발 앞에 앉지 못했다. 우리가 볼 때에 예수님의 발 앞에서 열심히 공부하는 마리아의 모습은 자연스럽고 감동적인 장면이다. 하지만 1세기 유대인에게 이 장면은 지극히 충격적인 이미지이다. 마리아는 세 가지 측면에서 관례를 깨는 행동을 하고 있다. 먼저 그녀는 성경에 대한 공적 가르침에 참여하고 있었다. 또한 마리아는 랍비와 가깝고도 친밀한 물리적 거리에 있었다. 뿐만 아니라 마리아는 일군의 남자들 사이에 앉아 있었다. 이 모든 것은 마리아의 문화 속에서는 금기시되는 것이다. 마리아가 그곳에 앉아 있을 수 있도록 허용함으로써 예수님은 당시 여성들이 어떻게 행동해야 하는지에 대한 모든 문화적 규범을 깨고 있는 셈이었다. 특히 여성에게 있어서의 당시 관례를 넘어서고 계셨다. 당시 1세기 유대 사회에서는 유대인 소년과 젊은 남자들만 정식 교육을 받았다.

하지만 예수님께서는 그런 전통적인 규범을 존중하지 않으셨다. 실제로 예수님은 아마도 상당 기간 그러한 규범들은 무시하고 계셨을 것이다. 왜냐하면 마르다가 "주님, 제 동생이 모든 규범을 깨고 남자들 앞에서 부적절하게 행동하고 있는 것을 왜 신경 쓰지 않으십니까?"라고 불평했던 것이 아니기 때문이다. 예수님께서 마리아가 예수님의 (남자) 제자들 가운데 자리잡고 앉아 있는 것을 두고 꾸짖지 않으실 것을 마르다를 포함하여 모두가 알고 있었던 것으로 보인다. 그렇기 때문에 마르다는 마리아의 선택 자체가 아니라 그 선택이 낳은 '결과'를 두고 불평해야 했다.

그렇다면 마리아의 선택은 무엇인가? 성경은 마리아가 했던 두 가지 일을 말해준다. 먼저 마리아는 "주의 발 앞에 앉아" 있었고, "예수께서 하시는 말씀을 듣고" 있었다. 예수님의 발 앞에 앉아 있었다는 것은 마리아의 겸손을 보여주고, 예수님의 말씀을 경청하고 있었다는 것은 마리아의 배우고자 하는 열망을 보여준다. 마리아가 예수님의 말씀을 듣고 그것을 받아들이기 전에, 먼저 그녀는 예수님께 대한 완전한 복종의 자세로 임한 것이다. 마리아는 예수님의 마음을 알아가는 일종의 점진적인 발전의 과정을 우리에게 보여준다. 예수님께서 그의 청자들에게 들려주시는 말씀과 도전의 무게를 재어보고, 궁극적으로 믿음과 순종으로 예수님을 따르게 되는 것이다. 마리아의 결단은 단순히 지적인 것이 아니었다. 마리아는 온 마음으로 그 분을 따른 것이다.

현대의 크리스천으로서 우리는 성경을 공부함으로써 하나님의 마음을 알아간다. 성경을 읽는 것이 결국 예수님의 발 앞에 앉은 것과 동격에 해당하기 때문이다. 하나님의 본성과 그분의 약속, 그분의 계획을 알기 위해, 우리 개개인이 가이드북으로 삼아야 하는 것이 바로 성경이다. 예수님의 지상 명령을 달성하기까지 우리는 성경을 읽으며 성장하게 된다.

> 예수께서 대답하셨습니다. "네 마음을 다하고 네 생명을 다하고 네 뜻을 다해 주 네 하나님을 사랑하여라." (마 22:37)

마리아의 이야기는 예수님을 알아가는 깊이를 아름답게 펼쳐 보여준다. 우리는 온 마음을 다해 그 분을 사랑하고, 우리의 판단력을 가지고 지적으로도 그 분을 받아들여야 한다.

누가복음의 본문에서 보여지는 마리아의 행동은 오래 전 이스라엘 백성들에게 주신 언약을 떠올리게 한다. 출애굽기 24장 7절에 보면 모세는 하나님이 이스라엘 백성에게 주신 언약 모두를 선포하고 펼쳐 보였다. 모세가 언약책을 가져와 읽어 주자, 이스라엘 백성들은 한 목소리로 대답했다. "우리는 여호와께서 말씀하신 모든 것을 지켜 행하겠습니다. 우리는 그 모든 것을 순종하겠습니다."

이스라엘 자손들은 율법을 따르겠다는 결단을 한 번이 아니라 두 번이나 선포했다. "하나님께서 무엇을 명하시든 우리는 따르겠습니다!" 그들은 의문을 제기하거나 거래하려 하지 않았다. 마리아가 그랬던 것처럼 하나님이 명령하신 것이 무엇인지를 아는 것으로 충분하다. 그것들을 완전히 이해하지 못해도 지금은 괜찮다.

우리는 성경의 다른 두 사건 속에서 마리아의 깊은 정서적 역량을 확인할 수 있다. 하나는 그녀의 오빠 나사로의 죽음이고, 다른 하나는 예수님의 발에 기름을 부은 사건이다. 요한복음에서 그 기름 부은 사건은, 예수님께서 예루살렘에 들어가시기 전에 일어난 마지막 사건이자 예수님의 십자가 죽음으로 마무리된 숙명의 일주일의 시작이었다. 예수님의 십자가 죽음은 영광스러운 부활로 이어졌다. 공생애 기간 동안 예수님에 관한 이야기는 이스라엘 전역으로 퍼졌다. 예수님은 대중의 관심을 받는 인물이었다. 예수님께서 종려 주일(Palm Sunday)에 예루살렘에 입성하신 순간부터 그 일주일 동안 일어난 모든 사건들이 지극히 공적인 무대에서 이루어졌다. 군중이 "호산나!"를 외치는 순간에도, 예수께서 성전 뜰에서 가르치실 때도, 성전 앞 환전상들을 몰아낼 때도, 겟세마네 동산에서 체포되시던 순간에도 사람들에 둘러싸여 있으셨다. 회오리 바람과도 같은 한 주는 로마 제국에서 가장 공개적인 폭력이 행사되는 방식의 처형으로 마무리되었다. 바로 십자가형이다. 십자가형에 이어진 사건은 죄와 사망에 대한 예수 그리스도의 승리였다. 그것은 예수님을 영접하는 모든 이들에게 구원을 주신다는 확증으로서의 부활이었다. 하지만 이 모든 사건들이 벌어지기 전 예수님은 베다니에서 그의 가까운 친구들과 강렬하고도 친밀한 시간을 보내고 계셨다. 폭풍 전야의 고요와 같은 순간이었다.

> 유월절이 시작되기 6일 전에 예수께서 베다니에 도착하셨습니다. 그곳은 예수께서 죽은 사람 가운데서 다시 살리신 나사로가 사는 곳이었습니다. 그곳에서 예수를 위해 잔치를 베풀었습니다. 마르다는 음식을 날랐고 나사로는 예수와 함께 음식을 먹고 있는 사람들 가운데 함께 있었습니다. 그때 마리아가 매우 값비싼 향유인 순수한 나드 1리트라를 가져다가 예수의 발에 붓고 자기 머리털로 예수의 발을 닦아 드렸습니다. 집안은 온통 향내로 가득했습니다. (요 12:1-3)

우리는 다시 한번 두 자매 사이에 동일한 역학 관계가 펼쳐지고 있음을 확인하게 된다. 음식을 나르는 등의 시중을 드는 쪽은 마르다였고, 종교적 헌신에 몰입한 쪽은 마리아였다. 그런데 여기에서의 마리아의 행동은 이 전의 사건들보다 더 놀랄만하다. 마리아는 예수님의 발 앞에 앉아 있는 것만으로 예수님을 향한 사랑을 표현하는데 만족하지 않았다. 이번에는 주님을 향한 애정을 현실적으로 표현하기에 이른다. 성경은 마리아가 매우 비싼 향유를 가지고 와서 예수님의 발에 붓고 자신의 머리카락으로 그 발을 닦아드렸다고 전한다. 이 같은 행위는 당시 발가락이 드러나는 신발을 신고 먼지 날리는 먼 길을 달려온 손님의 발을 씻어주는 정도의 관례를 훨씬 뛰어넘는 것이었다. 그녀는 매우 값비싼 보물을 따서 자신이 '메시아, 하나님의 아들'(요 11:27)이라고 믿는 그 분을 위해 아무런 주저 없이 사용한 것이다. 그 이후 마리아는 계속해서 놀라운 행동을 이어간다. 마리아는 자신의 머리카락을 드러낸 것이다. 당시 존경받는 여성이라면 누구나 자신의 머리를 덮는 수건을 쓰고 있었는데, 그것을 풀어버린 것이다. 그 시대의 관습을 공개적으로 뒤흔듦으로써, 마리아는 예수님 앞에서 완전히 연약해지는 것이 무엇인지를 아름답게 그려냈다.

나사로가 죽었을 때 그들의 마을 전체가 그를 애도하기 위해 나온 것을 두고 본다면, 마르다와 마리아의 가족은 아마도 그 공동체 안에서 명망 있는 집안이었던 것 같다. 그들의 재정적 상황은 1세기 농경 가족으로서 식구들을 잘 부양하고 손님을 위해서도 어느 정도 넉넉한 살림을 유지했던 것으로 보인다. 그렇다 하더라도 당시의 기준에서 향유 한 병은 상당히 특별한 선물이었거나 귀중한 소유였을 것이다. 마리아는 그 향유를 사기 위해 예루살렘까지 다녀왔던 것일까? 특별한 날에 마리아가 받은 선물이었을까? 아니면 결혼 지참금의 일부였을까? 분명 그 향유는 상당한 값어치의 물품이었고 예수님의 제자 중 하나인 가롯 유다(Judas Iscariot)는 마리아의 행동을 공개적으로 비난하기까지 했다. 요한복음 12장 4절에서 6절의 구절을 통해 이 장면을 확인할 수 있다.

그때 제자들 중 하나이며 나중에 예수를 배반할 가룟 유다가 말했습니다. "왜 이 향유를 300데나리온에 팔아 가난한 사람들에게 주지 않고 낭비하는가?" 그가 이렇게 말한 것은 가난한 사람들을 생각해서가 아니었습니다. 그는 돈주머니를 맡고 있으면서 거기에 있는 돈을 훔쳐 가곤 했기 때문입니다. (요 12:4-6)

마리아는 유다의 말을 분명 들었을 것이지만 유다에게 자신을 변호하지 않았다. 앞서 언니 마르다가 자신에 대해 불평할 때에도 스스로를 변호하지 않았던 것과 마찬가지이다. 두 경우 모두 마리아는 예수님께서 자신에 대해 말씀해주시는 것을 의지했다. 또한 두 경우에서 모두 예수님께서 마리아에 대해 변호해주시는 것이 마리아 스스로가 무언가를 하려는 것보다 훨씬 나았다. 예수님은 유다에게 마리아가 하는 것을 그대로 두라고 말씀하였다. 왜냐하면 "이 여인은 내 장례 날을 위해 간직해 둔 향유를 쓴 것이다. 가난한 사람들은 항상 너희와 함께 있지만 나는 항상 너희와 함께 있는 것이 아니다"라고 하셨다(요 12:7-8). 참으로 놀라운 말씀이다!

마리아의 가족에게 불과 얼마 전까지 죽음의 그림자가 드리워져 있었던 것을 생각하면, 귀한 향유를 깊이 사랑하는 사람의 죽음을 애도하기 위해 아껴 두었을 가능성도 높아 보인다. 어쨌든 마르다와 마리아는 예수님이 나사로를 죽은 사람들 가운데서 다시 일으키시기 전에 장례절차를 위해 그의 시신에 향유를 발랐을 것이다. 즉, 마리아는 앞으로 무덤에 묻히기 전에 사랑하는 사람의 몸을 준비시킨다는 것이 무엇인지를 정확히 알고 있었다.

나사로의 부활 직전에 예수님은 자신의 죽음이 매우 현실적인 실제임을 분명히 말씀하셨다. 예수께서 제자들에게 다시 유대 지방으로 돌아가자고 하셨을 때, 그들은 거기서 예수님이 돌에 맞아 거의 죽을 뻔했는데 또 다시 그리로 가자고 그러느냐고 반문했다(요 11:8). 성경은 최소한 도마의 경우 예수님과 자신들이 위험에 처했다는 것을 알고 있었음을 분명히 기록하고 있다. 요한복음 11장 16절에 도마의 말을 살펴보자. "우리도 주와 함께 죽으러 가자." 아마도 마리아 역시 예수님께 앞으로 어떠한 일이 생길지 감지하고 있었는지도 모른다.

예수님을 향한 마리아의 주저함 없는 표현은 그 시대의 기준으로 본다면 이성적이거나 당시의 규범에 맞는 것이 아니었다. 하지만 남들은 어리석게 보았을 방식으로 과감하게 예수님을 따른다는 것이 무엇인지를 명확하게 보여주고 있다. 마리아는 가장 중요한 일을 하기 위해 기꺼이 전통을 깨뜨렸다. 마리아에게는 자신의 구세주에게서 배우고 그를 영화롭게 하는 것이 가장 중요한 일이었다. 남자들 사이에서 주님의 발 앞에 앉아 있는 것? 여성에게 기대되는 관습적 의무를 저버리는 것? 예수님의 발에 향유를 바르고 그 발을 자신의 머리카락으로 닦으며 볼거리를 만드는 것? 다른 것은 제쳐 두고라도 이것들은 쉽게 할 수 있는 일들이 아니었다. 그럼에도 마리아는 핵심적인 교훈을 우리에게 몸소 보여준 셈이다. 우리가 쫓는 것은 세상의 인정이 아니라는 것이다. 예수님이 우리의 궁극적인 보상이고, 우리가 그 분을 택했을 때 피할 피난처이다. 세상이 우리에게 가장 값어치 있는 것이 무엇이라고 가르치든지 간에, 우리의 선택은 예수님이다.

마리아에 대한 성경의 이야기 속에서 마리아는 주로 침묵한다. 이 점이 그녀가 어떤 사람이었는지를 이해하는 열쇠가 되기도 한다. 실제로 성경이 기록하고 있는 마리아의 말은 단 한 번뿐이다. 나사로가 죽었을 때 마리아는

"주여, 주께서 여기 계셨더라면 저희 오빠는 죽지 않았을 것입니다"라고 말했다(요 11:32). 이 구절에서 마리아는 예수님의 놀라운 능력을 완전히 알고 있지 못한 셈이다. 마리아는 그가 자신의 고통을 보신다는 것을 알았다. 예수님은 마리아의 고통을 보실 뿐 아니라 그녀의 슬픔에 마음 아파하셨고 그 슬픔을 눈물로 함께 하셨다(요 11:35).

마리아는 말수가 적은 편이고 마르다는 자신이 생각하는 바를 말하는 편이었기 때문에, 우리는 마르다가 자신의 여동생에 대해 어떻게 생각했는지를 들여다볼 수 있다. 하지만 마리아가 마르다를 어떻게 생각했는지는 알 수 없다. 마리아에 관한 모든 이야기들 속에서 그녀의 유일한 초점은 예수님이었다. 마리아는 아마도 마르다가 자신에 대해 얼마나 짜증을 내고 있는지 알고 있었을 것이다. 마르다의 지적은 전혀 새로운 것이 아니었기 때문이다! 아마 어린 시절부터 마리아는 공부하기를 좋아하고 심지어 남자들과도 함께 배우는 것을 마다하지 않았을 것이다. 반면 마르다는 언니로서 마리아의 팔을 잡아채어 그녀를 돌려 세우고 마리아가 해야 할 심부름이 무엇이고 세계 속에서 그녀의 자리가 어디인지를 상기시켜 주었을 것이다. 하지만 예수님을 자신의 초점으로 삼은 마리아는 마르다의 불만이나 당시의 규범을 개의치 않았을 것이다.

그 둘은 참으로 다른 유형의 여성이었지만 두 자매는 절망 속에서 하나로 연합했다. 우리는 마리아와 마르다가 상실과 비통의 상가에 앉아 있다가 예수님께서 그들에게로 오고 계시다는 소식을 듣는 장면을 상상할 수 있다. 두 여인의 눈길이 서로 마주쳤을 것이고, 동일한 희망의 빛이 두 사람의 얼굴에 스쳤을 것이다. "예수께서 조금만 더 일찍 오셨더라면!"하고 두 사람 모두 안타까움을 표출했을지도 모른다. 나사로가 죽은 후 그들의 집은 두 여인 모두에게 텅 빈 것처럼 느껴졌을 것이다. 여기에 대해서는 나중에 좀더 살펴보고, 먼저 예수님이 마르다에게 무어라고 대답하셨는지를 살펴볼 필요가 있겠다.

마리아와 마르다를 생각할 때, 우리는 예수님의 대답보다는 마르다의 불평에 초점을 맞추기 일쑤이다. 예수님께서 마르다에게 뭐라고 말씀하셨는지를 다시 살펴보자.

> 주께서 대답하셨습니다. "마르다야, 마르다야, 너는 많은 일로 염려하며 정신이 없구나. 그러나 꼭 필요한 것은 한 가지뿐이다. 마리아는 좋은 것을 선택했으니 결코 빼앗기지 않을 것이다. (눅 10:41-42)

예수님께서는 마리아에게 배우고자 하는 열망을 포기하라고 대답하신 것이 아니라, 오히려 마리아가 선택한 것을 진심으로 지지하셨다. 크리스천들은 삶에서 예수님과의 관계를 깊게 만들어 가는 것과 그를 섬기는 사역 사이에서 균형을 찾아야 한다. 우리가 하나님과의 임재 가운데 그 분과 교제하는데 시간을 쓰기보다 하나님을 '위해' 우리가 할 수 있는 일에 지나치게 집착하면 문제가 생긴다. 예수님께서 마르다에게 하신 대답은 그보다 더 명확할 수는 없다. 마르다가 하고 있는 일이 마리아가 하기로 결단한 배움과 교제보다 더 중요할 수 없다는 것이다. 우리는 이 둘 간의 방정식을 가지고 종종 씨름한다. 왜냐하면 무언가 사역을 하는 것이 오히려 단순하게 주님의 일을 하는 것처럼 느껴지기 때문이다. 특히 그 일의 성과를 체크박스에 표시할 수 있거나 결과를 볼 수 있다면 더욱 그렇다. 그리고는 우리가 한 구체적인 일들을 들어 보이며 말한다. "주님, 보세요. 제가 얼마나 주님을 사랑하는지!"

하지만 하나님께서는 우리의 사랑을 일로 증명하라고 요구하지 않으신다. 하나님은 우리의 마음을 아시고, 그 분께 혹은 다른 누군가에게 무언가를 증명해내기를 필요치 않으신다. 아무리 선한 섬김이라 하더라도, 그 일의 분주함 때문에 마음과 뜻과 정성을 다해 하나님을 사랑하라고 하신 최우선의 목표를 내몰아서는 안 된다. 우리의 최우선 과제를 실천하기 위해서는 하나님과 시간을 보내야 한다. 하나님의 말씀을 묵상하고 하나님께 귀 기울이고 기도해야 한다. 매일의 계획을 완수하느라 분주히 뛰어다니기만 해서는 안 된다.

프랑스의 한 시골 교회 목사님과 그 교회에 매일 나와 앉아 있던 그 마을 노인에 관한 이야기가 있다. 그 할아버지는 몇 시간이고 교회에 앉아 있었다. 그는 무언가를 읽거나 큰 소리로 기도하거나 찬양하지도 않았고 그저 앉아 있었다. 결국 목사님은 그 노인에게 그 많은 시간동안 교회에서 무슨 할 일을 찾았느냐고 묻지 않을 수 없었다. 노인은 목사님을 바라보더니 미소를 지으며 제단을 향해 고개를 끄덕였다. "나는 그 분을 바라보고 있네. 하나님께서 나를 바라보고, 우리는 함께 행복한 시간을 보내고 있다네." 이것이 마리아가 가졌던 깊은 행복이다. 슬픔이 존재하지 않는다고 애써 가장하거나 그것을 무시하는 데서 오는 행복이 아니다. 마리아의 행복은 슬픔 가운데서도 예수님을 받아들이는 행복이었다. 그의 발 앞에 조용히 앉아 그를 기다리는 행복인 것이다.

성경 속 여성들이 말하다

베다니에 사는 마르다 Martha

(누가복음 10:38~2, 요한복음 11:17~44)

마리아가 조용한 동생이었다면, 마르다는 확실히 할 말을 하는 쪽이었다. 우리는 마르다가 말하는 것을 성경의 두 부분에서 본다. 동생이 자신의 일을 돕지 않는다고 예수님께 불평하는 장면에서, 그리고 오빠 나사로가 죽은 후 예수님께 탄원하는 장면에서 마르다의 말을 듣게 된다. 두 경우 모두에서 마르다는 할 말이 많다. 하지만 먼저 마르다의 그 유명한 불평을 다시 살펴보기로 하자.

> 예수께서 제자들과 함께 길을 가다가 한 마을에 이르시니 마르다라는 여인이 예수를 집으로 모셨습니다. 마르다에게는 마리아라는 동생이 있었습니다. 그 동생은 주의 발 앞에 앉아 예수께서 하시는 말씀을 듣고 있었습니다. 그러나 마르다는 여러 가지 접대하는 일로 정신이 없었습니다. 그래서 마르다가 예수께 다가와 말했습니다. "주여, 제 동생이 저한테만 일을 떠맡겼는데 왜 신경을 안 쓰십니까? 저를 좀 거들어 주라고 말씀해 주십시오!" 주께서 대답하셨습니다. "마르다야, 마르다야, 너는 많은 일로 염려하며 정신이 없구나. 그러나 꼭 필요한 것은 한 가지뿐이다. 마리아는 좋은 것을 선택했으니 결코 빼앗기지 않을 것이다." (눅 10:38-42)

앞에서 우리는 마리아의 관점에서 이 장면을 보며 그녀의 행동과 예수님의 반응에 대해 이야기했다. 하지만 여기에서 마르다가 하는 말을 들어보면 우리에게 교훈 되는 바가 참으로 많다. 그녀가 예수님께 뭐라고 말했는지

보라. "주여, … 왜 신경을 안 쓰십니까?" 우리는 마르다의 어조에서 동생 마리아에 대한 짜증만 읽을 수 있는 것이 아니라, 예수님에 대한 불만도 읽을 수 있다. 예수님이 자신의 좌절에 대해 아무것도 하지 않는다고 생각하고 있는 것이다. 사실 예수님은 공정하고 정의로우셔야 하는 것 아니겠는가? 타인에 대한 친절과 배려, 형평성을 설교하신 이가 예수님 자신 아니신가? 예수님도 접대를 위한 온갖 고된 노동을 마르다가 전담하고 있는 것과 마리아가 그런 마르다를 내버려 두는 것을 알고 계시지 않으신가? "왜 신경을 안 쓰십니까?"라고 고소하듯 불평한 마르다의 마음 속에는 예수님이 자신의 편을 들어주실 거라는 전제가 깔려 있었다. 나도 마르다와 동일한 불평을 했던 적이 있음을 고백하지 않을 수 없다.

예수님은 지혜롭고 은혜롭게도, 마르다에게 조용히 하라고 다그치지도, 저리 가라고 쫓아내지도 않으셨다. 예수님은 마르다의 불평에 대해 '왜 그런 우스꽝스럽고 사소한 집안 일 문제를 내게 가져오는 거니?'라고 무시해 버리지 않으셨다. 예수님은 마르다에게, 자신은 존경받는 랍비이고 해야 할 중요할 일이 있으니 여자인 너는 나에게 탄원할 권리 자체가 없다고 말하지 않으셨다. 예수님은 마르다의 불평에 그렇게 반응하지 않으셨고, 오히려 마르다의 말을 진지하게 받아들이셨다. 물론 그것은 마르다의 말에 동의하거나 그 요구를 그대로 들어주는 것과는 다르다. 하지만 예수님은 마르다의 불평에 대해 대화할 필요가 있는 이슈임을 인정하신 것이다. 예수님께서 누가복음의 또 다른 형제 분란에 대해 어떻게 반응하셨는지를 마르다의 경우와 비교해 볼 필요가 있다.

사람들 중에서 어떤 사람이 예수께 말했습니다. "선생님, 제 형제에게 유산을 저와 나누라고 말씀해 주십시오." 예수께서 대답하셨습니다. "이 사람아, 누가 나를 너희 재판관이나 분배인으로 세웠느냐?" (눅 12:13-14)

예수님은 그 형제들 간의 분쟁에 대해 어떤 식으로든 개입할 수 있다는 생각 자체를 일축하셨다. 하지만 이 형제들 간의 분쟁이야말로 예수님 같은 종교적 지도자나 교사에게 해결을 기대하는 유형이었다. 유산 상속이나 주요 인사들 간의 거래와 같은 중요한 공동체의 문제들 말이다. 그러니 여인들 간의 사적 논쟁? 그런 일은 대부분의 종교 선생들에게 주목할 가치가 없는 것으로 여겨졌을 것이다. 하지만 예수님에게는 그렇지 않았다. 예수님께는 마르다의 근심이 중대한 문제였다. 그 대화는 마르다의 생각을 반박하는 것으로 마무리되었지만, 예수님께서는 마르다의 말에 귀를 기울이고 계셨다.

예수님은 마르다에게 한없는 다정함으로 반응하셨다. 예수님은 화를 내며 답하지 않으셨다. 그녀의 영혼을 살피셨고 그녀의 불평에 귀 기울이셨다. 예수님은 마르다의 상태를 "많은 일로 염려하며 정신이 없다"고 진단하셨다. 그리고 부드럽게 더 나은 길을 보여주셨다. 예수님께서 마르다에 대한 반응을 시작하신 독특한 방식에 주목할 필요가 있다. "마르다야, 마르다야" 예수님은 그녀의 이름을 두 번 부르셨다. 이렇게 해서, 마르다는 신약에서 예수님께서 이름을 두 번씩 강조하며 부른 세 사람 중 하나가 된다. 예수님은 베드로를 "시몬아, 시몬아" 하고 부르셨다. 예수님께서 베드로를 위해 기도하며 시험의 때에 그가 강건하여지기를 구하였음을, 그래서 베드로가 다른 제자들도 강건하게 할 수 있기를 구하였다고 말하는 장면에서 그렇게 두 번 부르셨다. 또한 예수님은 다메섹 도상에서 바울을 "사울아, 사울아" 하고 부르셨다. 그때 예수님께서는 당시의 사울에 맞서 이방인의 사도(Apostle to the Gentiles)인 바울 사도을 부르시며 그의 삶을 극적으로 뒤바꿔 놓으셨다. 이런 맥락에서 예수님께서 "마르다야, 마르다야" 하고 부르신 것을 본다면, 예수님의 부르심은 몹시 화가나 체념하듯 부르는 부모의 음성이 아니라 제자의 길로 부르시는 진실된 하나님의 음성이었다. 그것은 예수님께서 바울의 사고를 변혁하신 것과 같이 마르다에게 삶의 우선순위를 바꾸라는 요청이 아니었을까? 마르다를 향한 제자도의 부르심은 그녀의 집에서 이루어진 셈이다. 마르다 버전의 '다메섹 도상'은 그녀의 집 안 주방으로 뚫려진 복도였던 셈이다.

세 남매, 즉, 마르다, 마리아, 나사로 가운데 섬김의 삶에 묶여 있던 사람은 마르다였다. 마르다가 가계를 책임지며 행동하는 여인으로써 가정 내 지도력을 발휘했던 것으로 보인다. 예를 들어 예수님께서 죽은 나사로를 보기 위해 집에 방문하실 것을 알게 되었을 때, 즉시 일어나 그를 만나러 나간 사람은 마르다였다. 마리아는 집에서 기다렸으나, 마르다는 기다리지 않았다. 마르다는 예수님과 말할 기회를 놓치지 않았던 것이다.

> 마르다가 예수께 말했습니다. "주여, 주께서 여기 계셨더라면 오빠가 죽지 않았을 것입니다. 그러나 지금이라도 주께서 구하시는 것은 무엇이든지 하나님께서 다 이루어 주실 줄 압니다."
> 예수께서 마르다에게 말씀하셨습니다. "네 오빠가 다시 살아날 것이다."
> 마르다가 대답했습니다. "그가 마지막 날 부활 때에 다시 살아나리라는 것은 제가 압니다."

예수께서 마르다에게 말씀하셨습니다. "나는 부활이요, 생명이니 나를 믿는 사람은 죽어도 살겠고 살아서 나를 믿는 사람은 영원히 죽지 않을 것이다. 네가 이것을 믿느냐?"

마르다가 예수께 말했습니다. "네, 주여! 주는 세상에 오실 그리스도이시며 하나님의 아들이심을 제가 믿습니다." (요 11:21-27)

마르다의 이 고백은 조금도 거리낌 없는 과감한 믿음의 고백이다. 이것은 시몬 베드로의 고백을 연상시키기도 한다. "주는 그리스도이시며 살아 계신 하나님의 아들이십니다."(마 16:16). 하지만 여기 요한복음에서는 마르다라는 한 여인의 입에서 그 같은 고백이 나온다. 우리가 아는 한 마르다는 베다니의 작고 조용한 마을에서 그것도 주로 집에서만 지냈던 여인이다. 마르다는 예수님과 그의 제자들과 함께 온 유대와 갈릴리 지방을 다니며 (베드로가 그랬던 것처럼) 예수님의 사역에서 나타난 수많은 기적과 치유, 놀라운 이적들을 목격하지 못했다. 그럼에도 마르다는 예수님의 진리를 충분히 알고 있었던 것이다. 그녀의 제자도는 집에서 이루어진 것이다.

그런데 여기서 더 흥미로운 것은, 마르다의 입술에서 이 같은 전적인 고백이 나오기까지 마르다와 예수님이 나눈 대화이다. 마르다는 견고한 신학적 대화가 가능한 지적인 여성이었음이 분명하다. 마르다는 치유하실 수 있는 예수님의 능력을 인정하는 것으로 시작하고 있다. "주여, 주께서 여기 계셨더라면 오빠가 죽지 않았을 것입니다." 이 점에 대해 마리아는 그 자체로 상황을 받아들였지만, 마르다는 그렇지 않았다. 그저 과거에 있을 수 있었던 일을 진술하는 것으로 만족하지 않았던 것이다. 마르다는 미래의 가능성을 향해 나아갔다.

마르다의 다음 말의 고백은 믿음과 신뢰로 가득하다. "그러나 지금이라도 주께서 구하시는 것은 무엇이든지 하나님께서 다 이루어 주실 줄 압니다." 마르다는 '지금이라도'라고 말하고 있는 것이다. 마르다는 예수님에 대한 믿음과 신뢰를 바탕으로 하나님이 일하시는 것에는 결코 너무 늦은 때가 없다고 확신한다. 예수님에 대한 마르다의 신뢰에는 경계가 없다. 마르다만 홀로 깨닫고 있는 것 같다. 어쩌면 요한복음 전체에서 마르다만이 예수님께서 시간과 공간의 제약에 묶이지 않고 하나님의 '시간을 초월한' 삶을 살고 계신 분이심을 깨닫고 있는 것 같다.

우리는 희망의 가능성이 보이지 않을 때 얼마나 쉽게 절망하는가? 세상의 시선으로 믿음의 토대 없이 보면, 마르다의 상황은 더 이상 갈 데 없고 기댈 데 없는 상황으로 보인다. 마르다도 자신의 상황을 그렇게 보았다. 하지만 그럼에도 마르다는 예수님께서는 그녀의 사랑하는 오빠이자 예수님 자신이 가장 아끼는 제자 중 하나인 나사로의 죽음도 이기실 것임을 고백하는데 조금도 주저함이 없었다.

예수님께서 "네 오빠가 다시 살아날 것이다"(요 11:23)라고 말씀하신 것은 일견 단순한 위로처럼 보이기도 한다. 마르다도 그 점을 받아들였다. "그가 마지막 날 부활 때에 다시 살아나리라는 것은 제가 압니다"(요 11:24). 우리에게 이 같은 고백은 크리스천의 신앙 교리를 고백하고 있는 것 같다. 하지만 마르다가 살았던 시대와 장소를 고려한다면, 그 고백은 매우 특별한 것이다. 마르다의 시대 유대교에서는, 특히 성전과 제사장 직분을 관장하는 종교적 권위를 가졌던 사두개인들은 이 땅에서의 삶 너머의 삶이라는 아이디어를 받아들이지 않았다. 바리새인들은 유대교에서 비주류 소수파였는데, 이들은 유대교 안의 다양한 사고를 받아들이고 가르치는 편이었다. 바리새인들은 성전 안에서의 의례적 행위가 중요한 것이 아니라 집에서 매일매일의 삶에서 어떻게 하느냐가 중요하다고 믿었다. 또한 바리새인들은 삶이 이 땅의 무덤에서 끝나는 것이 아니라 최후의 심판 날 믿음의 사람들이 다시 몸을 입고 살아날 때 계속되게 된다고 가르쳤다. 당시 예수님은 신앙의 왜곡 문제를 두고 바리새인들과 충돌했었다. 하지만 최후의 부활에 대한 믿음에 대해서만큼은 예수님과 마르다도 동의하고 있는 셈이었다. 하지만 그 애도의 순간 나사로에 대해 예수님께서 다시 살아날 것이라고 하신 것은 이러한 최후의 부활이 아니었다.

예수님은 마르다에게 "나는 부활이요, 생명이니"(요 11:25)라고 말씀하셨다. 마르다는 부활을 먼 미래에 벌어질 '사건'(event)으로 생각했다. 예수님은 부활이 '인격'(person)임을 보이셨다. 부활은 먼 미래 세상의 끝 날에 기대해볼 무언가가 아니었다. 예수님은 부활은 지금 이 순간 벌어지는 것이며 부활은 예수님의 생명에 참여하는 것이라고 말씀하신다.

여전히 많은 크리스천들이 오늘날까지도 이 점을 놓고 씨름한다. 시간을 직선적인 것으로 생각하기 쉽기 때문이다. 우리의 사고의 한계 속에서 이해할 수 있는 유일한 방식의 시간이란 앞으로 전진하는 것이고 흘러가버리는 것이다. 하지만 복음서에서 예수님은 영원이란 그런 식으로 작용하는 것이 아님을 반복해서 보여주신다. 하나님의 계획에 참여한다는 것은 우리를 시간과 공간에 대한 인간적 한계 너머로 데려간다. 부활은 지금 여기에서 벌어진다. 마지막 날 우리의 몸에 벌어질 일은 우리의 영혼에 이미 시작된 일의 확장이다. 부활은 복잡한 신학적 개념이다. 예수님은 요한복음 3장에서 니고데모(Nicodemus)와의 대화에서 부활에 대한 힌트를 주셨다. 하지만 여기 마르다와의 대화에서 예수님은 훨씬 더 선명하게 부활이 무엇인지를 펼쳐 보이셨다. 이런 대화는 다른 어떤 제자와도 하지 않으셨다. 마르다는 예수님이 아끼고 신뢰하는 친구였다.

예수님께서는 마르다에게 "나는 부활이요 생명이니 나를 믿는 사람은 죽어도 살겠고 살아서 나를 믿는 사람은 영원히 죽지 않을 것이다"(요 11:25-26전단)라고 말씀하셨다.

예수님은 죽음과 생명의 관계를 설명하신다. 생명이 어떻게 예수님 자신을 통해 나오고 죽음으로 소멸되지 않는지를 말씀하신다. 이 점 역시 예수님과 마르다의 관계와 마르다가 어떤 사람이었는지에 대해 우리에게 말해주는 바가 있다. 생각해보라. 예수님은 상가(喪家), 죽음의 집에 들어서기 직전이었다. 예수님은 슬픔에 빠진 자매들을 만나셨고, 그 두 자매는 며칠 전에 죽은 오빠를 애도하고 있었다. 예수님은 에둘러 말씀하지 않으셨고 담대하게 선포하셨다. "네 오빠가 다시 살아날 것이다"(요 11:23). 예수님께서는 이미 제자들에게 "이 병은 죽을병이 아니다. 이것은 하나님의 영광을 위한 것이요, 이 일을 통해 하나님의 아들이 영광을 받게 될 것이다"(요 11:4)라고 분명히 말씀하셨다. 예수님은 마르다의 명민한 두뇌가 이 이슈를 가지고 씨름하고 있을 것임을 알고 계셨을 것이다. 그래서 그는 좀더 깊은 신학적 원리를 펼쳐 보여주셨고, 마르다에게 놀라운 질문을 하신 것이다. "네가 이것을 믿느냐?"(요 11:26후단).

예수님께서 그러한 직설적인 질문을 언제 또 하셨었는지를 생각해보라. 예수님은 니고데모에게 영생의 삶의 신비를 설명하셨고, 제자들에게는 다른 시점에 비슷한 설명을 하셨다. 하지만 성경 그 어디에서도 예수님께서 하던 말씀을 멈추고 "네가 이것을 믿느냐?"고 물으신 적이 없으시다. 마치 예수님께서는 마르다가 예수님과 함께 있고 그녀의 이해가 예수님의 설명을 쫓아오고 있는지 확인하려 하신 것 같다. 그리고 예수님은 마르다가 스스로 최종적 연결을 해내기를 기다리신 걸까? 예수님께서 마르다에게 말씀하고 계신 것처럼, 주님이 참으로 부활이요 생명이라면 예수님에 대한 훨씬 더 중요한 진술 역시 참일 것이기 때문이다. 마르다는 그 연결을 해냈다. 그리고 성경에서 기록된 가장 완전하고 아름다운 고백을 하게 된다.

> "주는 세상에 오실 그리스도이시며 하나님의 아들이심을 제가 믿습니다." (눅 11:27)

마태복음의 베드로처럼, 마르다도 예수님에 관한 여러가지 조각들을 맞추어 풀어냈다. 예수님은 그리스도, 메시아, 구약성경의 모든 예언의 완성이시다. 이것은 마르다가 관찰한 결과이다. 그녀의 지적 이해와 결합되어 마르다에게 깨달아진 진리이다. 하지만 마르다의 믿음이 그녀에게 또 다른 무언가를 이야기해준다. 예언의 약속을 따라오신 이 메시아는 단지 한 분이 아니라 하나님 자신이 부여한 실제적 삶에 어떤 신비로운 방식으로 참여하고 있는 인격이라는 점이다. 마르다는 완전한 신앙 고백에 도달한 최초의 크리스천들 중 하나였다.

하지만 물론, 마르다는 여전히 현실적인 마르다였다. 예수님께서 베다니에 가까워 오실 때 그를 만나러 가면서, 마르다의 마음 속 어딘가에는 왜 마리아는 여전히 자신과 함께 하지 않는지 궁금해하고 속상해하는 마음이 있지 않았을까? 예수님이 그들을 보러 오지 않았는가! 더 예민한 쪽인 마리아는 그녀를 위로하는 친구들과 이웃에 둘러싸여 지금 이 순간에도 집에 머물며 자신과 예수님이 있는 이곳으로 달려오기에는 너무 지쳐 있는 상태라는 말인가? 마르다는 예수님과 계시적 대화를 나눈 후 집으로 돌아가, 마리아에게 예수님께서 찾으신다는 말을 전해주었다. 예수님께서 마리아가 흐느껴 우는 것을 보시고, 또 따라온 사람들도 나사로의 죽음을 두고 함께 우는 것을 보시고, 예수님 자신도 우셨다. 그리고 그들과 함께 무덤으로 가셨다. 여기에서 예수님과 마르다는 복음서에 기록된 둘 간의 마지막 대화를 나눈다.

> 예수님께서 다시금 속으로 비통하게 여기시며 무덤 쪽으로 가셨습니다. 무덤은 입구를 돌로 막아 놓은 동굴이었습니다. 예수님께서 말씀하셨습니다. "돌을 옮겨 놓아라."
> 죽은 사람의 누이 마르다가 말했습니다. "하지만 주여, 그가 저기 있은 지 4일이나 돼 벌써 냄새가 납니다." (눅 11:38-39)

예수님께서는 죽음에 도전하는 기적을 행하시려 하고 있다. 하지만 그 시도가 가지는 현실적 측면의 문제에 대해 근심하지 않는다면, 그건 우리가 아는 마르다가 아닐 것이다. 혹은 어쩌면 마르다는 예수님께서 하고자 하시는 일이 무엇인지를 제대로 이해하지 못했는지도 모른다. 물론 나사로의 죽은 몸은 향료와 향수 등을 섞은 기름으로 발라져 있을 것이고 꼼꼼히 동여맸을 것이다. 하지만 그래도 향료와 향수가 부패하는 시신의 악취를 막는 것은 잠시 뿐이다. 그러니 그런 상태인 오빠의 몸을 마주하고 싶어하지 않는 마르다를 우리가 비난할 수 있을까? 그녀와 마리아는 아마도 나사로의 죽은 몸을 장례를 위해 준비시켰을 것이다. 즉, 그들은 이미 오빠의 영혼 뿐 아니라 몸

성경 속 여성들이 말하다

과도 작별인사 할 기회를 가졌던 것이다. 그런데 지금 예수님은 그 썩어가는 몸을 다시 드러내고자 하시는 것이다. 상상하고 싶지 않은 장면이 분명하다.

이 순간의 마르다에게서 우리는 우리 자신을 본다. 그런 사람이 적지 않을 것이다. 마르다는 방금 예수님에 관한 모든 놀라운 진리를 드러내는 아름다운 신앙 고백을 하였다. 그러나 여기, 마르다는 고작 몇 구절이 지난 후 조용히 현실적인 이야기를 하고 있는 것이다. '예수님, 그건 아닌 것 같습니다. 잘 모르시나 본데, 별로 좋은 생각이 아니십니다.' 마르다는 다시 믿음의 눈으로 보기보다는 세상의 눈으로 보고 있다. 여기에서 우리의 연약함에 대한 완벽한 그림이 그려진다. 인간으로서 우리 크리스천은 위대한 신앙을 고백할 능력이 있다. 하지만 삶의 조건에 따라 우리가 선 기반이 도전을 받으면, 우리는 나사로의 무덤 앞에 선 마르다처럼 말하게 된다. '잠깐, 그러지 마세요. 될 일이 아닙니다!'

예수님께서는 마르다와 우리를 위해 지혜의 최후의 말씀을 전해 주셨다. "네가 믿으면 하나님의 영광을 볼 것이라고 내가 네게 말하지 않았느냐?"(요 11:40). 예수님은 마르다를 그녀 자신의 신앙고백으로 바로 다시 이끄신다. 때때로 하나님께서는 그 분의 약속을 우리에게 부드럽게 상기시켜 주신다. 그리고 그것을 의지하라고 말씀하신다. 우리의 삶 속에 하나님의 영광이 나타나는 진리를 보여주시기 전에 하나님의 약속을 믿고 의지하라고 당부하신다.

자기의 죽은 오빠가 무덤에서 나와 기다리고 계시는 예수님을 향해 걸어가는 장면을 본 마르다는 어떤 기분이었을까? 마르다와 마리아는 참으로 다른 사람이었지만 같은 슬픔으로 단단히 결속되었을 것이다. 분명 두 사람은 그 극적인 순간 서로를 끌어안았을 것이다. 믿기지 않는 기쁨을 나누기 위해서 말이다. 아마도 그들은 서로를 부둥켜 안고 행복의 눈물을 흘렸을지 모르겠다. 그들이 사랑하는 오빠가 돌아왔기 때문만이 아니라, 그들이 사랑하는 선생님에 대하여 믿었던 모든 것이 진실로 눈 앞에서 펼쳐졌기 때문이다.

마르다와 마리아는 조용한 삶을 살았을 것이다. 그들은 여성이었고, 그 점은 그들이 살았던 시대와 장소를 볼 때 의미하는 바가 적지 않았다. 두 사람은 갈릴리에서 유대로 나아가신 예수님의 여정을 함께 동행함으로써 예수님을 따랐던 것이 아니다. 그들은 예수님의 이동 사역을 함께 할 수 있는 상황이 아니었다. 당시 여성들의 삶은 대부분 집안에서 이루어졌다. 그러니 예수님께서 그들의 사적인 삶을 다른 무언가로 바꾸어 놓으신 것은 어떤 의미를 가지는가? 나사로를 죽음에서 다시 살리신 기적은 예수님께서 행하신 가장 대중에게 알려진 기적 중 하나였다. 온 동네가 거기서 그 기적을 보았고, 예수님도 그 점을 알고 계셨다. 예수님께서 아버지께 기도할 때 다음과 같이 말씀하셨다.

> "아버지여, 아버지께서 내 말을 들어 주신 것을 감사드립니다. 아버지께서는 언제나 내 말을 들어 주신다는 것을 내가 압니다. 그러나 지금 이렇게 말하는 것은 여기 둘러서 있는 사람들을 위해서입니다. 아버지께서 나를 보내셨다는 것을 그들로 하여금 믿게 하려는 것입니다." (눅 11:41전 단-42)

나사로를 다시 살리신 예수님의 기적이 매우 공개적인 행사였기 때문에, 마르다와 마리아 자매와 함께 애도하기 위해 모인 이들 중 많은 사람들이 예수님을 믿게 되었다. 그런 기적의 소식은 마치 들불 번지듯 베다니 지역을 넘어 예루살렘으로 퍼졌다. 예수님에 대한 사람들의 관심에 불을 지폈고, 종교적 지도자들은 의심스러워 했다. 많은 이들에게 나사로를 죽은 자 가운데서 다시 일으킨 기적은 예수님이 누구인가에 대한 공적 선언처럼 여겨졌다. 한 걸음 한 걸음, 예수님께서는 마르다와 마리아가 그들의 좁은 울타리 밖으로 나가 더 넓은 세계로 들어서게 이끄셨다.

복음서들은 예수님께서 십자가에 달리셨을 때 십자가 주변에 여인들이 서서 예수님의 죽음을 목격하였다고 전하고 있다. 마리아와 마르다도 거기 있었을까? 그 장면을 상상해 볼 수 있다. 마르다는 흐쩍이는 동생의 어깨를 감싸고 마지막 순간까지 선생님의 얼굴을 침착하게 바라보았을지도 모른다. 마르다는 이렇게 생각했을지 모른다. '내 오빠에게 다시 생명을 주신 분께서 왜 그 자신은 살리지 못하시는 걸까?' 혹은 불과 일주일 전 나사로의 무덤 곁에서 예수님께서 자기에게 하셨던 말씀을 기억했을까? "네가 믿으면 하나님의 영광을 볼 것이라고 내가 네게 말하지 않았느냐?" 마르다는 예수님께서 어떻게 그녀를 다시 온전한 신앙고백으로 이끄셨던 것을 기억했을까? 마르다는 나사로의 무덤 곁에 서서 그가 살아 걸어 나오는 것을 보았다. 그녀는 이것이 예수님의 마지막이 아닐 거라고 믿으며 십자가 밑에 서 있었던 걸까? 마르다는 예수님을 믿으면 하나님의 영광을 보게 된다는 말씀을 이해하고 있었을까? 우리 삶의 가장 깊은 슬픔과 고통, 너무나도 자명한 실패들 가운데서 하나님의 영광을 본다는 것이 어떤 의미일까? 예수님께서 마르다에게 보이신 영원한 진리와 바로 이 순간에도 부활이 가능하다는 약속을 기억하는 것은 무엇을 의미할까?

1. 마리아와 마르다의 이야기에 관한 놀라운 점 중 하나는 두 사람은 전혀 다른 유형의 사람이지만, 둘 모두 예수님과 가까운 친구였다는 점입니다. 예수님은 다양한 유형의 사람들과 친구였습니다. 예수님의 제자들의 면면이 얼마나 다양했는지를 생각해보십시오. 그런데 예수님은 그 당시로서는 이례적으로 여성들과도 친구였습니다. 마리아와 마르다 외에도 예수님께서 우정을 나누신 또 다른 여성들이 있는지 복음서들에서 찾아보십시오.

2. 예수님은 결혼하지 않으셨습니다. 예수님의 가까운 친구들도 모두는 아니지만 상당수가 결혼하지 않았습니다. 마리아와 마르다도 마찬가지였습니다. 예수님께서는 결혼으로 인한 관계만큼이나 (혹은 그 이상으로) 우정을 통한 결속을 중시하셨던 것으로 보입니다. 우리는 우리의 실생활에서 그 같은 결속을 놓치고 살고 있지는 않은지요? 우리의 친구들에게 합당한 시간과 노력을 기울이지 않는 것은 아닌지 생각해보십시오. 우리도 예수님처럼, 여성이나 남성을 모두 동등하게 가까운 친구로 지내고 있나요? 우리는 우리의 결혼생활이 영적으로 거룩하고 건강할 수 있도록 많은 노력을 기울이고 있습니다. 결혼생활에 들이는 노력만큼 우리의 친구들과의 관계가 거룩과 성장의 장이 될 수 있도록 우리는 어떤 노력을 기울일 수 있을까요?

3. 예수님은 예루살렘에서 핍박받고 십자가 위에 달려 죽으셨습니다. 요한복음은 마리아, 마르다 두 자매와 예수님의 고난과 죽으심 간의 특별한 관계를 보여주고 있습니다. 요한복음에서 나사로의 부활은 예수님께서 예루살렘에 들어가시기 직전에 일어난 일입니다. 나사로가 다시 산 것에 대해 종교적 지도자들이 분노한 것입니다. 요한복

음 12장 9절에서 11절까지를 보십시오. 나사로의 부활은 예수님에 대한 배신과 죽음을 '촉발한 사건'으로 보여지기까지 했고, 요한복음에서 예수님께서 행하신 가장 중요한 이적이기도 합니다. 요한복음 2장 1절에서 11절까지를 보고 예수님께서 요한복음에서 가장 먼저 행하신 이적을 살펴보십시오. 이 기적은 예수님이 행하신 마지막 기적과 어떻게 다릅니까? 두 사건 모두에서 여성들은 중요한 역할을 했습니다. 예수님께서 그의 능력의 전모를 보이시도록 촉구하고 요청했습니다. 가나안 혼인 잔치에서는 예수님의 어머니 마리아가 그랬고, 나사로의 부활 사건에서는 마리아와 마르다가 그런 역할을 했습니다. 이 같은 점은 예수님의 삶과 사역의 시기, 또한 초대 교회의 시기에서 여성이 어떤 역할을 했음을 말해주나요? 또한 그것은 오늘날의 우리의 삶과 예수님과의 관계에 대해 어떤 이야기를 해주나요?

마리아와
마리아 막달레나

복 음 의
증 인 들

Mary & Mary Magdalene

마리아와 마리아 막달레나
복음의 증인들

• • •
마리아

(마태복음 1:18~2:23, 누가복음 1:26~56, 2:1~52, 8:19~21

요한복음 2:1~12, 19:25~27)

예수님의 어머니 마리아는 성경에서 가장 유명한 여성이라고 할 수 있다. 하지만 어쩌면 우리가 가장 아는 바가 없는 여인이라고 할 수도 있다. 마리아의 부모님은 누구인가? 마리아는 어디에서 어떻게 자랐을까? 그녀는 어떤 사람이었길래 하나님께서 그 어린 소녀를 택해 '여인 중 가장 복된 여인'이라 칭하셨을까? 우리는 마리아에 관해 너무나 잘 알고 있기 때문에 그에 관한 가장 놀라운 사실조차 그다지 놀랍지 않게 여기고 있는지도 모른다. 하지만 마리아를 새로운 시각에서 면밀히 보고, 그 어린 여성이 겪어야만 했던 상황을 구체적으로 상상해볼 필요가 있다. 마리아에게 어느 날 갑자기 천사가 나타나 하나님의 직통 메시지를 전해주었다. 분명 압도적인 경험이었을 것이다. 더욱이 그 하나님의 메시지란, 마리아는 당시 처녀였는데 그녀가 곧 아들을 낳을 것이라는 메시지였다. 그것도 하나님의 아들이다! 숨이 멎을듯한 순간이지 않았을까? 마리아는 처음에는 믿기 어려워했고 천사에게 질문했다. "처녀인 제게 어떻게 이런 일이 있겠습니까?"(눅 1:34). 하지만 마리아의 마음속에 또 다른 어떤 생각이 스쳤을까 궁금하다. '아무도 내 말을 믿지 않을 거야! 이 일을 약혼자 요셉에게나 가족들에게 대체 어떻게 설명하지?'

마리아의 삶을 생각할 때 우리는 주로 '베들레헴의 마리아'(Mary of Bethlehem)를 떠올린다. 목자들과 동방박사에 둘러싸여 아기 예수님을 안고 있는 마리아 말이다. 하지만 마리아를 이해하기 위한 또 다른 방법은 그녀의 삶의 시작만이 아니라 영혼을 찌르듯 가슴 아픈, 삶의 마지막 여정의 지점을 들여다보는 것이다. 예수님이 십자가에 달려 죽으셨고, 삼 일만에 부활하셨다. 그리고 감람산에서 천국으로 승천하셨다. 제자들은 이제 예루살렘으로 돌아왔다. 제자들은 예전부터 종종 모였던 다락방에 모여 들었다. 하지만 이번에는 두려움 속에 웅크려 모여 앉은 것이 아니었다. 이번에는 그 무엇도 꺾을 수 없는 성령님의 능력으로 무장되어 있었다.

> 거기 있던 베드로, 요한, 야고보, 안드레, 빌립, 도마, 바돌로매, 마태, 알패오의 아들 야고보, 열심당원 시몬, 그리고 야고보의 아들 유다였습니다. 그들은 모두 그곳에 모인 여자들과 예수의 어머니 마리아와 예수의 동생들과 함께 한마음으로 기도에 전념하고 있었습니다. (행 1:13후단-14)

마리아가 그 다락방에서 예수님의 제자들과 함께 초대교회의 심장에 있었다는 것은 우리에게 많은 중요한 점들을 이야기해준다. 앞서 베다니의 마리아와 마르다의 장에서 이야기한 것처럼, 초대교회 공동체에서 여성들이 중대한 역할을 했다는 점도 포함된다. 우리에게는 교회에서의 여성의 역할이란 것이 그다지 낯설지 않을 수 있다. 하지만 1세기 유대 사회에서는 이곳 저곳에서 사역하는 랍비와 그 제자들의 그룹 안에 여성들이 포함되어 있다는 것 자체가 상상하기 어려운 개념이다. 초대교회 공동체는 이미 당시의 세계와 매우 다른 모습을 하고 있었다.

여기 사도행전 본문에서 보여지는 마리아를 규정짓는 중요한 특성 중 하나가 바로 기도에 대한 헌신이다. 우리가 성경에서 마리아를 만나게 되는 최초의 순간들부터 마리아는 기도에 신실하고 일관성이 있었다. 초기 크리스천들이 깨어 기도하는 그 현장에서 마리아도 그들과 함께 기도하고 있었다. 물론 부활하신 예수님이 승천하신 후에는 제자들은 성령을 기다리는 기도를 하고 있었다. 성령은 예수님께서 제자들에게 약속하신 놀라운 이적이었다. 놀라운 이적의 행사를 기다리는 기도는 마리아가 평생의 삶을 통해 본을 보인 기도이기도 하다. 마리아와 하나님과의 관계는 그의 약속이 완성되기를 기다리는 가운데 이루어졌다고 해도 과언이 아니다. 하나님의 약속이 인간의 관점에서는 불가능해 보이는 때에도 말이다. 예수님이 제자들에게 진정한 기도의 기다림이 무엇인지를 보이는 데 마리아보다 더 적합한 사람이 누구이겠는가?

제자들은 예수님의 사역을 가장 가까운 거리에서 바라보고 그 분이 가르치고자 하시는 모든 것에 대해 깊이 이해하고 있었을 것이다. 하지만 아직도 제자들에게 질문이 남아있었을 것이다. 제자들은 예수님이 부활하신 후 40일 동안 많은 기적을 목격하고, 심지어 예수님이 승천하신 것을 보았다. 그럼에도 왜 예수님께서 떠나셔야만 했을까 의아해하는 순간도 있었을 것이다. 십자가의 죽음과 부활 이후, 제자들은 예수님께서 이 땅의 오신 목적과 그 분의 능력을 온전히 이해하기 시작했을 것이다. 그래도 그들은 여전히 예수님의 떠나가심에 대해서는 의문을 가지고 있었다. 왜 그저 우리와 영원히 함께 머물지 못하시는 걸까? 이게 다인 걸까? 하나님의 뜻을 완전히 다 알 수는 없는 가운데 마리아는 신실하게 기도의 자리를 지켰다.

예수님의 승천 직후, 그 불안정했던 시기에 제자들과 함께 한 마리아의 기도는 하나님의 계획에 평생을 헌신한 결과이다. 마리아는 하나님의 계획이 자신의 생각과는 맞지 않는 것 같은 때에도 기도에 헌신했다. 우리와 마찬가지로, 마리아도 오랜 세월에 걸쳐 신앙이 성장하였을 것이다. 또한 아들의 사역을 지켜보며 하나님의 목적으로 좀더 완전하게 내면화 하였을 것이다. 이 지점에서 우리는 다시 마리아의 여정의 출발점으로 되돌아가게 된다. 위대한 겸손과 인내의 시간을 보냈을 것이다. 천사장 가브리엘(Gabriel)이 마리아에게 찾아와 그녀가 온 세상의 구세주를 잉태하게 될 것이라는 메시지를 전해준 지 얼마 지나지 않아, 우리는 하나님의 능력의 선하심을 선포하는 마리아의 목소리를 들을 수 있다.

"내 영혼이 주를 찬양하며 내 영이 내 구주 하나님을 기뻐함은 그분이 자신의 여종의 비천함을 돌아보셨기 때문입니다. 이제부터 모든 세대가 나를 복 있다고 할 것이니 이는 전능하신 그분이 내게 위대한 일을 하셨기 때문입니다. 그분의 이름이 거룩하시며 그분의 자비는 그분을 경외하는 사람들에게 대대로 이어질 것입니다. 그분은 자신의 팔로 엄청난 일을 행하시고 마음의 생각이 교만한 사람들을 흩어 버리셨습니다. 그

분은 통치자들을 왕좌에서 끌어내리시고 낮은 사람들을 높여 주셨으며 배고픈 사람들을 좋은 것으로 배불리시고 부유한 사람들을 빈손으로 보내셨습니다. 그분은 자비를 기억하셔서 자기의 종 이스라엘을 도우셨습니다. 곧 우리 조상들에게 말씀하신 대로 그 자비는 아브라함과 그 자손에게 영원토록 있을 것입니다." (눅 1:46-55)

이 기도에서 마리아의 초점은 아직 태어나지 않은 아기에게 있지 않고, 그녀에게 하늘의 과업을 맡기신 하나님에 대한 신뢰와 확신에 있다. 마리아가 자신에게 부여된 과업의 압도적 무게를 느꼈으리라는 것은 충분히 이해할 수 있다. 그런데 여기에서 마리아는 하나님의 은혜에 대한 확신을 선포하고 있다. 이미 목격한 하나님의 일하심을 기억함으로, 또한 앞으로 완성하실 약속을 신뢰함으로 가능한 것이었다.

마리아는 극히 사적인 임무를 받은 전도자였다. 그러나 마리아는 하나님에 대한 위대한 진리를 알고 있었다. 그녀에게 하나님이란 로마 식민지의 궁벽한 시골마을에 사는 비천한 소녀를 택하여 전 인류를 구속할 그의 아들을 보내시는 분이다. 마리아가 경험한 하나님은 인류의 역사의 궤적 속으로 걸어 들어오신 하나님이다. 인류를 구원하기 위해 인류의 역사에 합류하신 분이다. 예수님의 성육신은 혁명적인 것이었다. 그녀에게 임한 일이 무엇인지를 아는 마리아로서는 세상을 결코 같은 방식으로 볼 수 없었을 것이다. 마리아는 이 고귀한 지식을 혼자만 알고 있지 않았다. 그것을 선포했다.

마리아는 하나님께서 그녀를 위해 계획해두신 길이 세상을 바꿀 것임을 이해하고 있었다. 하지만 하나님과 그의 계획에 대한 마리아의 첫 번째 고백

성경 속 여성들이 말하다

은 지극히 작은 무대에서 시작됐다. 바로 사촌 엘리사벳(Elizabeth)의 집이다. 우리는 통상 우리에게 전달되는 마리아의 고백의 강도와 영향력에 비례하여 그 청중의 규모를 상상하기 쉽다. 하지만 마리아는 동네 광장으로 달려갔던 것이 아니다. 마리아는 그녀의 가족 친지들 가운데서 먼저 시작했다. 사실 우리가 가장 사랑하고 우리와 가장 가까운 사람들이 우리의 가장 중요한 회중이다. 왜냐하면 우리의 신앙을 누구보다도 가까이서 들여다볼 수 있고, 우리가 어떻게 신앙의 삶을 선택해 살아가는지를 가장 현실적인 방식으로 확인할 수 있기 때문이다. 여기에는 우리가 어떻게 빨래를 하고, 마트에서 장을 보며, 공과금을 내고, 애완견의 뒤를 치우는지 우리의 인내를 시험하는 온갖 자잘한 현실의 이슈들을 포함한다.

마리아와 엘리사벳은 가장 특별한 연대를 형성했다. 엘리사벳의 임신도 천사가 와서 미리 고지해주었다. 나이가 많고 불임이었던 엘리사벳이 예수 그리스도의 길을 예비할 선지자가 될 아들, 요한을 낳게 될 예정이었다. 천사는 요한이 많은 이들을 하나님께로 돌아가게 하고 "주를 위해 예비된 백성들을 준비"하게 할 거라 예언했다(눅 1:17). 아래 본문은 친척지간의 두 여성이 만나 거룩한 숙명의 이야기를 나누고 있는 아름다운 장면이다.

> 엘리사벳이 마리아의 인사를 받을 때 배 속의 아기가 뛰놀았고 엘리사벳은 성령으로 충만해져 큰 소리로 외쳤습니다. "당신은 여인들 중에 복을 받았습니다. 내 주의 어머니께서 내게 오시다니 이게 어찌 된 일입니까? 보십시오. 당신의 인사말이 내 귀에 들릴 때 내 배 속에서 아기가 기뻐하며 뛰놀았습니다. 주께서 하신 말씀이 정말 이루어질 것을 믿은 여인은 복이 있을 것입니다." (눅 1:41-45)

마리아만 성령에 충만한 경험을 한 것이 아니라, 엘리사벳도 동일한 경험을 하였다. 하나님의 선하심과 전능하심에 대한 마리아의 선포는 엘리사벳의 외침에 대한 반응이었다. 엘리사벳은 마리아에 모든 초점을 맞추고 있다. 마리아의 복됨을 선포하며 "내 주의 어머니께서 내게 오시다니 이게 어찌된 일입니까?" 감탄과 감격에 찬 물음을 묻고 있다. 마리아는 엘리사벳의 찬양을 받아들고, 그 초점을 두 여인 모두가 경험하고 있는 놀라운 기적의 참된 원천으로 부드럽게 옮긴다.

마리아의 삶의 두 기둥, 즉 가브리엘의 수태 고지와 예수님의 승천, 그 사이에서 우리는 심지어 마리아조차 그녀의 아들의 삶이 어떻게 펼쳐질지 알지 못했음을 알게 된다. 마리아는 그가 누구인지에 대해 항상 신뢰했다. 그러나 마리아 역시 아들의 삶을 보며 놀랄 때가 많았고, 하나님의 계획이 무엇인지 항상 알 수 있는 것은 아니었다. 아기 예수의 탄생 때부터 마리아와 요셉(Joseph)은 도망 다녀야 했다. 먼저는 어린 생명을 말살하기로 결단한 헤롯(Herod) 왕의 위협으로부터 도망 갔다. 그들은 이집트로 피신했고, 이후 헤롯이 죽은 후 나사렛으로 들어가 살았다. 그런데 그 과정에서 마리아는 하나님의 보다 크신 계획에 대한 거룩한 확증을 얻게 된다. 누가복음 2장을 보면 시므온(Simeon)이라고 하는 "의롭고 경건한 사람"(눅 2:25)의 이야기가 나온다. 마리아와 요셉은 그를 예루살렘 성전 뜰에서 만난다. 마리아와 요셉은 아기 예수에게 모세의 율법에 따라 정결 의식을 치르기 위해 예루살렘 성전에 갔다. 시므온은 "주의 그리스도를 보기 전에는 죽지 않으리라는 성령의 계시"(눅 2:26)가 있었다. 다음 본문은 시므온이 아기 예수를 안고 찬양하는 장면이다.

시므온이 아기를 팔에 안고 하나님을 찬양하며 말했습니다. "다스리시는 주여, 이제 주께서는 주의 종이 평안히 가게 해 주십니다. 제 두 눈으로 주의 구원을 보았습니다. 이 구원은 주께서 모든 백성 앞에 마련하신 것으로 이방 사람에게는 계시의 빛이요 주의 백성 이스라엘에게는 영광입니다. (눅 2:28-32)

아기 예수가 잉태되었던 순간부터 요셉과 마리아는 그들의 아들이 특별하다는 것을 알았다. 그런데 감격에 찬 시므온의 찬양에 대해 마리아와 요셉이 어떻게 반응하였을까? 누가 사도의 말을 확인할 필요가 있다. "아기의 아버지와 어머니는 아기에 대한 이 말에 무척 놀랐습니다"(눅 2:33). 마리아와 요셉은 아기 예수가 신적 개입으로 잉태된 것을 알고 있었다. 그런 그들 조차도 예수님의 진정한 정체성을 다른 누군가의 입술을 통해 들을 때 매우 놀란 것이다.

시므온은 기쁨에 찬 찬양과 함께 경고의 메시지도 전했다. "칼이 당신의 마음도 찌를 것입니다"(눅 2:35). 시므온의 말이 마리아의 마음 밭에 뿌려졌을까? 예수님이 십자가를 지는 데 이르기까지 마리아는 그 말을 기억하고 있었을까? 성경을 보면 마리아는 그런 여성이었을 것 같다. "마리아만은 이 모든 일을 마음에 간직하고 곰곰이 되새겼습니다"(눅 2:19). 또한 우리는 나이 많은 과부인 안나(Anna)에 대해서도 성경을 통해 알게 된다. 안나는 수십 년간 성전에서 금식하고 기도했던 여인으로, 시므온이 아기 예수님를 만난 날 그녀도 예수님을 알아보고 그의 운명에 대해 증거했다.

이처럼 아기 예수의 운명을 다른 사람들의 입을 통해서도 확인했지만, 요셉과 마리아는 가족을 부양하며 하루하루의 삶을 이어가지 않을 수 없었을 것이다. 성경을 통해 아기 예수님의 탄생으로부터 그의 성장 과정을 전해 들은 우리는 향후 예수님이 어떤 사역을 하게 될지를 분명하게 알고 있다. 하지만 정작 예수님의 부모들은 자신의 자녀의 운명이 어떻게 펼쳐져 나갈지 종종 일깨움을 받아야 했을 것이다. 예수님이 열 두 살이 되었을 때, 예수님의 가족은 모두 유월절을 지내기 위해 예루살렘으로 올라갔다. 절기를 마치고 예수님의 부모들은 고향을 향해 여정을 시작했지만, 예수님은 성전에 남았다. 그런데 요셉과 마리아에게는 성전에 더 머물다 가겠다는 말을 하지 않았던 모양이다. 마리아와 요셉이 고향으로 향하는 일행 속에 예수님이 함께 있지 않다는 것을 알아차린 것은 여정이 하룻길을 지내고 나서였다. 마리아와 요셉은 얼마나 놀랐을까? 누가 사도는 그들이 예루살렘으로 되돌아갔고 3일이 지나서 예수님을 찾았다고 말해준다. 예수님은 성전 뜰에 앉아 심오한 신학적 논쟁을 벌이고 있었다고 한다. "예수의 말을 들은 사람들마다 그가 깨닫고 대답하는 것에 몹시 감탄했습니다"(눅 2:47). 성전 뜰의 사람들은 그저 감탄했겠지만, 마리아는 화가 났을 것임이 분명하다.

> 그의 어머니가 말했습니다. "얘야, 왜 우리에게 이렇게 했느냐? 네 아버지와 내가 얼마나 걱정하며 찾았는지 모른다."
> 그러자 예수가 말했습니다. "왜 나를 찾으셨습니까? 내가 마땅히 내 아버지의 집에 있어야 하는 줄 모르셨습니까?" 그러나 그들은 예수가 하는 말을 깨닫지 못했습니다. (눅 2:48-50)

이 두 사람, 예수님의 육신의 부모는 둘 다 천사가 나타나 전하는 말을 들었다. 그들의 아들이 자라 무엇이 될지를 정확히 들었다. 그러나 우리는

성경 속 여성들이 말하다

그들이 여전히 그때 천사에게 들었던 메시지가 무슨 의미인지를 완전히 이해하지 못했다는 것을 다시금 확인하게 된다.

어쩌면 이때가 되어서야 마리아는 그의 아들 예수가 단지 자신의 것만은 아님을 현실적으로 깨닫게 되었는지도 모른다. 마리아는 천사가 전해준 메시지를 머리로는 이해했을 것이다. 천사 가브리엘은 그녀의 아들이 무엇이 될지를 아주 정확하게 말해주었다. 하지만 머리로 아는 것과 가슴으로 아는 것은 같은 것이 아니다. 마리아는 예수가 온 세상의 그리스도가 되는 날은 여전히 수십 년 후의 일일 거라고 생각했을 것이다. 고작 열두 살의 예수에게서 그 일이 이미 시작되고 있음을 확인하게 된 것은 충격이었을 것이다. 누가 사도는 이어서 예수님이 부모에게 "순종하며" 지냈고 마리아는 "이 모든 일을 마음에 간직"했다고 전해준다. 그리고 예수님은 "지혜와 키가 점점 더 자라 가며 하나님과 사람들로부터 사랑을 받았다"고 말해준다(눅 2:51-52).

그 모든 세월 동안 마리아는 내적 갈등 속에서 균형을 잡기 위해 애썼을 것이다. 아들 예수가 자라는 것을 바라보며 기쁘고 흐뭇해하면서도, 다른 한편으로는 앞으로 다가올 미래의 불확실성으로 인해 가슴 졸였을 것이다. 수년 후 우리는 마리아가 예수님께서 처음으로 공적으로 기적을 행하는 사건에서 도구로 사용되었음을 확인하게 된다. 마리아와 예수님은 예수님의 제자들과 함께 가나의 혼인 잔치에 초대되었다. 잔치의 포도주가 떨어지자, 그점에 대해 예수님의 주의를 환기시킨 사람이 바로 마리아였다. 포도주가 떨어진 것을 보고 예수님께 알렸다는 것은, 이 문제에 대해 무언가를 할 능력이 예수님께 있음을 마리아가 알았다는 것을 의미한다. 하지만 예수님은 처음에는 아직 그의 공적 사역의 때가 아니라고 반응하셨다. 그러자 마리아는 예수님을 압박하기보다는 그저 잔칫집의 하인들에게 "무엇이든 그가 시키는 대로 하라"고 명한다(요 2:5). 이 지점에 이르기 전까지 그녀의 마음 속에 어떤 주저함이 있었든지 간에, 이제 마리아는 아들의 정체를 온 세상에 알리는 데 전혀 주저하지 않게 된 것이다. 성경에 기록된 첫 번째 기적에서 예수님은 물을 포도주로 바꾸셨다. 포도주도 그냥 포도주가 아니라 너무 맛 좋은 포도주여서 잔치 책임자는 신랑을 불러 감탄한다. "당신은 가장 좋은 포도주를 지금까지 남겨 두었군요"(요 2:10).

그렇게 아들 예수를 십자가로 곧장 이끌고 갈 공생애 사역이 시작된 것이다. 마리아는 아들의 공생애 사역이 본격적으로 시작되면 그를 기다리는 것은 더 많은 슬픔일 것을 알았을 것이다. 하지만 이제 마리아는 그를 감추려 하지 않는다. 예수님이 아직 어렸을 때 마리아에게서 보였던 두려움은 이제 조용한 확신으로 변화했다. 마리아는 그에게 놀라운 능력이 있음을 알았다. 예수님께서는 그 날로부터 공생애 사역을 시작하셨고, 온 세상을 구원할 십자가에서의 참혹한 죽음에 한 발 더 가까이 다가가셨다.

마리아는 예수님의 육신의 어머니로서, 그가 십자가에 달려 죽으실 때 십자가 밑에 있었다. 그 비통한 심정이 어떠했을지 우리는 상상조차 감당하기 어렵다. 마리아의 소중한 아들, 천사에게 잉태 소식을 전달받고, 예언자들의 축하를 받고, 뛰어난 학자로 추앙받았던, 그 귀한 아들이 공개처형을 당해 죽어가고 있다. 마리아 자신이 그 현장의 증인으로 서 있다. 마리아의 마음 어느 한 구석에는 하나님께서 너무 잘못하고 계신 것 아닌가 하는 의문이 들지 않았을까? 마리아는 아들을 위해 펼쳐질 운명에 대해 오해하고 있었던 것은 아닐까?

성경 속 여성들이 말하다

예수님께서는 그 극심한 고통 속에서도 어머니 마리아에 대한 깊은 연민을 가지고 그녀를 똑바로 바라보셨다.

> 예수께서는 자기의 어머니와 그 곁에 사랑하는 제자가 서 있는 것을 보시고 어머니에게 말씀하셨습니다. "어머니, 보십시오. 당신의 아들입니다." 그리고 그 제자에게는 "보아라. 네 어머니다"라고 말씀하셨습니다. 그때부터 그 제자는 예수의 어머니를 자기 집에 모셨습니다. (요 19:27-28)

예수님께서는 극한의 상황 중에도 육신의 어머니 마리아를 생각하셨다. 그 마리아는 지금, 하나님께서 자신에게 부여한 과업이 인간의 관점에서는 어디로 보나 비극일 수밖에 없는 사건으로 전개되고 있음을 받아들이는 용기를 내고 있었다.

크리스천들은 너무 자주 우리의 여정이 항상 기쁨으로 가득할 거라 착각한다. 하지만 마리아는 그런 착각 속에 있지 않았다. 우리가 이 땅에서 경험하는 비탄과 슬픔과 고통은 실제이다. 그것들을 무시하거나 억누르라고 부름 받은 것이 아니다. 마리아의 삶은 기도와 인내에 기초해 있었고, 초기 크리스천들에게 영원한 기쁨을 향한 유일한 길은 종종 슬픔으로 가득하고 하나님의 일하심을 기도로 기다릴 수밖에 없음을 보여주었다. 십자가를 통하지 않고는 부활로 나아갈 수 없다. 마리아의 삶이 바로 그 지점으로 우리를 인도한다.

성경은 예수님께서 부활 후 나타나신 사건을 여럿 기록하고 있다. 하지만 예수님께서 그의 어머니 마리아와 만나신 것에 대해서는 기록이 없다. 마리아와 예수님이 서로에게 무슨 이야기를 했는지, 우리는 알 수 없다. 하지만 그 만남은 이 땅에서의 일시적인 환경과 조건을 초월하는 심오한 기쁨으로 가득 차 있었을 것이다. 마리아는 아들을 세상에 보내 우리와 함께 걷게 하심으로 모든 것을 바꾸신 하나님을 찬양하는 노래를 불렀던 여인이다. 부활하신 예수님을 보고 얼마나 많은 시를 쏟아냈을지 충분히 상상하고도 남는다.

성경은 예수님이 부활하신 것에 대해 마리아가 어떤 말을 했는지 기록하고 있는 바가 없다. 심지어 예수님께서 승천하신 이후에도 마리아의 말은 아무것도 기록되어 있지 않다. 하지만 마리아는 초대 교회의 심장에 남아 있었다. 마리아의 기도는 사도들을 지탱해주는 힘이 되었다. 우리는 모두 다른 모양으로 부름 받았다. 마리아도 마찬가지다. 마리아의 길은 군중을 향해 설교하는 베드로 사도나 담대하게 선포하는 막달라 마리아와는 달랐다. 마리아의 길은 조용한 길이었다. 하지만 그 길에는 깊은 기쁨이 있었다. 마음이 무너지는 비통함과 말할 수 없는 지복이 함께 있는 길이었다. 우리가 이 책에서 만난 다른 여성들과 마찬가지로 마리아도 구속의 역사에 중대한 역할을 하도록 부름 받았다. 복음의 기쁜 소식을 전할 사명은 이제 우리에게 있다. 마리아처럼 우리에게 주어진 달란트를 사용해 하나님의 영광을 선포하기를 소원한다.

막달라 마리아 Mary Magdalene

（마태복음 27:55〜56, 마가복음 15:40, 16:9;

누가복음 8:2〜3; 요한복음 20:11〜18）

　　신약성경을 읽다가 마주하게 되는 어려움 중 하나는, 예수님의 사랑을
받은 여러 인물들이 '마리아'(Mary)라는 동일한 이름을 쓰고 있다는 점이다.
누가 누구인지를 정확히 분간하는 일이 쉽지는 않다. 많은 학자들은 '마리
아'라는 이름을 쓰는 동명이인의 목록을 다음과 같이 정리할 수 있다고 보고
있다.

　　　마리아(예수님의 어머니)

　　　막달라 마리아

　　　베다니의 마리아(마르다의 동생)

　　　마리아(야고보와 요셉의 어머니, 막 15:40)

　　　마리아(마가라고도 하는 요한의 어머니, 행 12:12)

　　　글로바의 아내 마리아(예수님의 어머니인 마리아의 시누이라고 알려진 마리아, 요
　　　19:25)

　　'마리아'라는 이름은 '미리암'(Miriam)에서 유래되었다. 미리암이라는 이
름은 위대한 신앙의 여성을 상기시키는 이름이다. 이스라엘을 노예의 속박
으로부터 이끌어낸 모세의 누나의 이름이 미리암이었음을 기억할 것이다.
마리아라는 이름은 1세기 유대 지방에서 가장 인기 많은 아기 이름 중 상위에
있었던 것이 분명해 보인다. 이것은 어쩌면 당시 유대가 로마의 식민지로서

로마 제국에 정치적으로는 완전히 정복당했다는 사실, 그러면서도 거대한 로마 제국의 힘에 저항적인 태도를 견지하고 있었다는 점과 관련이 있을지도 모른다. 로마의 군대가 이스라엘의 거의 모든 주요 도시에는 물론 상당수의 동네와 부락에도 주둔해 있었다. 유대 사람들은 언제 어디서든 할 수만 있으면 저항했다. 예수님의 죽음과 부활 후 수십 년 동안, 유대인들은 로마제국의 지배에 대항해 두 번 대대적인 저항운동을 벌였다. 아람어(Aramaic)에서 '미리암'은 주로 세 가지 의미로 해석된다. 쓴맛(bitterness), 사랑받는(beloved), 그리고 '저항'(rebellion)이다. 해방을 갈구하던 시기였던 만큼 '마리아'라는 이름이 인기를 얻었던 것은 당연해 보인다.

　　예수님 주변에 마리아라는 이름의 여성들이 많았던 것은 그의 제자들이 어떤 사람들이었는지에 대해 시사하는 바가 있다. 주일 성경학교 시간에 예수님의 열두 제자의 이름들을 암기한 사람들도 있을 것이다. 하지만 그 열두 사도가 예수님의 제자의 전부는 아니었다. 성경을 통해서도 예수님의 제자 혹은 추종자들이 훨씬 더 많았음을 알 수 있다. 예수님께서 친히 가려고 하셨던 각 마을과 장소들에 평화를 빌고 병자를 고쳐주고 하나님의 말씀을 전하기 위해 먼저 보내신 제자들의 수가 70명이다(눅 10:1-2). 이 점만 보더라도 예수님 주변에는 상당한 수의 추종자들이 있었음을 알 수 있다. 그리고 그들 중 상당수가 여성이었다. 앞서 언급한 목록의 마리아들만이 아니라 요안나(Joanna), 수산나(Susanna), 살로메(Salome) 등도 있다. 예수님께서 1세기 유대 세계에 급진적인 무언가를 가져다줬음을 기억할 필요가 있다. 예수님은 사역을 시작한 처음부터 자신을 따르는 여성들을 하나님의 사랑하는 자녀들로 보셨고, 여성들도 그들의 하늘 아버지가 누구이시고 그 분을 어떻게 따라야 하는지를 배울 기회를 가져야 한다고 생각하셨다.

사복음서 모두에서 '막달라'(Magdala)라는 어촌 마을 출신으로 '마리아'라는 이름을 가진 여성의 믿음과 헌신을 전해준다. 우리가 '막달라 마리아'라고 부르는 여성이다. 사복음서 모두 막달라 마리아를 빠짐없이 언급하고 있다는 것은, 그녀가 예수님의 삶과 사역의 역사에 중요한 부분을 차지했음을 시사한다. 누가는 마리아와 다른 여인들이 "자신들의 재산으로 예수의 일행을 섬겼다"고 전한다(눅 8:3). 또한 보다 구체적인 사항도 전해주는데, 이 막달라 마리아는 "일곱 귀신이 떠나간" 이였다고 하는 점이다(눅 8:2). 예수님께서는 공생애 사역 동안 여러 차례 강조하셨는데, 가장 큰 용서를 경험한 사람이 가장 많이 사랑할 것이라고 하셨다. 그 말씀처럼 마리아는 예수님을 열정적인 헌신으로 사랑했던 것으로 보인다. 또한 사복음서 모두에서 막달라 마리아는 예수님의 십자가형을 목격한 사람들 중 하나로 기록되어 있으며, 요한복음에 따르면 그녀는 예수님이 부활하신 기적의 첫 번째 증인이기도 하다.

요한복음은 부활 사건을 가장 상세하게 기록하고 있고 막달라 마리아에 대해서도 가장 자세하게 이야기해준다. 요한복음은 부활을 여러 단계로 보여준다. 예수님께서 부활하셨던 당시 제자들은 대체 무슨 일이 벌어진 것인지를 이해하기 위해 애쓰고 있었다. 요한은 첫 번째 부활의 주일 아침 마리아와 다른 여성들이 깊은 슬픔 가운데 예수님의 무덤을 찾아갔다고 전해준다. 그런데 그들은 무덤 입구를 막은 거대한 돌이 굴려져 입구가 열린 것을 발견하게 되었다. 놀란 마리아는 무슨 경위로 그런 일이 벌어졌는지를 살피려고 서성거리지 않고 곧장 제자들에게 달려가 이 충격적인 사실을 알려준다. 마리아가 소리친다.

"사람들이 주의 시신을 무덤 밖으로 가져다가 어디에 두었는지 모르겠습니다." (요 20:2)

베드로와 다른 제자가 예수님의 무덤을 향해 곧장 달려간다. 그들은 마리아가 하지 않았던 일도 한다. 무덤 안으로 들어가 상상조차 할 수 없었던 일을 발견한 것이다. 예수님의 시신이 정말로 사라진 것을 확인하게 된 것이다. 하지만 장례를 위해 예수님의 시신을 감쌌던 고운 삼베와 수건 등은 남겨져 있었다. 얼마나 어리둥절한 광경이었겠는가!

요한복음은 이 지점에서 제자들이 자기들의 집으로 돌아갔다고 말해준다(요 20:10). 제자들은 놀라고 혼란스러웠을 것이다. 그래서 그들은 더 이상 남아있지 않았다. 그 다음 구절이 참으로 비통하다.

그러나 마리아는 무덤 밖에 서서 울고 있었습니다. (요 20:11)

이 광경을 한번 생각해볼 필요가 있다. 막달라 마리아는 사랑하는 선생님을 따랐고 그에게서 배웠다. 그 결과 마리아가 해야만 했던 일은 그가 십자가에서 야만적인 죽음을 당하는 장면을 봐야만 했던 것이다. 깊은 슬픔 가운데 예수님의 무덤을 찾아온 마리아가 이제 발견한 것은 그의 귀한 몸이 사라져버렸다는 절망스러운 사실이었다. 놀라기는 매한가지였던 다른 제자들이 떠나고, 이제 마리아는 홀로 울고 있다. 그러나 그녀는 정말로 혼자 있었던 것이 아니었다.

마리아가 울다가 몸을 굽혀 무덤 안을 들여다보니 흰옷을 입은 두 천사가 예수의 시신이 있던 자리에 앉아 있었는데 한 천사는 머리맡에, 또 다른 천사는 발치에 있었습니다. 천사들은 마리아에게 물었습니다. "여인아, 왜 울고 있느냐?" 마리아가 천사들에게 대답했습니다. "사람들이 내 주를 가져다가 어디에 두었는지 모르겠습니다."(요 20:11-13)

이 구절들에서 우리는 막달라 마리아의 성품에 대해 이야기해주는 바를 놓쳐서는 안 된다. 마리아는 두 천사가 자신의 사랑하는 선생님의 무덤에 앉아 있는 것을 보게 되었다. 하지만 마리아는 천사를 본 사람들에게서 예상되는 두려움 같은 것으로 소리치지 않았다. 이 천사들이 거기 있었다는 사실이 마리아에게 오히려 무언가 위로가 되었을까? 아니면 마리아의 슬픔이 너무 깊어 그들이 하늘의 사자라는 것조차 인식하지 못했던 것일까? 예수님과 동행하는 동안 마리아는 놀라운 기적들을 많이 봐왔다. 천사들을 보고도 놀라지 않을 만큼 하늘의 실제, 천국의 현실에 대한 마리아의 믿음이 확고했던 것일까? 슬픔과 비통의 자리에서 천사들을 만나게 되는 것이 마리아에게는 너무나 당연하게 느껴졌던 것일까?

천사들이 마리아에게 질문했다. 그리고 마리아는 거기에 대답했다. 간결하게 기록되어 있다. 마리아는 주의 시신이 어디로 갔는지 알고자 했다. 안식일이 끝나고 마리아와 다른 여인들은 예수님의 시신에 바르려고 향품을 사두었다고 한다(막 16:1). 그날 아침 이 여인들이 가졌던 목적은, 예수님의 시신이 장례 된 곳에 가서 돌아가신 예수님을 기리는 것이 전부였다. 그 일은 쉽게 생각할 수 있는 일은 아니었을 것이다. 하지만 이 여인들은 그 과업을 귀한 특권으로 여겼다. 그러니 예수님의 몸을 누군가 가져간 것을 발견하고는 얼마나 절망스럽고 낙담했겠는가? 예수님의 몸은 참혹하게 고난 당하셨을지

언정 마리아에게는 이 땅에서 주님과 여전히 연결되어 있다는 느낌을 주는 유일한 대상이었을 것이다.

그런데 그 궁극의 절망의 자리에서 마리아를 다시 불러내신 이는 예수님 자신이었다.

> 이 말을 한 후 마리아가 뒤를 돌아보았을 때 예수께서 거기 서 계셨습니다. 그러나 마리아는 그분이 예수이신 줄은 깨닫지 못했습니다. 예수께서 마리아에게 말씀하셨습니다. "여인아, 왜 울고 있느냐? 네가 누구를 찾고 있느냐?" 마리아는 그 사람이 동산지기인 줄 알고 말했습니다. "주여, 당신이 그분을 옮겨 놓았거든 어디에다 두었는지 말해 주십시오. 그러면 내가 그분을 모셔 가겠습니다." 예수께서 마리아에게 "마리아야!" 하시자 마리아가 돌아서서 히브리어로 "랍오니!" 하고 말했습니다. (이 말은 '선생님'이라는 뜻입니다.) (요 20:14-16)

이 구절을 읽으면서 마리아가 경험한 감정의 전율이 생생하게 다가온다. 거대한 상실의 아픔과 실제를 이해하려고 애쓰는 마리아의 심적 충격을 생생히 들여다볼 수 있다. 마리아의 비통이 얼마나 컸던지 예수님을 보고도 그분이신 줄을 처음에는 알아차리지 못했다. 아마 눈물로 시야도 흐려져 있었을 것이다. 당시 마리아가 원했던 것은 예수님의 시신을 되찾을 기회가 전부였을 것이다.

하지만 그 압도적 비탄을 형용할 수 없는 기쁨으로 바꾸는데 "마리아야!"라고 부르신 예수님의 한 마디 말씀이면 충분했다. 성경을 통해 보면, 이름을 부르시는 것이 관계를 세우는 가장 강력한 방법임을 알 수 있다. 출애굽기에서 여호와 하나님은 불타는 떨기나무에서 "모세야!"하고 부르셨다. "사울아, 사울아!" 예수님은 바울을 다메섹으로 가는 길에서 부르셨다. 또한 하나님께서는 아브라함과 언약을 세우고자 하실 때, 그를 이름으로 부르시는 것에서 나아가 새 이름을 주셨다. 야곱에게도 새 이름을 주고 언약을 맺으셨다. 하나님께서 우리를 아시고 또한 바라보신다고 하는 것은 하나님으로부터 조건 없는 사랑을 받는다는 것을 의미한다. 마리아는 무덤가에서 그 같은 은혜를 만나게 되었다.

성경은 마리아가 예수님을 이름으로 부르지 않고 "선생님"이라고 불렀다고 전해준다. 마리아가 부른 '랍오니'(Rabboni)는 단지 선생님이라는 의미가 아니라 '나의 선생님'이라는 의미이다. 이 한 마디 말에서 우리는 예수님과 마리아의 관계의 기초를 확인할 수 있다. 마리아는 예수님을 선생님이자 주님으로 인정한다. 하지만 이것만으로 마리아의 마음을 완전히 설명할 수 없다. '랍오니'는 애정을 담은 칭호이다. 따라서 그 표현은 '나의 사랑하는 선생님'이라는 말과 거의 등가를 이룬다. 자신의 이름으로 불러주신 예수님에 대한 화답으로, 마리아는 당시 가용한 언어 자원에서 가장 생생하게 애정을 담을 수 있는 호칭으로 예수님을 부른 것이다.

그리고 마리아는 또 무슨 일을 했을까? 성경은 예수님께서 마리아에게 뭐라고 말씀하셨는지를 전해준다.

"나를 만지지 마라. 내가 아직 아버지께 올라가지 못했다. 너는 내 형제들에게 가서 '내가 내 아버지 곧 너희 아버지, 내 하나님 곧 너희 하나님께로 올라갈 것이다'라고 말하여라." (요 20:17)

마리아가 부활하신 주님을 만나서 한 첫 번째의 반응은, 예수님께 다가가고 그 분을 만지고 사실상 매달리려고 한 것으로 보인다. 마리아는 질문을 하기 위해 멈추거나 어떻게 이런 일이 벌어졌는지를 의아해하지 않았다. 마리아는 그저 예수님께로 다가가 그를 받아들였다. 그토록 놀라운 상황에서라면 우리도 대부분 그렇게 행동하였을까? 율법을 중시하는 유대인이라면 남자와 여자 간의 접촉은 아무리 가볍고 순수한 것이라 하더라도 허용되지 않는다. 하지만 예수님께서는 여러 가지 면에서 당시의 문화적 규범을 타파하셨다. 당시의 기준보다 훨씬 더 개인적인 방식으로 사람들과 사역하셨다. 마리아는 예수님께로 손을 뻗어 나아가는 것을 주저하지 않았던 것으로 보인다. 예수님께서는 그것이 허용되는 것을 알았던 것처럼 말이다. 그런 마리아를 예수님께서 저지하신 이유는, 그의 부활하신 몸은 전과는 완전히 다르고 새로운 몸이었기 때문이다.

예수님은 또한 마리아에게 대단히 구체적인 임무를 주셨다. 예수님께서는 마리아에게 "내 형제들에게 가라"(요 20:17)고 말씀하셨다. 이 말은 전에 제자들에 대해 사용한 적 없는 말이었다.

> "너는 내 형제들에게 가서 '내가 내 아버지 곧 너희 아버지, 내 하나님 곧 너희 하나님께로 올라갈 것이다'라고 말하여라."(요 20:17)

이 구절에서 우리는 제자들이 여전히 함께 모여 있고 흩어지지 않았음을 알 수 있다. 그리고 그들이 두려워하고 있음을 알 수 있다. "제자들은 유대 사람들을 두려워해 문들을 걸어 잠그고 모여 있었습니다"(요 20:19). 예수님의

성경 속 여성들이 말하다

남자 제자들은 잠근 문 뒤에 숨어 웅크리고 있었던 것이다. 예수님을 죽이라고 요구했던 그 동일한 무리가 나타나 자신들도 죽일까봐 떨고 있었다.

성경은 마리아가 두려워하고 있었다는 표시를 전혀 전하고 있지 않다. 마리아는 문을 걸어 잠그고 숨어 있지 않았다. 마리아는 다른 여인들과 함께 무덤가에 있었다. 주님을 위해 어떤 섬김을 할 수 있을지 살피고 있었다. 그 같은 행동이 자신에게 어떤 결과를 가져올지에 대해서는 생각하고 있지 않았다. 그 신실한 여인들은 예수님의 부활의 기쁜 소식을 다른 제자들과 나누었다. 예수님께서 친히 보내신 것이다.

오순절, 성령의 선물을 받은 이후 이 남자 제자들은 사방으로 흩어져 온 세상에 복음을 전했다. 하지만 그렇게 할 수 있게 되기 전에 일단 그들은 복음의 소식을 들어야 했다. 영광스러운 부활을 본 증인이 그들에게 그 기쁜 소식을 전해주어야 했다. 고대 기독교 전승에 따르면, 마리아는 "사도들에게 보내심을 받은 사도"(apostle to the apostles)라고 불렸다. 복음의 소식을 제자들에게 전해준 이가 바로 마리아였기 때문이다. 우리는 이 구절에서 마리아의 용기를 본다. 동시에 남자 제자들의 의심도 볼 수 있다.

> "그러나 사도들은 여인들의 말이 어처구니없게 들렸으므로 그 말을 믿지 않았습니다." (눅 24:11)

마리아는 부활의 아침 자신이 본 것을 두려움으로 방을 가득 메운, 의심에 찬 남자들에게 설명해야 했다. 그때 마리아는 어떤 기분이었을까? 남자 제자들은 마리아가 슬픔에, 혹은 감정에 겨워 정신이 나갔다고 생각했을까? 그들 중 누군가는 시선을 교환하며 '그 일곱 귀신이 다시 들어온 거 아냐?' 하지 않았을까? 방에 가득한 불신의 사람들 앞에서 말을 한다는 것은 용기가 필요한 일이다. 그럼에도 마리아가 용기를 낼 수 있었던 것은 사랑과 흔들림 없는 믿음이 있었기 때문이다. 선생이신 예수님을 향한 깊은 사랑과 그로 인해 예수님으로부터 경험한 모든 것, 그리고 예수님을 따르는 내내 그가 누구라고 하는 것에 대해 믿었던 바가 분명함을 다시금 확인한 단단한 믿음이 마리아의 중심에 있었던 것이다.

이 막달라 마리아의 삶이, 또 다른 훨씬 더 유명한 마리아, 즉, 예수님의 어머니 마리아의 삶과 교차되는 지점은 어디인가? 두 여인의 삶을 나란히 두고 볼 때 우리는 무엇을 볼 수 있는가? 이 두 마리아는 동일한 시기, 동일한 지역에서 살았고 예수님의 공생애 기간동안 그를 따랐다. 또한 두 여인은 예수님이 십자가에서 돌아가실 때 그곳에 있었다. 하지만 그 동일한 숙명의 장소에 도착하기까지 그 두 사람은 전혀 다른 삶을 살았다. 나사렛의 마리아는 어린 소녀였을 때부터 신앙을 품고 있었던 데 반해, 막달라의 마리아는 일곱 귀신 들었다가 놓임을 받은 험난한 길을 거쳤다.

두 여인은 전혀 다른 성품을 가졌지만, 나사렛의 마리아와 막달라의 마리아는 예수님과 함께 동행하며 상당한 시간을 함께 보냈을 것이다. 두 여인은 예수님을 따르는 여인들 가운데 리더였을지 모른다. 여성들도 예수님을 따를 수 있다는 본을 보이며 위로와 격려를 나누었을 것이다.

예수님이 돌아가신 후, 수많은 제자들이 그를 버리고 떠나갔지만 이 두 여인은 그렇지 않았다. 예수님께로부터 무언가를 바라고 따르던 이들이 많았다. 기적을 보려고, 치유를 받으려고, 심지어 정치적 혁명을 원해서 따랐던 이도 있었다. 하지만 이 두 마리아는 예수님을 사랑했기 때문에 예수님을 섬기기 위해 그를 따랐다.

이 두 명의 마리아처럼 삶을 산다는 것은 어떤 의미일까? 우리의 일상의 분주함 속에서도 그리스도의 가르침을 받아들이고 그의 길을 따르며 산다는 것은 어떤 의미일까? 우리도 신실한 헌신과 집중으로 예수님의 사역을 돕고 예수님의 메시지를 전한다면? 그런 삶은 평안과 안락의 삶은 아닐 것이다. 오히려 우리를 갈등과 슬픔의 길로 내몰지도 모른다. 하지만 가장 깊은 계곡에서 우리의 믿음은 생명을 얻게 될 것이다. 여성이 사회의 당당한 구성원이 아니었던 시절, 두 명의 마리아들이 삶 속에서 경험한 것처럼 그들을 향한 예수님의 조건 없는 사랑은 순수하고 꾸준했다. 오늘날의 우리에게도 마찬가지이다.

예수님의 어머니 마리아나 막달라 마리아처럼 산다는 것은 (십자가 밑에서 끔찍한 순간을 견디며 사는 것을 포함하여) 가장 깊은 보상의 삶을 산다는 것을 의미한다. 그 삶이 두 마리아를 부활의 형용할 수 없는 기쁨으로 인도했다. 그러므로 수많은 계곡과 정상의 순간을 반복하는 이 땅에서의 삶을 사는 동안, 우리도 우리의 이름을 부르시는 예수님의 부드럽고도 따뜻한 음성을 듣는 날을 소망할 수 있다. 주님은 지금 이 순간에도 우리를 부르신다. 주님의 얼굴을 마주하고 보게 될 그 영광스러운 날을 맞이할 때까지 주님은 우리들을 그의 사랑하는 자녀들이라는 이름으로 부르신다.

예수님의 어머니 마리아와 막달라 마리아의 이야기 생각해보기 ————————

1. 막달라 마리아는 사복음서 모두에서 언급됩니다. 하지만 요한복음에서만 예수님의 부활을 선포하는 놀라운 임무를 맡게 됩니다. 베다니의 마리아와 마르다의 이야기에서 생각해본 바와 같이, 요한복음에서 예수님이 가장 처음 행하신 기적과 가장 마지막에

행하신 기적, 즉 가나의 혼인 잔치에서의 기적(요 2:1—11)과 나사로를 다시 살리신 기적 (요 11장)에서 여성들이 중요한 역할을 합니다. 예수님 자신의 부활에서도 여성의 목소리와 존재는 다시금 무대 중앙을 차지합니다.

요한복음 20장 11절에서 18절에 나오는 부활하신 예수님과 막달라 마리아가 나누는 대화를 신중하게 읽어 보십시오. 예수님은 마리아에게 세 번 말씀하십니다. 마리아에게 말씀하신 세 가지가 무엇입니까? 마리아는 예수님께 어떻게 대답합니까? 예수님은 왜 마리아에게 자신을 만지지 말라고 말씀하셨습니까?

2. 모성은 성경에서 계속해서 등장하는 중심 주제 중 하나입니다. 사라, 하갈, 라헬, 레아, 한나, 그리고 심지어 룻의 이야기 속에서 모성이 중요한 역할을 하는 것을 확인했습니다. 성경에서의 모성은 다음 세대, 이스라엘의 미래를 바라보는 소망의 한 방법이기도 합니다. 예수님의 어머니인 마리아는 모성에 대한 그 같은 아이디어를 어떻게 실현하였습니까? 또 그 아이디어를 어떻게 바꾸었습니까?

3. 누가복음 1장 26절에서 38절에 나오는 '수태 고지'(Annun—ciation) 사건을 다시 읽어 보십시오. 여기에서 마리아는 자신을 무엇이라고 부릅니까? 왜 그렇게 불렀나요? 자신을 "주의 여종"(눅 1:38)이라고 부른 것은 우리가 공부한 성경의 어머니들 중 누구를 연상시키나요? 마리아가 자신을 그 여성과 관련시킨 것은 어떤 의미일까요?

4. 마리아와 그의 사촌 사가랴는 모두, 자기들에게 아이가 태어나는 기적에 대한 찬양의 노래를 부릅니다. 마리아의 노래는 누가복음 1장 46절에서 55절, 사가랴의 찬양은 누가복음 1장 67절에서 79절을 살펴보십시오. 두 사람의 찬양을 주의 깊게 읽어보고 두 찬양이 어떤 점에서 다르고 어떤 점에서 동일한 지를 살펴보십시오. 마리아는 아이가

태어나기 전에 찬양의 노래를 불렀고, 사가랴는 아이가 태어난 후에 찬양했다는 사실에 중요한 의미가 있나요?

5. 마리아의 찬양의 기도는 과거의 위대한 구원의 사건을 돌아보게 합니다. 마리아가 "그분은 자신의 팔로 엄청난 일을 행하시고"(눅 1:51)라고 말했을 때, 성경에 나오는 어떤 사건들을 염두에 두었을까요? 또한 "낮은 사람들을 높여 주셨으며"라고 했을 때는 무엇을 염두에 두고 있었던 것일까요?

예수님이 만나주신
여인들 "

예수님이 만나주신
여인들

이 책에서 우리는 성경의 여성들을 두 사람씩 한 쌍으로 살펴보았다. 두 사람의 삶을 나란히 두고 보면, 따로 볼 때는 보지 못하던 것들을 깊이 살펴볼 수 있었다. 두 여성이 서로 어떻게 닮았고, 어떻게 다른지, 또한 한 여성의 삶이 다른 여성의 삶에 대해 무엇을 말해 줄 수 있는지를 살펴보고자 했다. 우리는 그 여성들에 대한 다양한 관점과 해석을 면밀히 검토해보았다. 그러나 크리스천으로서 우리는 언제나 복음서의 관점에서 성경을 읽어야 한다. 다시 말해 그리스도와 그의 구원의 메시지를 중심으로 성경을 읽어야 하는 것이다. 성경을 우리의 인간적인 사고와 발상의 렌즈로 투과시켜 본다는 것은, 깜깜한 공간에 있는 물체를 손전등으로 그 한 면만 비춰보는 것과 같다. 물론 그렇게 보아도 중요한 사실들을 많이 발견하게 된다. 하지만 예수님을 통해 성경을 본다는 것은 방에 있는 불을 모두 켜고 대상을 보는 것과 같다. 부분 부분, 한 조각씩 보는 것이 아니라 모든 것을 한꺼번에 조망할 수 있는 것이다.

결국 예수님이 우리가 찾는 모든 것의 종착지라는 말이다. 그러니 이 책도 예수님의 이야기들로 마무리하는 것이 합당할 것이다. 우리가 살펴본 모든 여성들의 삶은 그리스도 안에서 가장 잘 이해될 수 있다. 그들 중 어떤 이들은 예수님께서 이 땅에서 우리 가운데 걸으셨을 때 그 분을 직접 알았고 함께 동행하는 행운을 누렸다. 어떤 이들은 예수님이 사셨던 시대보다 훨씬 전에 살았다. 하지만 예수님께서 육신의 몸을 입고 이 땅에 오시기 훨씬 전에 살았던 그들의 삶이 예수님의 이야기에 놀라운 방식으로 엮여져 있음을 확인했다. 또한 이 책 속에서 우리가 아직 만나지 못한 여성들도 남아있다. 그리스도의 때에 살았고 그를 알았거나 혹은 그와 만나 대화했던 여성들이 이미 살펴본 여성들 말고도 더 있다. 그러나 우리는 그들의 이름조차 모른다. 우리가 그 여성들에 대해 아는 바는 복음서의 몇 구절이 전부다. 하지만 그들의 이야기는 참으로 깊고 풍성하다. 그들의 이야기로부터 오늘을 사는 우리가 적용할 교훈이 참으로 많다.

복음서에서 우리는 예수님께서 사회적으로 도움이 필요한 여성들과 소통하는 것을 계속해서 보게 된다. 때로는 그 여성들이 예수님을 만나기 위해 적극적으로 행동했기 때문에, 때로는 그들 자신도 어찌 할 수 없는 압도적인 상황 속에서 예수님께서 그들에게 먼저 다가가 만나 주셨다. 예수님은 아무런 사회적 지위가 없는 여성들이나 죄인들을 멀리 하지 않으셨다. 오히려 예수님은 그들의 삶으로 곧장 걸어 들어가셨다. 그렇게 하심으로 그 시대 그들에게 소망을 주셨을 뿐 아니라, 오늘날의 우리에게도 영감과 위로를 주신다.

고발당한 여성들

예수님께서 만나신 여성들의 이야기 가운데 가장 파격적인 것의 하나가 바로 간음으로 고발당한 여성의 이야기이다. 이 여인은 예수님께서 성전에서 가르치고 계실 때 예수님 앞에 끌려왔다. 그때 예수님 주변에는 예수님께서 무슨 말을 하시려나 듣고자 하는 수많은 사람들이 예수님을 둘러싸고 있었다. 그러니 이 여성은 군중 앞에 끌려와 수치를 당하고 있는 것이다. 그 시대 간음으로 고발하기 위해서는 목격자가 필요했다. 그 율법의 전문가들과 종교 지도자들(바리새인들)이 어떻게 그 여인의 현장을 목격하게 되었는지 궁금해지지 않을 수 없다. 또 간음의 상대자인 남자는 또 어디에 있는가? 우리는 이런 의문들에 대한 해명은 들을 수 없다. 그저 예수님을 향한 고발자들의 도전적 질문만 있을 뿐이다.

> "모세는 율법에서 이런 여자들은 돌로 쳐 죽여야 한다고 우리에게 명령했습니다. 선생님은 뭐라고 하시겠습니까?" 그들이 이런 질문을 한 것은 예수를 시험해 고소할 구실을 찾으려는 속셈이었습니다. 그러나 예수께서는 몸을 구부린 채 앉아서 손가락으로 바닥에 무엇인가를 쓰기 시작하셨습니다. (요 8:5-6)

이 소위 권위자들이라고 불리는 이들은 자기들이 말하는 것보다 훨씬 더 많은 것을 알고 있었다. 율법에서 간음으로 고발당한 남자와 여자, 모두를 죽여야 한다고 명하고 있는 것을 이들이 몰랐을 리가 없다(레 20:10, 신 22:22). 자신들의 율법 해석이 타당하다고 그토록 자부한다면, 대체 왜 예수님을 걸고

성경 속 여성들이 말하다

넘어지려 하는 걸까?

예수님은 도전자들의 미끼를 물기보다는 손가락으로 땅에 무엇인가를 쓰기 시작하셨다. 그게 우리가 전해 들은 상황이다. 예수님께서 무슨 글을 쓰셨는지 혹은 어떤 이미지를 그리셨는지 우리는 알지 못한다. 하지만 바리새인들의 질문이 계속된 것은 안다. 예수님께서 마침내 몸을 일으켜 말씀하려 하실 때, 아마도 군중은 숨 죽였을 것이다. 목을 빼고 예수님의 입술이 떨어지기를 기다리던 사람들은 기대치 않던 반문을 듣게 된다. 예수님께서 말씀하셨다.

"너희 가운데 죄 없는 사람이 먼저 이 여인에게 돌을 던지라." (요 8:7후단)

아이쿠! 예수님은 '당신들 말이 맞습니다. 율법은 이런 여인을 당장 죽이라고 명했습니다' 라고 말씀하시 않으셨다. 예수님은 많은 말씀을 하실 수도 있었다. 하지만 그는 군중과 도전자들 자신의 위선적인 거룩을 그들의 코 앞에 들이밀으셨다. 세상에나! 그러자 너무나 효과적이었다.

이 말씀을 들은 사람들은 제일 나이든 사람부터 하나 둘씩 슬그머니 사라지기 시작했습니다. 결국 예수와 거기 홀로 서 있던 여인만 남게 됐습니다. (요 8:9)

말씀을 마치신 예수님께서 땅에 뭔가를 쓰는 일로 돌아가 아까처럼 몸을 구부리고 계신 동안 여인을 고발하던 사람들이 하나 둘 자리를 떴다. 우르르 몰려가는 법석도 없었다. 예수님의 말씀에 배운 사람들, 양심이 찔린 사람들이 하나 둘씩 조용히 사라졌다. 예수님의 말씀이 그들 마음 가운데 조용하고도 차분히 자리하게 된 것이다. 그들은 대답이 없었다. 우리 중 누구도 죄 없는 사람이 없다. 그들도 그것을 알고 있었다.

그리고 다음으로 우리가 보게 되는 것은, 공개적으로 수치를 당하고 사형에 처해질 뻔한 여인과 예수님과의 숨이 멎을 듯 아름다운 대화이다.

> 예수께서 일어나 여인에게 물으셨습니다. "여인아, 그들은 어디 있느냐?
> 너를 정죄한 사람이 한 사람도 없느냐?"
> 여인이 대답했습니다. "선생님, 없습니다."
> 예수께서 말씀하셨습니다. "나도 너를 정죄하지 않겠다. 이제부터 다시
> 는 죄를 짓지 마라." (요 8:10-11)

분명히 해두지만, 예수님은 그 여인의 행위를 허용한 것이 아니었다. 그녀를 정죄하는 것은 그 현장에서 법적 처분이나 형벌을 선언하는 것과 다름 없는 일이었을 것이다. 예수님은 율법학자들이나 종교 지도자들 중 그 누구도 여인을 정죄하기 위해 머물지 않았음을 짚어 주셨다. 그리고 예수님 자신도 정죄하지 않으신다고 말씀하셨다. 그렇지만 예수님은 여인에게 죄로부터 떠나라고 훈계하셨다. 예수님께서는 그 여인에게 존엄과 두 번째 기회를 주셨다. 예수님은 우리가 넘어질 때마다 우리에게도 그렇게 하신다.

예수님께서 특별히 사랑으로 대면하시고 새로운 삶의 길을 열어 주신 죄 가운데 있던 여성이, 요한복음 8장의 이 여인 하나만은 아니다. 성경에 기록된, 길이가 가장 긴, 예수님과 여성의 대화는 요한복음 4장에 나온다. 가장

놀라운 점은 그 여인은 유대인도 아니었다는 점이다. 여인은 사마리아인이었다. 인종적으로나 종교적으로 이방인이다. 그 시대의 거의 모든 규범에 따르면, 예수님은 그 여인과 단 둘이 있어서도 안 되고 사마리아인이던 그녀와 대화할 수도 없었다. 예수님과 그 여인의 대화를 가로막는 거대한 인종적, 성별적 장벽이 있었지만, 예수님과의 이 대화에서는 전혀 그런 것을 찾아볼 수 없다. 오히려 성경은 예수님께서 "사마리아 지방을 거쳐야만" 했다고 전해주고 있다(요 4:4). 헬라어 성경은 예수님께서 거기에 가는 것이 '필요'했다고 표현하고 있다. 기억해둘 점은 당시 바리새인들이나 다른 유대인들은 사마리아 지방을 가로질러 가는 길을 매우 싫어했다는 점이다. 사마리아인들을 너무나도 열등하고 천하게 보았기 때문인데, 그래서 그들은 먼 길을 갈 때조차 사마리아를 통과하는 길 대신 거기를 빙 둘러 가는 고상하고도 불편한 길을 택했다. 하지만 예수님은 그런 분이 아니셨다!

사마리아를 곧장 가로질러 가는 길을 택하셨을 뿐 아니라, 요한복음 4장에 따르면 그곳에 머물기까지 하셨다.

> 그리하여 예수께서는 사마리아의 수가라는 마을로 들어가셨습니다. 그곳은 옛날 야곱이 자기 아들 요셉에게 준 땅과 가까웠으며 야곱의 우물이 거기에 있었습니다. 여행으로 피곤해진 예수께서는 그 우물 곁에 앉으셨습니다. 그때가 낮 12시쯤이었습니다.
> 한 사마리아 여인이 물을 길으러 나왔습니다. 예수께서 여인에게 말을 거셨습니다. "내게 물 좀 떠 주겠느냐?" (제자들은 먹을 것을 사러 마을에 들어가고 없었습니다.)
> 사마리아 여인이 예수께 말했습니다. "당신은 유대 사람이고 저는 사마

리아 여자인데 어떻게 제게 물을 달라고 하십니까?" (당시 유대 사람들은 사마리아 사람과는 상대도 하지 않았기 때문입니다.) (요 4:5-9)

다시 한번 예수님께서는 당시의 관습적 사고를 뒤집으셨다. 이 본문에서 찾을 수 있는 메시지는 참으로 많지만, 그 중에서도 가장 분명한 메시지는 이것이다. 하나님의 나라에는 성차별이나 인종차별이 틈탈 여지가 없다! 우리의 구세주는 사회적 규범과 관습이 무엇이든지 간에 그 사람이 있는 바로 그곳으로 다가가신다.

여기서 잠깐 예수님께서 우물가에서 그 여인을 만나신 시간대를 주목할 필요가 있다. 그 여인은 한낮의 뜨거운 태양 아래 우물에서 물을 길러 나왔다. 그 시간대에 거기까지 나오는 여인들은 많지 않았다. 훨씬 더 흔한 장면을 생각해보면 하루 중 서늘해진 시간대에 여인들이 삼삼오오 무거운 항아리나 물병을 이고 지고 끌고 우물가에 모여들어 이런저런 가십을 나누는 장면이다. 하지만 그 여인은 거기에 합류하지 못했을 것이다. 여인은 오히려 햇볕이 너무 뜨거워 아무도 나오지 않을 시간에 우물에 갔다. 우리도 곧 사정을 알게 되지만, 그 여인은 버림받은 여인이었고 아무도 '원치 않는 자'(undesirable)였다. 하지만 예수님의 눈에는 너무나 귀한 생명이었고, 그래서 그녀에게 의도적으로 다가가셨다. 그 여인이 있는 그곳으로 가신 것이다.

예수님이 먼저 말을 거셨다. 예수님께서는 자기에게 마실 것을 달라고 여인에게 부탁하셨다. 여인은 깜짝 놀랐다. 유대 남자가, 더구나 그냥 유대 남자가 아니라, 예수님은 랍비임이 분명하게 보여지는 모습이었을 것인데 사마리아 여자인 자기에게 물을 달라고 하는가? 유대인의 관점에서 본다면, 사마리아인은 이단이고 신성모독을 일삼는 사람들로 우상숭배 하는 사람들보다 나을 것이 거의 없는 사람들이었다. 사마리아인들은 유대교의 형식을 취하지만 예수님이 아시는 것 같은 성전 기반 종교와는 거리가 멀었다. 하지만 이 모든 것이 우리 구세주에게는 문제가 되지 않았다. 예수님께서는 이 버림받은 여인과 대화하기 위해 그 우물가로 가셨던 것이다.

> 예수님께서 여인에게 대답하셨습니다. "네가 하나님의 선물을 알고 또 물을 달라고 하는 사람이 누구인지 알았다면 도리어 네가 그에게 부탁했을 것이고 그가 네게 생수를 주었을 것이다."
> 여인이 예수께 말했습니다. "선생님, 선생님께는 두레박도 없고 이 우물은 깊은데 선생님께서는 어디에서 생수를 구한단 말입니까? 선생님이 우리 조상 야곱보다 더 크신 분이십니까? 야곱은 우리에게 이 우물을 주었고 그와 그의 아들들과 가축들도 다 여기에서 물을 마시지 않았습니까?" (요 4:10-12)

이 대목에서는 예수님께서 이 소외된 여인에게 어떤 방식으로 이야기하시는지를 주목해볼 필요가 있다. 이것은 그의 제자들이 예수님께 여러 차례 질문했던 방식이다. 제자들은 왜 예수님께서 언제나 간접적이고 우회하는 방식으로 말씀하시는지 궁금해했다. 예수님은 비유나 은유를 많이 사용하셨다. 비유로 말씀하시는 예수님의 방식은 제자들에게 더 깊은 사고를 촉발하기도 했다. 제자들은 그리스도의 진리를 온 세상에 전파하기 위해 보내어질 터였다. 하지만 그렇게 되기 위해서 제자들은 예수님께서 말씀하시는 메시지의 핵심을 충분히 깊이 있게 이해해야 했다. 당연한 말이지만 배움에는 시간이 필요하다. 계단식 단계를 취하기도 한다. 모든 것이 한 번에 즉각 이해되는 것은 아니다. 여기에서 우리는 예수님의 지혜를 또다시 보게 된다. 예수님께서는 이 사마리아 여인과도 처음에는 혼란스러울 수 있는 방식으로 말씀하셨다. 하지만 그 같은 방식이 결국 그 여인을 더 깊은 진리를 이해하는 데로 이끌었다.

예수님은 그 사마리아 여인과 대화하시며 여인에 대해 알아 가셨고 그녀가 어떤 사람인지에 대해 관심을 보이셨다. 예수님께서 그 여인과 시작하신 대화를 통해 여인은 진리와 연결되고 진리에 설득될 기회를 얻게 되었다. 예수님은 논쟁에서 이기기 위해서가 아니라 진리를 나누기 위해 그곳에 계신 것이었다. 사마리아 여인은 점차 예수님께서 정말로 자신을 보고 계심을 깨달아 갔다. 이 점은 그 분의 메시지를 나누기 위해 애쓰는 우리 모두가 이해해야 할 중요한 진리이기도 하다. 예수님과의 대화를 통해 그 여인은 극히 중요한 질문 중 하나인 '생명수'에 관한 질문에 이르게 된다. 물론 예수님께서는 이 질문에 답할 준비가 되어 있으셨다.

> 예수께서 대답하셨습니다. "이 물을 마시는 사람마다 다시 목마를 것이다. 그러나 내가 주는 물을 마시는 사람은 영원히 목마르지 않을 것이다. 내가 주는 물은 그 사람 안에서 계속 솟아올라 영생에 이르게 하는 샘물이 될 것이다." (요 4:13-14)

사마리안 여인은 말문이 막혔을지도 모른다. 이 남자가 대체 무슨 말을 하는 걸까 하고 말이다. 그 여인은 예수님이 하시는 말씀이 무슨 의미인지는 잘 이해하지 못했을 수도 있다. 하지만 최소한 '목마름'이 무엇인지를 알고 있었다. 최소한 그 먼지 나고 기나긴 길을 홀로 터덕터덕 걸어와 하루를 지낼 소중할 물 한 항아리를 얻는다는 것이 무슨 의미인지는 알고 있었다. 이 낯설고 이상한 유대인 랍비가 어떤 마법과도 같은 방법으로 그 고단한 일을 다시는 하지 않게 해준다면 마다할 이유가 어디 있겠는가! 사마리아 여인은 당장 달려들었다.

> 여인이 예수님께 말했습니다. "선생님, 제게 그 물을 주십시오. 제가 목마르지도 않고 다시는 물 길으러 여기까지 나오지 않게 해 주십시오."
> (요 4:15)

그렇다. 예수님과 그 여인은 마치 사과와 오렌지를 이야기하듯 서로 딴 얘기를 하고 있었다. 예수님께서는 영적 진실을 말씀하고 계셨는데, 사마리아 여인은 굳건히 세속적 현실에 매여 있었다. 하지만 여기서 또 주목할 것은, 예수님께서는 그 여인을 그 생각에서 벗어나게 하려고 애쓰거나 논쟁하지 않으셨다는 것이다. 예수님께서는 '아니, 아니, 그게 아니고. 내가 지금 신학적 진리를 이야기하고 있는 것을 이해하지 못하겠니?' 하지 않으셨다. 대신 예수님께서는 그 여인의 삶을 영원히 바꿀 결론으로 그녀를 이끄셨다.

때때로 우리도 한낮의 사마리아 우물가에서 예수님을 만나 동일한 경험을 한다. 우리에게 그 경험은 때로는 성경의 페이지를 통해, 그리고 겸허한 기도 가운데 예수님과 마주하게 되는 경험일 것이다. 우리는 학자일 필요가 없다. 우리는 예수님의 말씀을 공부하고 기도로 지혜를 구하는 가운데 그 분의 메시지를 이해할 수 있다. 그 같은 원리를 따라 예수님을 만나고 예수님께서 가르쳐 주시는 진리를 우리의 매일의 삶 속에 적용하는 것은 우리의 몫이다. 야고보 사도는 이런 말씀을 하셨다. "만일 누가 말씀을 듣기만 하고 실천하지 않는다면 이 사람은 자기의 생긴 얼굴을 거울에 비춰 보는 사람과 같습니다. 그는 거울을 보고 돌아서서는 자신의 모습이 어떠한지 금방 잊어버립니다"(약 1:23-24).

예수님께서는 이 진리를 사마리아 여인의 지극히 사적인 영역에 적용하셨다.

> 예수께서 여인에게 말씀하셨습니다. "가서 네 남편을 불러오너라." (요 4:15)

이런! 사마리아 여인은 이 대목에서 매우 불편해졌을 것이다. 그 여인이 한낮의 더위에도 이 시간에 혼자 우물가에 물을 길러 나온 이유가 바로 그 점과 관련이 있을 것이다.

> 여인이 예수께 대답했습니다. "저는 남편이 없습니다."
> 예수께서 여인에게 말씀하셨습니다. "네가 남편이 없다고 한 말이 맞다. 실은 전에 네게 남편이 다섯이나 있었고 지금 함께 사는 남자도 네 남편이 아니니 네가 지금 한 말이 맞구나." (요 4:17-18)

예수님께서는 정말로 사마리아인의 상황을 보셨다. 그 여인을 아셨다. 하지만 여인은 꿰뚫어 보는듯한 예수님의 말씀의 깊이를 아직 인정할 준비가 되어 있지 않았다. 하지만 그저 '아직'일 뿐이다. 여인은 신학적 논쟁을 시도한다.

여인이 예수께 말했습니다. "선생님, 제가 보니 당신은 예언자이십니다. 우리 조상들은 이 산에서 예배를 드렸는데 당신네 유대 사람들은 '예배는 예루살렘에서만 드려야 한다'라고 말합니다." (요 4:19-20)

이 구절에서 보여지는 여인의 반응은 마치 다음과 같이 말하는 것 같다. '그래요, 알겠어요. 당신은 어딘지 특별한 예언자 같기는 합니다. 하지만 당신과 나의 종교적 교리는 가장 기초적인 데서부터 동의에 이르지 못했습니다.' 예수님은 그 모든 것을 옆으로 밀어 버리신다. 예수님의 다음 대답에 이 버림받은 여인과 대화하고자 하는 모든 핵심이 담겨 있다.

예수께서 여인에게 말씀하셨습니다. "여인아, 나를 믿어라. 이제 이 산도 아니고 예루살렘도 아닌 곳에서 아버지께 예배드릴 때가 올 것이다. 너희 사마리아 사람들은 알지 못하는 것을 예배하지만 우리 유대 사람들은 알고 있는 것을 예배한다. 이는 구원이 유대 사람들로부터 나오기 때문이다. 이제 참되게 예배하는 사람들이 영과 진리로 아버지께 예배드릴 때가 오는데 지금이 바로 그때다. 아버지께서는 이렇게 예배드리는 사람들을 찾고 계신다. 하나님은 영이시니 하나님께 예배드리는 사람은 영과 진리로 예배드려야 한다." (요 4:21-24)

예수님께서 사마리아 여인에게 하시는 말씀을 보라. 예수님께서는 의례도, 장소도 문제가 아니라고 말씀하신다. 하나님께서 우리가 영과 진리로 그 분을 따르는지를 찾으시는 때가 오고 있다고 말씀하신다. 그때가 되면, 하나님을 예배하고자 할 때 어느 산꼭대기에서 예배를 하든지 아무도 상관하지 않게 된다는 것이다.

　사마리아 여인은, '그래요. 알겠어요. 말씀 잘 들었습니다. 그런데 누가 그러는데, 이 모든 것을 다 제대로 알려주실 분이 온다더군요' 하는 식으로 반응한다.

> 여인이 예수께 말했습니다. "저도 그리스도라고 하는 메시아가 오실 것을 압니다. 메시아가 오시면 우리에게 모든 것을 알려 주실 것입니다." 그러자 예수께서 여인에게 말씀하셨습니다. "지금 네게 말하고 있는 내가 바로 그 메시아다." (요 4:25-26)

　잠깐! 예수님께서 자신이 메시아임을 지금 이 상황에서 선포하기로 결정하신 것이다! 이 사람, 사마리아 여인에게 자신을 드러내신 것이다. 예수님께서는 성전 뜰에서 가르치고 계셨던 것이 아니다. 그의 입술에서 나오는 말씀 한 마디 한 마디에 귀를 쫑긋 세우고 있는, 산 비탈을 가득 채운 수천 명 앞에 서 계신 것도 아니었다. 예수님은 지금 여인 한 사람과 이야기하고 계신다. 당시의 모든 규례에 따르면 상관도 말아야 할 대상이다. 그러나 예수님께서는 그 여인의 세계에 다가가 진리의 폭탄을 투하하셨다. 파급효과만도 만만치 않았다.

　먼저, 예수님의 제자들이 돌아온 것이다. 성경은 예수님께서 여자와 이야기하고 있는 것을 보고 제자들이 놀랐다고 전해준다. 하지만 그들 중 아무도 예수님께 무슨 일을 하고 계신 거냐는 식의 불편한 질문을 제기하지 않았다. 제자들이 마침내 예수님은 인간의 기준과 기대에 묶이시지 않는다는 사실을 받아들이기 시작한 것일까? 예수님께서 그의 공생애 기간 동안 하신 일들은 혁명적이었다. 이번에는 제자들도 예수님의 판단에 의문을 제기할 생각이 없었다.

　　여인은 너무 놀라 물 항아리는 버려두고 마을로 달려갔다. "와서 내 과거를 모두 말해 준 사람을 보십시오. 이분이 그리스도가 아니겠습니까?"(요한복음 4:29). 다른 사람들의 정죄의 시선을 피해 사람 없는 시간에만 다니던 여인의 입에서 증인의 고백이 터져 나온 것이다. 그 여인은 사람들이 자신을 실패자로, 간통을 거듭하는 죄인으로 보는 것을 알고 있었다. 하지만 이제 여인은 너무 급진적이고 너무 기적적인 어떤 사건, 어떤 사람을 만남으로써 아무것도 더 이상 숨기고 싶지 않게 되었다. 예수님께서는 열띤 토론에서 점수를 획득하는 방식으로 여인의 마음을 변화시킨 것이 아니었다. 그 여인과 소통하고, 그녀에 대해 관심을 가지고, 놀랍게도 삶을 바꾸는 진리를 발견하도록 도우심으로써 변화를 이끄신 것이다.

　　예수님께서 그 여인에게 하신 말씀은 놀라운 것이었다. 하지만 더 놀라운 것은 예수님께서 하지 않으신 말씀이었다. 예수님께서는 '당신이 나의 증인이 되려면, 그 전에 당신의 추잡한 남자친구부터 일단 치워 버리시오' 하지 않으셨다. 예수님께서는 그 여인더러 자기의 메시지를 받아들일 수 있으려면 삶의 지저분한 모든 것을 청산하라고 강요하지 않으셨다. 우리 중 상당수가 이 사마리아 여인과 같은 상황에서 이 여인과 정확히 반대되는 방식으로 반응한다. 예를 들어, 운 좋게도 누군가 집을 치워주러 오게 되었다고 생각해 보자. 청소 도우미가 집에 도착하기 전 서둘러 집을 정리해본 경험이 있지 않는가? 예수님께서는 우리의 삶에 들어오셔서 옛사람의 습성을 청산케 하시고 우리 삶에 쌓인 흠과 상처를 회복시키신다. 그런데 우리는 예수님께서 그런 기적을 행하시기 전에, 우리가 스스로 삶의 질서를 회복하기를 원하신다고 가정한다. 하지만 이 순서는 반대가 되어야 한다. 예수님께서 우리를 구하기 위해 우리 삶에 들어오신다. 그리고 우리 안에서 일하시기 시작하면서 우리의 삶은 예수님과 닮아가게 된다. 사마리아 여인은 순서를 제대로 짚은 것이다.

요한복음 4장은 많은 이들이 그 사마리아 여인의 증언 때문에 예수님을 믿게 되었다고 전해준다. 여인의 증언에는 분명 그녀가 살아온 삶의 불편한 진실까지도 담겨 있었을 것이다.

> 그 마을에 사는 많은 사마리아 사람들은 여인이 '그분이 내 과거를 모두 말해 준 사람이다'라고 증언했기 때문에 예수를 믿었습니다. 그래서 사마리아 사람들은 예수께 나아와 그들과 함께 머물 것을 청했습니다. 예수께서는 그곳에 이틀 동안 머무르셨습니다. 그래서 더 많은 사람들이 예수의 말씀을 듣고서 믿게 됐습니다. (요 4:39-41)

태양이 작열하는 한낮에 우물에 나가 물을 길어야 할 만큼 수치와 결함으로 얼룩진 여인이 복음을 전하는 거룩한 매개체가 되었다. 메시아가 오신 것이다!

이 얼마나 아름다운 은혜의 현장인가? 우리는 성경에서, 먼저는 아버지 하나님이, 이후에는 성육신 하신 하나님이신 그의 아들 예수님이 종교적 지도자나 귀족 엘리트와 같은 사회의 상류층이 아닌 사람들을 사용하시는 것을 계속해서 보게 된다. 우리가 각계각층의 이웃들에게 하나님의 마음으로 나아간다면 그 은혜가 얼마나 더 풍성해지겠는가? 혹은 성도 간의 교제를 실천한다는 것이 무엇인지를 잘 모르는 새신자들에게 그 은혜를 나눈다면? 기독교적 화법에 아직 익숙하지 않거나 합당한 차림새로 교회에 나온다는 것이 무엇인지 아직 잘 모르는 사람들에게 손을 내민다면? 그들을 슬쩍 정죄하거나 들먹거리며 비웃기보다는, 바로 그런 사람들을 예수님께서 반복적으로 택하셔서 그의 메시지를 전하는데 사용하셨다는 것을 기억할 필요가 있다. 가장 비참하고 절망적인 그 때에 예수님께서 가장 가까이에 계심을 기억해야 한다.

예수님께서는 이 여인들, 즉 하나는 간음했다고 고발당해 끌려오고, 다른 하나는 죄로 점철된 삶으로 공동체에서 완전히 소외된 이 여인들을 멀리하지 않으셨다. 예수님은 그들을 그들이 있는 바로 그 자리에서 만나셨다. 이 여인들의 이야기는 너무 중요했기 때문에 복음서들에 포함된 것이다. 예수님 사역의 감추고 싶은 뒷얘기로 취급되지 않았다. 오히려 그들의 이야기는 강조되었고 찬양 받았다. 겸비함의 교훈을 제공했고, 구원을 내면화 하여 그 구원의 삶을 살고자 하는 모든 이에게 주시는 은혜의 표본이 되었다. 우리는 "하나님께서 자신의 아들을 세상에 보내신 것은 세상을 심판하시려는 것이 아니라 그 아들을 통해 세상을 구원하시려는 것이다"고 하신 요한복음 3장 17절을 잊지 말아야 한다.

그렇다. 우리는 모두 죄를 범하고 결함투성이인 것이다. 예수님께서는 죄를 감싸고 돌지 않으셨다. 그 분은 우리의 죄를 깨닫게 하기 위해 오셨다. 그리고 그 죄값을 우리를 대신해 치르시기 위해 오셨다. 예수님께서 우리에게 죽음의 형벌을 선고하기 위해 오신 것이 아니다. 그 형벌로부터 우리를 구원하시려고 오신 것이다.

도움이 필요한 여인들

예수님은 또한 절망적인 삶의 자리에 있는 여인들에게도 다가가셨다. 환경과 상황에 따라 이리 치이고 저리 치여 멍든 여성들, 그곳에 그들이 있었기 때문에 예수님께서는 그 곳에도 가셨다. 누가복음 7장에서 우리는 죽음을 이기는 기적의 증거를 볼 뿐 아니라, 슬픔과 비통 가운데 있는 한 여인에 대한 예수님의 깊은 연민과 친절을 볼 수 있다. 예수님과 그의 제자들은 나인성 (Nain)에 들어가셨다. 나인성이 성경에 언급된 유일한 부분이다.

> 예수께서 성문 가까이에 이르셨을 때 사람들이 죽은 사람 한 명을 메고 나오고 있었습니다. 죽은 사람은 한 과부의 외아들이었습니다. 그리고 많은 마을 사람들이 그 여인과 함께 상여를 따라오고 있었습니다.
> (눅 7:12)

여인은 절망적인 상태에 있었다. 여인은 이미 남편을 여의었고 이제 하나 남은 아들마저 잃은 것이다. 그 아들은 아마도 그 여인을 돌보고 그녀의 생계를 유지할 수 있는 유일한 희망이었을 것이다. 비탄에 사로잡혀 아들의 장례 행렬을 따라 걷고 있는 과부를 상상해보라. 아들의 잃은 슬픔과 함께 무슨 일이 벌어질지 모르는 자신의 암담한 미래에 근심하고 있었을 것이다.

> 주께서 그 여인을 보고 불쌍히 여기며 말씀하셨습니다. "울지 마라." (눅 7:13)

절망의 자리에서 아무도 관심을 가져주지 않아 더욱 좌절했던 수많은 다른 여인들에게 그리 하셨던 것처럼, 하나님은 그녀를 주목해 보셨다. 하갈과 레아에 대해 그러하셨던 것처럼, 하나님께서는 나인성 과부의 비참함과 철저한 좌절을 보셨다. 나인성 과부 이야기를 전하는 어떤 성경 번역본에서, 예수님께서 그 여인을 보셨을 때 그 분의 "마음이 아팠다"(눅 7:13, 메시지성경)고 표현했다. 예수님은 그 인간적인 절망과 슬픔, 두려움을 함께 느끼셨다. 예수께서 이어서 행하신 일은 그 지역에 충격을 가져왔다.

> 그러고는 다가가 관을 만지셨습니다. 관을 메고 가던 사람들이 멈춰 서자 예수께서 말씀하셨습니다. "청년아, 내가 네게 말한다. 일어나거라!" 그러자 죽은 사람이 일어나 앉아 말하기 시작했습니다. 예수께서는 그를 그의 어머니에게 돌려보내셨습니다. (눅 7:14-15)

예수님은 아들의 죽음을 슬퍼하던 어머니에게 말 그대로 아들을 되돌려주셨다. 이 과부는 예수님께 아들을 살려달라고 부탁한 적도 없고 그에 대한 믿음을 표현한 적도 없다. 그리스도는 그저 마음이 움직여 여인에게 다가갔고, 그녀의 끔찍한 악몽을 놀라운 기적으로 바꾸어주셨다. 또한 그날 예수님께서 하신 일은 그 과부의 비통함을 해소하는데 머물지 않았다. 누가복음 7장 16절을 보면 "그들은 모두 두려움에 가득 차 하나님을 찬양"했다고 한다. 같은 본문의 앞 부분을 보면 예수님께서 나인성에 들어가실 때 예수님과 함께 많은 무리가 있었고 장례 행렬에도 많은 이들이 있었다고 전한다. 그 큰 무리가 그곳에서 벌어진 일을 보았고 그 목격한 바를 비밀로 숨기지 않았다. "예수에 대한 이 이야기가 온 유대와 그 주변 지역에 널리 퍼져 나갔습니다"(눅 7:17). 깊은 절망 가운데 있다가 상상치도 못한 기적의 주인공이 된 과부의 이야기는 예수님의 사역을 널리 알린 플랫폼이 되었다.

예수님께서는 사회적으로 가장 비천한 지위에 있는 것으로 간주되던 여성들을 칭찬의 본보기로 삼아 여성들에 대한 관심을 끌어내기도 하셨다. 마가복음 12장과 누가복음 21장에서 예수님의 칭찬을 받은 과부의 이야기가 그 예가 될 수 있다. 그 여인은 그 시대의 과부로서 사회적으로도 어렵고, 경제적으로도 성전에 헌금할 재정도 거의 없는 빈곤한 상태였다. 사회적 지위도 없고 보호자나 부양자도 없었을 것이다. 그러나 예수님께서는 이 이름도 알려지지 않은 여인을 우리가 모두 따라야 할 본보기로 지목하셨고, 그 이야기는 복음서에 두 번이나 등장한다.

그때 예수님께서는 성전 뜰에서 가르치고 계셨다. 그 시대 유대의 종교적 지도자들은 예수님의 말씀을 트집 잡아보려고 성전 뜰에서 가르치시던 예수님께 난해한 질문을 던지곤 했다.

> 예수님께서 가르치시면서 말씀하셨습니다. "율법학자들을 조심하여라. 이들은 긴 옷을 입고 다니기를 좋아하고 시장에서 인사받기를 좋아한다. 또 회당에서 높은 자리와 잔치에서 윗자리에 앉기를 좋아한다. 그들은 과부의 집을 삼키고 남에게 보이려고 길게 기도한다. 이런 사람들은 더 큰 심판을 받을 것이다." (막 12:38-40)

"그들은 과부의 집을 삼키고 …" 이 구절에서 '집'은 '재산' 또는 '소유물' 등으로도 번역 가능하다. 예수님께서는 거룩한 척 겉으로 나타내며 다니던

성경 속 여성들이 말하다

종교적 지도자들조차 사회 계층 사다리의 맨 밑바닥에 있는 소외된 여성들의 것을 갈취하고 있다고 지적하고 계신다. 이 맥락에서 우리는 예수님께서 높이 들어올리신 가난한 여인을 만나게 된다. 외형이 아닌 마음의 중심을 보시는 하나님을 완벽하게 보여주시는 대목이다.

> 예수님께서는 성전 헌금함 맞은편에 앉아 사람들이 헌금함에 돈 넣는 것을 보고 계셨습니다. 많은 부자들이 큰돈을 넣었습니다. 그런데 가난한 과부 한 사람이 다가오더니 렙돈 동전 두 개, 곧 1고드란트를 넣었습니다. (막 12:41-42)

고급스러운 복장을 갖춘 상류층의 사람들이 멋들어지게 과시하듯 헌금을 하는 장면을 상상할 수 있다. 결코 잠잠하지 않게 헌금함에 돈을 넣으며 남들의 시선을 뿌듯해 하는 것이다. 그들은 주변 사람들이 모두 보고 있는 것을 알고 있다. 가난한 과부도 마찬가지다. 과부 역시 헌금함에 다가간다. 자기가 손에 쥔 것은 세상적 기준으로 보면 거의 아무 가치가 없는 것임을, 그 순간 주변 모두가 보고 있다는 것도 안다. 과부 역시 자기가 헌금하는 것을 감추려 하지 않는다. 아무도 찬사를 보내지 않을 것을 알고 있었고, 심지어 누군가는 손가락질할 것을 알고 있었다. 하지만 그녀가 예상했던 것과 정반대의 일이 벌어졌다. 마가와 누가 모두 그 과부에게 이후 벌어진 일을 조명한다.

> 예수께서 제자들을 불러서 말씀하셨습니다. "내가 너희에게 진실로 말한다. 이 가난한 과부가 어느 누구보다 더 많은 헌금을 드렸다." (막 12:43)

'네? 뭐라고요?' 물론 제자들은 이미 예수님께서 세상의 기준에 장단을 맞추는 분이 아님을 알고 있었다. 결국 제자들은 오만한 종교 지도자들이 다시 한번 예수님을 올가미에 걸리게 하려 계략을 꾸미는 것을 보아야 했다. 하지만 제자들조차도 방금 예수님께서 하신 말씀이 혼란스럽기는 매한가지였다. 사치스럽기까지 한 거액의 헌금들이 헌금함에 들어가고 있는 것에 비하면, 과부의 헌금은 그냥 버려도 아깝지 않을 동전 몇 개였을 뿐이다.

하지만 예수님께서는 그 가난한 과부를 '보셨다.' 그녀의 상황을 아셨고, 제자들도 그 상황의 의미를 이해하기를 바라셨다.

> "그들은 모두 풍족한 가운데서 드렸지만 이 여인은 가난한 가운데서도
> 자신이 가지고 있던 모든 것, 곧 자기 생활비 전부를 드렸다." (막 12:44)

세상이 중요하게 여기는 많은 것들이 하나님의 나라에서는 아무것도 아니다. 그 부자들에게는 자기들이 낸 헌금이 실질적으로 얼마나 가치있는 것이었는가? 헬라어 성경은 그들이 '풍족한 가운데서' 또는 '그들에게 넘치는 것'을 헌금했다고 말해준다. 그러나 가난한 과부는 한계 상황 속에서 희생적으로 드렸을 뿐 아니라 그녀가 먹고 살아야 할 수단의 전부를 드린 것이다! 그 가난한 과부는 그날 성전에 있던 대부분의 사람들에게 투명인간이나 다름없는 존재였을 것이다. 그러나 헌금함에 가장 미미한 헌금을 드린 그 여인이 그 날의 스타가 되었다.

예수님께서 가난한 과부를 조명하신 이유는, 그 날 제자들에게 가르침을 주고자 하셨기 때문만이 아니라 시대를 초월하여 그녀의 이야기가 전해지며 우리 스스로에게 질문을 던지게 하고자 하셨기 때문이다. "과연 나는 내

게 값어치가 있는 무언가를 하나님께 드리고 있는가? 과연 나는 교회가 공동체를 위해 하는 사역을 진전시키기 위해 나 자신의 안락을 희생하고 있는가? 경제적 어려움을 겪고 있는 누군가의 집세를 내주거나 그들의 식탁에 음식을 차려 주거나 그 집 아이들에게 입힐 옷을 제공해 주었는가?" 우리의 그리스도께서는 이름도 알려지지 않은 한 여인을 택하여 진정한 섬김이 무엇인지를 보여주셨다.

신약 전체에서 예수님께서 가르치신 교훈의 핵심에 여성들이 있는 경우가 많았다. 예수님은 인간의 시대에 속하신 분도 아니었고 올바른 것이 무엇이냐에 관한 인간들의 규범에 얽매이지도 않으셨다. 우리가 이미 확인한 바와 같이, 예수님의 그 같은 성품 때문에 당시 유대의 종교 지도자들은 예수님을 극도로 미워했다. 그러할지라도 예수님께서는 아버지 하나님의 사역에만 집중하셨다. 심지어 안식일에 사람을 치유하는 일도 거리끼지 않으셨다.

예수님께서 그 같은 일을 행하신 두 여인의 이야기를 살펴보자. 물론 안식일에 병자를 치유하는 일은 당시의 종교의 굳어진 관행에 정면으로 대치되는 일이었다. 마가복음 1장을 보면 예수님께서 안식일에 회당에서 가르치시고 귀신을 쫓아내시는 이야기를 읽을 수 있다. 그리고 나서 예수님은 베드로의 집으로 가셨다. 거기에는 베드로의 장모가 열병이 나서 앓아 누워있었다. 예수님께서는 주저 없이 개입하셨다.

> 그래서 예수께서 그 여인에게 다가가셔서 손을 잡고 일으키셨습니다. 그러자 그 즉시 시몬 장모의 열이 떨어졌습니다. 곧바로 그 여인은 그들을 시중들기 시작했습니다. (막 1:31)

누가복음 4장은 그리스도께서 열병을 "꾸짖으셨다"고 전한다(39절). 그 즉시로 장모의 열병은 떠나갔고 장모는 일어섰다.

예수님께서는 누가복음 13장에서 안식일에 한 여인을 훨씬 더 공개적으로 고치심으로써 하고자 하시는 말씀을 분명히 하셨다. 거기에서 우리는 18년 동안 병을 일으키는 영에 시달려 몸을 펼 수 없는 한 여인의 이야기를 만나게 된다. "그 여인은 허리가 굽어 똑바로 설 수가 없었습니다"(눅 13:11). 다시 한번 우리는 "예수께서 그 여인을 보고"(눅 13:11)라고 하는 귀한 구절을 보게 된다. 그간 그 오랜 세월 동안 얼마나 많은 사람들이 이 여인과 눈이 마주치거나 대화를 하게 될까 봐 여인을 보고도 눈길을 돌려 버렸을까? 당시는 질병을 죄에 대한 형벌로 간주하던 시대였음을 기억할 필요가 있다. '저 여자는 대체 뭘 잘못했을까? 그 더러운 것에 나까지 오염되면 안 되지…' 하지만 하나님께서는 그 여인을 똑바로 보셨고 그에게로 부르셨다.

> "여인아, 네가 병에서 해방됐다!" 그리고 예수께서 여인에게 손을 얹으셨습니다. 그러자 여인은 허리를 쭉 펴고 일어서서 하나님께 영광을 돌렸습니다. (눅 13:12b-13)

이 여인의 순전한 기쁨이 어떠했을까 상상해보라. 예수님께서는 그 소외된 여인을 보고 회당 안 모두가 보는 앞에서 여인을 자신에게로 부르셨을 뿐 아니라 병으로부터 자유롭게 하셨다!

하지만 예상했겠지만, 예수님의 기적에 모든 사람들이 기쁨의 흥분을 경험한 것은 아니었다. 누가복음 13잘 14절을 보면 회당장은 예수님께서 안식일에 병을 고치신 것에 화가 났다. '감히 안식일에 일을 해?' 회당장은 일할

날은 엿새나 있으니 그날에 와서 병을 고치고 안식일에는 하지 말라고 훈계한다.

예수님께서는 거룩한 체하는 회당장이 자기만의 세계에서 멋대로 훈계하게 내버려 두지 않으셨다.

> 주께서 그에게 대답했습니다. "이 위선자들아! 너희가 각각 안식일에 황소나 나귀를 외양간에서 풀어 내 끌고 가 물을 먹이지 않느냐? 그렇다면 아브라함의 딸인 이 여인이 18년 동안이나 사탄에게 매여 있었으니 안식일에 이 매임에서 풀어주는 것이 당연하지 않느냐? (눅 13:15-16)

예수님께서는 그들의 이중잣대를 지적하셨다. 그들이 가축에게 물을 먹이는 것은 괜찮고 그리스도께서 수 년 동안 고통과 번민 가운데 있었던 여인을 자유롭게 하시는 것은 괜찮지 않다는 말인가?

바로 다음 구절에서 우리는 당시의 상황이 어떻게 정리되었는지를 확인하게 된다. "예수께서 이렇게 말씀하시자 그를 반대하던 사람들이 모두 부끄러워했습니다. 반면에 다른 사람들은 모두 예수께서 행하신 모든 영광스러운 일을 보고 기뻐했습니다"(눅 13:17). 예수님께서는 당시의 규범을 공공연하게 도전하셨다. 예수님께서 주신 가장 중요한 교훈들의 중심에 여성들이 서 있는 경우가 많았다. 예수님께서는 법적 규율이 사람에 우선할 수 없고, 나아가 약자를 위한 보살핌과 구원이 필요한 현실의 삶을 우선할 수 없다고 가르치고 계신 것이다.

예수님의 공생애 사역을 통해 특히 그의 기적이 점점 더 널리 알려지자,

예수님의 관심과 치유를 원하는 사람들이 많아졌다. 이 책의 도입 부분에서 우리는 간절한 필요를 가진 여인을 만났다. 해볼 만한 것은 다 해봤고, 재정도 파탄 났고, 아무런 희망이 없는 여인이었다. 그 여인은 수 년 동안 그 누구도 고치지 못한 혈루증에 고통당하고 있었다. 여인은 강력한 믿음을 가지고 있었다. 예수님의 옷자락을 만지는 것만으로 수년 간의 질병을 치유 받을 수 있다고 확신한 그 여인의 믿음은 실제로 그렇게 치유를 받음으로써 보상 받았다. 이제 그 이야기의 나머지 부분으로 돌아가 살펴보고자 한다. 그 여인이 예수님을 만난 때는 예수님께서 죽어가는 딸을 둔 아버지의 절박함을 듣고 그의 집으로 향하시던 중이었다.

> 그때 야이로라는 회당장이 와서 예수의 발 앞에 엎드리며 자기 집에 와달라고 간절히 애원했습니다. 열두 살 된 자기 외동딸이 죽어 가고 있었기 때문입니다. 예수께서 그리로 내려가시는데 많은 사람들이 밀어 댔습니다. (눅 8:41-42)

예수님께서는 분명히 회당장의 집으로 가고 계셨다. 하지만 치유의 기적이 절박한 또 다른 사람이었던 그 여인 때문에 지체되셨다. 그리스도께서는 여인이 자신의 옷자락을 만졌을 때 무슨 일이 벌어졌는지를 아셨다. 공개적으로 그 여인을 꾸짖으시거나 수치스럽게 하지 않으시고, "딸아"하고 부르셨고 그녀의 믿음을 칭찬하신 후 돌아가게 하셨다. 우리는 예수님과 그 여인 간의 대화가 얼마나 지속되었는지 알지 못한다. 하지만 그 시간은 야이로의 딸에게 영향을 미칠 만큼의 시간이었다.

성경 속 여성들이 말하다

예수께서 말씀을 채 마치시기도 전에 야이로 회당장의 집에서 사람이 와서 말했습니다. "따님이 죽었습니다. 선생님께 더 폐를 끼치지 않는 것이 좋겠습니다." 이 말을 듣고 예수께서 그에게 말씀하셨습니다. "두려워하지 마라. 믿기만 하면 아이가 나을 것이다." (눅 8:49-50)

그 순간 야이로가 얼마나 좌절했을지 상상조차 하기 어렵다. 하지만 모든 것을 주관하시고 모든 것의 주권자이신 하나님께서는 앞으로 벌어질 일을 아셨다. "두려워하지 마라," 예수님께서 말씀하셨다. 그리고 비통해 하는 야이로에게 그도 조금 전 목격하였을 바로 그 기적의 능력을 기초로 그저 믿기만 하라고 말씀하셨다. 야이로는 아마도 기꺼이 그렇게 하였을 것이다. 야이로의 딸이 이미 죽었다는 소식에도 예수님과 그의 제자들은 야이로의 집으로 향하셨다. 물론 그 곳은 당연한 일이지만 소란한 애도의 현장이 펼쳐지고 있었다. 어린 아이가 죽었으니 사람들은 "애도하며 크게 울고" 있을 수밖에 없었을 것이다(눅 8:52). 예수님께서는 그들에게 울음을 멈추라고 하셨다. 아이는 그저 잠자고 있을 뿐이라는 것이다. 이후 무슨 일이 벌어졌는지를 살펴보자.

그들은 아이가 죽은 것을 알기에 예수를 비웃었습니다. 그러나 예수께서 그 아이의 손을 잡고 말씀하셨습니다. "아이야, 일어나라!" 그때 그 아이의 영이 돌아와 아이가 곧 일어났습니다. 그러자 예수께서 아이에게 먹을 것을 갖다 주라고 말씀하셨습니다. (눅 8:53-55)

어린 소녀에게 그 순간은 어떤 것이었을까? 갑자기 눈을 뜨자 주변에 자신의 죽음을 슬퍼하는 이들이 둘러싸고 있고, 눈 앞에는 자기를 생명으로 다시 돌아오게 하신 이가 서 계신다. 아이는 기적을 몸소 체험한 주인공이었다. 아이의 가족과 그 자신이 평생동안 가지고 전할 이야기의 주인공이었다.

이 어린 소녀의 이야기는, 소녀의 집으로 향하시던 예수님께로 다가가 그 분의 옷자락을 소망과 절망 모두를 담아 만졌던 여인의 이야기와 영원히 엮여 있다. 두 사람 모두 그들 사회의 가장 취약한 구성원을 대표한다. 하지만 예수님께서는 이들을 도울 수 없는 이들로 보지 않으셨다. 예수님께서는 혈루증 여인을 보시고 그 여인의 놀라운 믿음과 용기를 포착하셨고 예수님의 기적을 전할 유능한 간증자로 삼으셨다. 이스라엘의 자랑스러운 딸을 보신 것이다. 그리고 야이로의 딸을 일으키셨을 때, 예수님께서는 아이에게 "달리다, 쿰!"(Talitha, koum! 막 5:41)이라고 말씀하셨다. 예수님께서 아람어(Aramaic)를 사용하여 실제로 말씀하신 발화의 메아리를 듣게 되는 일은 참으로 아름다운 일이다. 아마도 그 간단명료한 명령을 공생애 기간 동안 거의 매일 말씀하셨을지도 모른다. 그것을 번역하면 "일어나라, 아이야!"(Get up, little girl!)가 된다. 피 흘리기를 멈추지 못하던 여인과 죽은 소녀는 모두 그리스도의 힘을 부여받아 스스로의 힘으로 다시 설 수 있게 되었다. 우리의 하나님은 우리를 위해서도 같은 일을 행하신다.

혼란과 상실, 근심과 혼돈의 시간 속에서도 하나님께서는 우리와 함께 하시고, 우리를 위해 일하신다. 우리는 그 진리를 알고 있다. 성경의 페이지들 속에서 우리는 하나님께서 여성들에게 조명을 비추시는 것을 계속해서 본다. 하나님의 계획을 펼치시는데 여성들이 핵심 역할자로 참여하고 있기 때문이다. 우리의 하나님 아버지께서 우리에게 야엘과 드보라와 같은 전사의 심장을 주시기를! 사라와 하갈의 통찰, 라헬과 레아의 인내의 소망, 다말과 룻의 헌신, 에스더와 라합의 기민한 용기, 그리고 미리암과 한나의 예언자적 찬양을 우리에게도 허락해주시기를! 또한 예수님께서 이 땅에 머무실 때 친히 아시고 사랑하셨던 여인들, 베다니 마리아와 마르다, 막달라 마리아, 그리고 그 분의 어머니 나사렛 마리아의 삶을 채웠던 그 사랑을 우리에게도 허락해 주시기를!

이 여인들 각각의 이야기를 통해 우리도 보았지만, 성경 속 여성들은 특별하다. 그들 중 어떤 이들은 처음부터 용감하고 믿음이 좋았다. 어떤 이들은 그들 앞에 놓인 과업에 압도되기도 하고 의아해하기도 했다. 또 어떤 여인들은 막강한 권력의 지위에 있었고, 어떤 이들은 버림받은 자였다. 어떤 이들은 믿음 안에 신실했지만, 어떤 이들은 죄와 실패 속에 살았다. 하나님께서는 창녀와 살인자도 사용하셨다. 하지만 그 여인들은 하나님께서 그 분의 섭리를 따라 지명하신 곳에 위치해 있는 것이었고, 그 순간 그들에게 필요한 소명을 부여받았던 것이다. 세상이 우리를 연약하거나 부적합하다고, 또는 믿음이 없거나 두려움에 사로잡혀 있다고 판단해도 관계없다. 특히 우리 스스로가 우리 자신을 약하고 부적합하다거나 믿음이 없고 두려움에 떨고 있다고 여겨도 상관없다. 하나님께서는 우리를 통해 일하시고 사용하신다.

이 글을 읽는 여러분이 현재 산 정상의 화창함을 만끽하고 있든, 아니면 깊은 계곡을 헤매고 있든, 하나님께서는 여러분의 이야기를 그 분의 위대한 계획 속에서 엮어가고 계시다. 하나님께서 주신 성경을 통해 우리는 오늘을 사는 우리에게 위로와 영감을 주는 여성들의 이야기를 만나게 되었다. 구약의 여성이든 신약의 여성이든 그저 성경 이야기의 참고적 이야기에 불과하다고 여전히 생각하는 사람이 있다면, 그들의 이야기를 주의 깊게 읽지 않은 것이다. 잠언 31장에 묘사된 여인이 완벽한 예시가 될 수 있다. 그 여인은 집에 존경과 존귀를 가져온다. 사업 수완을 발휘해 거래를 체결하고 '부지런히' 손을 놀려 일한다(13절). 또한 자신의 보살핌 아래 있는 모든 이들의 안녕을 살뜰하게 살핀다. 입을 열면 지혜가 나오고, 시간을 허투루 쓰는 법이 없다. 우리도 하나님의 도우심과 성경에 이미 기록해 두신 본보기들을 따라 이 구절의 말씀을 삶 속에서 살아내기를 소망한다.

능력과 존귀함이 그녀의 옷이며 미래에 대한 두려움도 없다. (잠 31:25)

성경 속 여성들이 말하다

도움을 주신 분들

마이클 태머로(Michael Mammero)와 한나 롱(Hannah Long)의 지치지 않는 수고가 없었다면 이 책은 세상의 빛을 보지 못했을 것입니다. 두 분 덕분에 오늘날의 우리에게도 강렬하고 도전적이며 또한 위로가 되는 성경 속 여성들의 이야기를 묶어낸 이 귀한 프로젝트가 컨셉에 머물지 않고 현실이 되었습니다!

메리 그레이스 듀프리(Mary Grace DuPree)의 오랜 연구와 작업이 이 책의 기초를 놓았습니다. 메리가 이 책에 쏟아 부은 지식과 전문성이 모든 페이지에서 빛이 납니다.

제니퍼 스태어(Jennifer Stair)와 데릭 지터(Derrick Jeter), 두 분은 제가 기대조차 하지 못했던 선물 같은 분입니다. 두 분의 신학적 이해와 깊은 지혜는 이 땅의 잣대로 측정하기 어려울 만큼 귀한 것이었습니다. 이 책에 담긴 여성들의 삶과 그들의 여정은 두 분의 통찰 덕분에 책 속에서 살아날 수 있었습니다.

제가 집필하는 동안 기도해주시고 격려해주신 모든 분들께 깊은 감사의 마음을 전합니다. 셸돈(Sheldon), 제프(Jeff), 린(Lynn), 페니(Penny), 윌(Will), 데비(Debbie), 앤지(Angie), 조엘(Joel), 안나(Anna), 찰리(Charlie), 사라(Sarah), 마샤 앤(Martha Ann), 몰리(Molly), 조(Jo), 크리스티나(Christina), 올리비아(Olivia), 그리고, 당연히, 나의 어머니, 감사합니다.

이 책을 창립 도서행사에 포함시켜 준 '팍스 뉴스 출판'(Fox News Books)에도 감사를 표합니다. 저는 이 책의 이야기들을 어린 시절부터 알고 있었습니다. 하지만 그 이야기들을 새롭게 공부하면서 신선한 영감을 얻었습니다. 전세계 독자들 또한 이 책의 여성들의 삶과 여정에서 새 힘과 용기를 얻기를 기도합니다.

성경 속 여성들이 말하다

- 미국 팍스뉴스 앵커가 전하는 성경 속 16명 여성들의 삶의 지혜

초판 1쇄 발행일 2022. 7. 10.

저자 셰넌 브림 Shannon Bream
역자 최효은

발행처 「새롭게하는사람들」 ㈜더카이노스
발행인 김형준
대표 박가경
책임편집 Jaden Kim
기획 ㈜더카이노스 출판문화팀_ 김태영, 김도영
해외 저작권 에릭양 에이전시
등록된 곳 서울시 강남구 압구정로 30길 72, 2층 (신사동)
전화 02-511-9926

전자우편 hjkim.un@gmail.com
등록 2021. 4. 1. No.2021-000106

디자인 공간디자인_이용석
인쇄 미래피엔피